가상은 현실이다

가상은 현실이다

페이스북, 알파고, 비트코인이 만든 새로운 질서

주영민 지음

어크로스

나는 한 번도 만나보지 못한 사람이라도 그의 페이스북이나 인스타그램, 또는 링크드인 프로필을 보며 그 사람의 취미, 지난여름에 간 여행지, 지난 주말에 방문했던 맛집을 알고 있다. 이를 통해 그 사람을 상상하고 대략의 이미지를 그려본다. 내가 상상한 그 사람은 가상인물일까, 진짜일까? 페이스북, 인스타그램, 링크드인 속의 그 사람의 삶은 가상인가 현실인가? 만약 그의 정체가 인공지능이 만들어 인터넷에 그럴듯하게 심어둔 허구의 인물이라는 것을 알게 된다면 나는 어떤 생각이 들까? 2015년 미국의 조사기관이 실시한 여론조사에서 무려 30%가 넘는 공화당 투표자들이 아그라바 침공에 찬성했다. 아그라바라는 도시는 디즈니에서 만든 영화 〈알라딘〉에 나오는 허구의 도시일 뿐인데도 말이다. 이들에게 아그라바는 현실일까, 가상일까? 이 책은 지난 10여 년간 발전한 가상세계에 대한 철학적·사회적 탐구를 되짚어보고, 우리에게 많은 질문을 던진다. 당신이 (어쩌면 현실보다 더 현실적인) 가상세계의 주인이 될지, 아니면 사라져버리는 허구가 될지는 이 책을 읽은 후 곰곰이 생각해보아야 할 것이다. __ **임정민, 실리콘밸리 벤처캐피털 500스타트업 파트너**

한국에도 역시 IT업계 최첨단에서 일어나는 일들에 대한 많은 담론이 있다. 그러나 대부분은 지나치게 피상적이거나, 실현 불가능한 이야기를 이미 이루어진 듯 과장하거나, 혹은 이미 있는 이야기들을 요약하는 것에 불과하다. 이 책은 한국에서 찾아보기 힘들 정도로 충실한 사례 정리와 조밀한 논지 전개, 그리고 이를 하나로 묶

가상은 현실이다

어낼 수 있는 저자의 훌륭한 식견을 통해, 인류가 2010년대에 촉발한 트리거를 미래에 어떤 식으로 회고하게 될지를 엿볼 수 있게 한다. 이 책은 소셜미디어, 인공지능, 그리고 가상화폐에 대하여 몇 가지 도발적인 주장을 한다. 어쩌면 많은 독자들이 이 책의 독창적인 주장들에 반사적인 알레르기 반응을 일으킬지도 모른다. 나 역시 현업 엔지니어 입장에서 이 책이 주장하는 모든 세세한 명제에 동의하는 것은 아니다. 하지만 본인의 유명세와 몸값만이 최적화의 목적함수가 되는, 근거 없는 주장과 예측만이 난무하는 한국의 업계에서 이 책은 '제대로 된 담론'이 이제라도 싹틀 수 있게 해 주는 에너지가 되고도 남는다고 생각한다. 만약 '다음 10년'의 IT에 관한 진지하고도 현실적이며 적확한 논의를 하고 싶다면 이 책이 아주 좋은 출발점이 될 것이다. **__ 조승연, AI 수학교육 스타트업 노리 CTO**

지구 반대편에 있는 사람들한테도 권할 수 있는 책이다. 이 책은 이 시대를 살아가는 우리 모두가 반드시 깊게 생각해보아야 할 화두를 다루고 있기 때문이다. 게다가 이 화두에 접근하는 저자의 시선은 다른 곳에서 쉽게 접하거나 혼자서 떠올릴 수 없을 만큼 신선하고 날카롭다. 많은 사람들이 이 책을 읽길 바란다. '최소 열 권은 사서 주변에 선물해야지'라고 생각하며 읽었다. 저자의 모든 의견에 동의할 필요는 없다. 독자로서 우리가 해야 할 건 저자의 생각을 재료와 자극 삼아 각자의 고민과 해답으로 잇는 것일 테니. **__ 윤수영, 커뮤니티 스타트업 트레바리 CEO**

서장 변화를 이해하기 위한 전제들

1장 가상의 삶: 온라인에서 진짜가 되는 사람들

지금 우리는 가상화 혁명 속에 있다

"가상은 실재만큼 견고하고,
실재는 가상만큼 유령스럽다."[1]
_빌렘 플루서

우리는 가상이 실재를 초월하는 시대에 살고 있다. 현생 인류는 가상이 실재를 압도하는 '가상화 혁명'을 목격하는 첫 번째 세대다. 가상화 혁명은 가상기술을 통해 가상이 실재를 초월하고 궁극적으로 실재를 변형시키는 현상이다. 가상기술이란 가상현실 기술이 아니다. 가상기술은 실재를 변형시키고 증강시키는 모든 종류의 초실재 기술을 뜻한다. 오늘날 가장 근본적인 기술인 소셜미디어, 인공지능, 암호화폐는 모두 가상기술이다. 소셜미디어는 '현실'을, 인공지능은 '지능'을, 암호화폐는 '돈'을 가상화한다. 가상기술로 인해 탄생한 가상의 현실, 가상의 지능, 가상의 돈은 실재 위에 덧입혀져 실재를 가상의 질서로 재구축한다.

가상은 실재를 빨아들이며 발전한다. 소셜미디어는 인간의 데이터를 흡수하며 성장한다. 인공지능은 인류의 지식을 흡수하며 진화한다. 암호화폐는 실물화폐를 흡수하며 번성한다. 가상은 실재가 쪼그라들 때까지 실재를 빨아들이고 결국 실재를 위협할 정도로 자라난다. 그렇게 커진 가상은 실재에 기생하지 않고 오히려 실재가 가상에 기생하게 된다. 실재는 위축되고 권력은 가상으로 이동한다. 실재를 집어삼킨 가상은 마치 독립된 생명체처럼 움직인다. 가상을 만들어낸 것은 인간이지만, 가상에는 인간도 어찌할 수 없는 주체성이 있다. 소셜미디어의 현실 조작, 인공지능의 초월적 능력, 암호화폐의 자생적인 확산은 모두 가상이 지닌 주체성의 증거다. 인간은 이 새롭게 등장한 생명체를 완전히 복종시킬 수 없다. 오히려 인간이 이 생명체에 종속되어 간다.

  페이스북, 알파고, 비트코인은 가상기술의 산물이다. 페이스북은 단지 커뮤니케이션 도구가 아니다. 페이스북은 현실과 겹쳐 있으면서 동시에 그를 교란하는 가상현실이다. 알파고 역시 단순한 바둑 알고리즘이 아니다. 알파고는 인간 지능을 초월하는 지능을 예고하는 가상의 뇌다. 비트코인은 디지털 화폐에 그치지 않는다. 비트코인은 국가의 통제로부터 돈을 분리하고, 실재의 가치 체계를 무너뜨리는 가상의 돈이다. 모든 혁명적인 기술은 언제나 기술을 넘어선 변화를 만들어냈다. 그리고 이 변화가 기술의 도구적 속성보다도 더 기술의 본질을 자세히 밝혀왔다. 철도는 고철로 이루어진 궤도일 뿐이지만 근대적 시간 개념을 낳았다. 세탁기는 빨래 기계일 뿐이지만 여성의 노동시장 진출을 낳았다. TV는 영상을 송신하는 도구일 뿐이지만 소비사회를 낳았다. 철도, 세탁기, TV는 모두 단순한 도구인 동시에 문명을 바꾼 혁명적 기술이었다. 가상기술은 이들이 가진 도구적 속성(소통, 계산, 거래)보다 문명에 더 깊고 광범위한 영향을 끼친다.

철도, 세탁기, TV는 모두 혁명적인 기술이었지만 인간 정체성을 변질시키거나, 고등생물이라는 지위를 인간 스스로가 의심하게 만들거나, 정부를 위협하지는 않았다. 반면 페이스북, 알파고, 비트코인은 문명을 근본적으로 바꾼다. 페이스북이 만드는 새로운 현실, 알파고가 만드는 새로운 지능, 비트코인이 만드는 새로운 돈은 인류 문명을 이전 단계와 다른 형태로 바꾸어놓는다. 이들 가상기술이 갖는 독특성은 과거 유사종과 비교하면 더욱 두드러진다. 마이스페이스는 국가의 여론을 바꾸지 않았다. 딥블루는 스스로 학습하지 못했다. 페이팔은 화폐를 창출하지 않았다. 반면 페이스북은 인터넷 접속이 가능한 모든 국가와 그곳에 사는 사람들의 심리와 행동에 영향을 미치며, 알파고는 인간을 넘어 스스로 진화하고, 비트코인은 새로운 가치 질서를 만들어낸다. 과거 유사종이 실재를 모사하고 지탱하는 데 그쳤다면, 가상기술은 실재를 초월하고 위협한다. 가상기술이 불러오는 변화는 비가역적이며 통제 불가능하다. 가상기술은 인류를 새로운 단계에 던져놓을 것이며, 던져진 인류는 이전 단계로 돌아갈 수 없을 뿐 아니라 다른 모습으로 진화할 것이다.

페이스북은 현실을 복사하는 동시에 새롭게 편집하는 현실의 모사본이다. 페이스북은 현실을 그대로 반영하는 것처럼 보이지만 그 안에 모조-현실^{Simulation}을 만들어낸다. 뉴스는 페이스북을 거치며 가짜가 되고, 우리는 페이스북을 거치며 가상의 인격으로 변신한다. 실재는 페이스북 위에서 굴절되고 변형된다. 그리고 이 변형된 실재, 시뮬레이션은 실재를 편집한다. 페이스북 시뮬레이션은 우리가 무엇을 봐야 하고, 사야 하고, 욕망해야 하는지 명령한다. 나아가 어떻게 현실을 이해하고 누구에게 투표할 것인지까지 명령한다. 페이스북의 또 다른 서비스 인스타그램은 우리에게 '인스타그래머블'할 것을, 인스타그램에 최적화된 삶을 살아낼 것을 강제한다. 현실은 점점 더 페이스북이 빚어낸 공간처럼 되어간다. 가상현실은 더 이상 미래에 도래할 사건이 아니다. 이미 페이스북이라는 가상현실이 우리에게 와 있다. 다만 그것을 아직까지 페이스북이라고 부르고 있을 뿐이다.

알파고는 기계 지능이라는 새로운 지능 종^{種}을 창조한다. 기계 지능은 인간이 명령한 것보다 더 많은 것을 추론하고 판단해낸다. 기계 지능은 스스로 학습해 더 나은 지능으로 진화하며, 그 결과 인간 지능의 한계에 얽매이지 않는 초지능의 영역에 도달한다. '인공'지능이라는 명명에 담긴 인간-중심적 오만과 달리, 기계 지능은 갈수록 인간과 닮지 않은 종적 형태를 띠어 간다. 기계 지능은 하루 동안 인류가 2000년간 둔 바둑 기보를 학습하고, 수백만 장 이미지 속 대상을 단번에 구별해내고, 전 세계 도로 상황을 실시간으로 기억해낸다. 이는 인간을 그대로 따라한 지능도, 인간과 닮은 지능도 아니다. 기계 지능은 '인간을 넘어선' 지능이며, 인간 지능과는 완전히 다른 범주에 있는 새로운 지능 형태다. 기계 지능은 인류가 발견한 지식과 지혜를 단지 '인간이기 때문에 갖는 편견'으로 만든다. 가상의 지능은 실재 지능을 압도한다.

비트코인은 돌, 금, 주화, 지폐, 신용카드 등 실체^{Physical Existence}가 존재해야 했던 기존의 화폐나 거래 수단과 달리 순수하게 가상화된 코드로만 존재한다. 실체와 매개하지 않고 디지털 기록으로만 존재하는 가상성은 비트코인의 본질이다. 가상의 돈은 실재의 규칙에 얽매이지 않는 자유로운 가치 교환을 매개한다. 실재의 돈은 실재의 규칙에 의해 감시되고 통제되지만, 가상의 돈은 이로부터 자유롭다. 가상의 돈은 현실의 세금과 인플레이션에서 자유로울 뿐만 아니라, 돈을 쓸 수 있는 곳과 없는 곳을 관장하는 국가의 가치 통제에서 자유롭다. 특히 비트코인의 암호화된 P2P 거래 프로토콜은 은행의 거래 중계를 무력화시키는 것을 넘어 근본적으로 국가의 거래 통제까지 무력화시킨다. 비트코인으로 인해 국가와 개인 간의 계약은 약화되고, 개인과 개인 간의 계약이 더 강력한 윤리적 프로토콜로 부상하게 된다. 가상의 돈은 현실 국가의 권위를 약화시킨다.

소셜미디어에서 끝없이 펼쳐지는 커뮤니케이션, 인공지능의 무한한 연산 과정, 암호화폐의 전 지구적인 거래 네트워크는 모두 가상에 설계된 차원이다. 각각의 차원은 별도로 분리되어 있지 않고 서로 연결되어 있다. 소셜미디어는 인공지능을 통해 정보 순환을 더 가속화하며, 인공지능은 소셜미디어에서 얻는 데이터를 통해

가상은 현실이다

더 진화한다. 암호화폐는 소셜미디어를 통해 전파되며, 소셜미디어는 암호화폐를 도입하려 한다. 기술적 진화는 산발적인 듯 보이지만 연결되어 있고, 우발적인 듯 보이지만 커다란 방향성을 갖는 것으로 보인다. 이러한 가상기술 간의 복합적 연결은 집합적 차원에서 하나의 가상세계를 구성한다. 오늘날 가상세계와 현실세계는 어느 때보다 서로 가깝게 수렴해가며, 하나의 중첩된 세계로 뒤섞이고 있다. 인터넷 여론으로 치부하던 여론이 현실 여론을 뒤덮는다. 클라우드 위에서 작동하는 인공지능은 땅 위의 판단 과정을 대체한다. 컴퓨터 네트워크에서 거래되는 암호화폐는 현실에서 바이러스처럼 퍼져나간다. 이제 현실이라는 공간은 물리적 실재로만 이루어진 곳이 아닌, 가상의 차원과 혼합된 이중적인 공간으로 변해간다.

이러한 현실을 합성-현실Synthetic Reality이라 부르겠다. 가상과 현실이 점점 혼합되며 가상은 현실의 연장이 되고, 다시 현실은 가상의 연장이 된다.

합성-현실 시대에 인류는 풀어본 적 없는 다양한 문제들을 마주하고 있다. 가상세계의 설계자인 인간은 동시에 가상세계의 포로가 되고 있다. 인간만이 알고리즘을 설계하는 것이 아니라, 알고리즘 역시 인간을 새롭게 설계한다. 사소한 취향부터 정치적 관점까지, 오늘날 인간의 의식 전반은 추천 알고리즘이 빚어내고 강화한다. 나아가 인간의 승인욕과 자신감, 불안과 질투 등의 감정은 가상세계가 보내는 푸시 알람과 같은 디지털 신호에 의해 좌지우지된다. 가상세계는 인간의 취약점을 파악하고 그 안으로 인간을 더욱 깊게 빨아들인다. 가상과 상시 연결Stay Connected 상태를 유지하도록 가상은 인간의 심리를 해킹하고 조작해, 그를 현실로부터 차단시킨다. 그 결과 현대인은 스크린에 눈이 붙은 채로 가상을 분주하게 떠도는 유랑자가 되었다. 가상세계에 빨려든 인류는 소셜미디어 속 삶을 더욱 진실된 것으로 받아들이고 살아간다. 인스타그램을 통해 인생의 의미를 찾고 스스로의 삶을 인스타그램에 최적화한다. 가상 자아는 현실 자아에게 뉴스피드를 살아 숨 쉬게 하기 위한 업로드 노동을 수행하도록 명령한다. 인간뿐 아니라 현실 전체가 소셜미디어에 흡수되며, 원본의 현실은 증발하고 위조되고 편집된 뉴스가 현실의 자리를 차지한다. 인공적으로 생성한 가상의 여론이 공론장을 주도한다. 인류가 가상세계에 머물며 폭발적으로 만들어내는 데이터는 가상세계의 두뇌인 인공지능을 더욱 진화시키고, 이로 인해 가상은 실재를 더욱 강력하게 통제한다. 사람들이 인지하지 못하는 사이 데이터가 축적되고 분석되면서 데이터에 기반한 감시와 처벌, 신분제와 차별이 시스템으로 구현된다.

이와 같은 문제들은 오늘날 우리가 가장 위협적으로 느끼는 것들이다. 세계가 처한 위기 리스트에서 자주 언급되는 문제들이기도 하다. 이들은 모두 가상과 현실이 부딪치는 지점에서 태어난 위기들이다. 그런데 우리는 이 위기들을 면밀하게 파악하지 못하고 있다. 오히려 우리는 위기를 오늘이 아닌 먼 미래의 문제로 말하기 좋아한다. 가령 우리는 인공지능의 위협을 '일자리 소멸'이라는 미래에 닥칠 일로 유예해서 말하곤 한다. 그러나 이러한 관점은 '이미 닥친' 문제를 직시하지 못하게 한다. 인공지능은 이미 사람들이 정보를 접하는 방식을 바꾸어 편견을 강화하는 데 일조하고 있으며, 삶을 전방위적으로 감시하는 디지털 파놉티콘을 구축하고 있다. 위기를 유예해서 바라보는 관점은 어쩌면 당면한 위기를 감추는 함정인지도 모른다. 우리는 지금 일어나는 일에 더 주목할 필요가 있다.

인류의 세 번째 밀레니엄에 시작된 가상화 혁명은 우리가 실재에 대해 알고 있던 많은 부분을 바꿔놓을 것이다. 실재의 세계에 들이닥친 가상의 파도는 실재를 증발시켜 유령처럼 만들고 있다. 그리고 그 빈 자리에 견고한 가상의 질서를 세우고 있다. 가상화 혁명은 문명의 풍경을 바꾸며 우리에게 근원적인 질문을 던진다. 그럼에도 이에 대한 철학적 고찰은 찾기 어렵다. 오늘날 기술에 대한 담론은 철저히 산업의 언어로 조직된다. 그리고 그 언어의 밑바탕에는 지나친 낙관과 자기 확신이 내재해 있다. 이러한 담론의 구성은 기술에 대해 다른 언어로 말하기를 배제하고, 다른 관점을 통한 접근을 차단한다. 기술이 세상에 막대한 영향을 행사하고 있음에도 그것에 대한 비판적 인식이 매우 어려운 것이다. 소수의 비판적 관점 역시 기술에 대한 이해가 전제되지 않은 섣부른 비관론 또는 고루한 인문학의 틀에 기댄 단편적 평가가 대부분이다. 낙관과 비관에 앞서 우리에게 필요한 것은 기술을 읽는 새로운 언어의 개발이다. 그를 통해 가상과 실재가 중첩된 현실을 정확히 이해하는 것이 필요하다. 마르크스의 말을 뒤틀어 쓰자면, "지금까지 기술은 세계를 급진적으로 변화시켜왔다. 그러나 중요한 것은 기술을 해석하는 것이다."

이 책은 다양한 가상의 풍경들을 조망하며 우리가 맞이하게 될, 혹은 이미 맞이하고 있는 가상의 질서를 탐색한다. 기술을 찬양하거나 기술을 규제해야 한다는 섣부른 제안은 없다. 다만 가상이 바꾸는 세계를 직시하도록, 가상에 사로잡히지 않는 인간의 길을 상상할 수 있도록 도우려 한다. 또 한편으로는, 오히려 가상을 통해 더 자유로워질 인간의 길을 상상할 수 있는 단초도 제공해보려 한다. 가상과 현실이 겹쳐진 세계에서 인간의 자유는 언제나 이중적일 것이다. 미래의 자유는 가상에 포획되지 않는 상상력과 함께, 가상을 역이용하는 상상력을 통해서도 가능할 것이다. 가상과 현실 사이 인간이 건설한 새로운 윤리 역시 이러한 이중적 상상력에서 출발할 것이다.

서 장

변화를 이해하기 위한 전제들

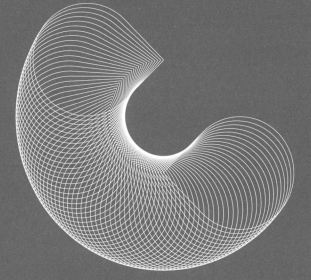

컴퓨터 밖 현실세계가
클라우드 서버 위로 옮겨간다.
우리의 자아, 사회적 관계,
정치 담론과 같은 실재 대상들 역시
가상화되어 서버 위로
옮겨지고 있다.

클라우드라는 이데아:
이제 실재가 가상을 보조한다

가상과 실재에 대한 최초의 철학적 구분은 플라톤의 《국가》에서 기원한다.[2] 플라톤은 우리가 현실에서 경험하는 것들이 이데아의 환영이라고 주장했다. 현실의 사물은 그 사물의 이데아가 현실에 비친 그림자라는 것이다. 플라톤에 따르면 현실의 의자는 '의자의 이데아'가 현실에 비친 모사본이다. 동굴의 비유를 통해 그는 인간이 동굴 벽면에 비친 그림자만을 볼 수 있으며, 동굴 입구에서 들어오는 빛을 보지 못한다고 말했다. 여기서 그림자가 바로 현실세계이고, 빛이 이데아의 세계다. 우리가 지각하는 실재의 세계와 다른 이데아의 세계가 있고, 이데아의 세계가 진리이고 실재의 세계가 모사본이라는 것이 플라톤의 '두 세계 이론'이다. 두 세계 이론은 가상과 현실이 중첩된 합성-현실 시대에도 유효한 통찰을 제공한다.

플라톤이 말했던 이데아의 세계는 오늘날 클라우드 컴퓨팅 기술을 통해 구현된다. 클라우드 컴퓨팅은 컴퓨터에서 사용하던 데이터와 프로그램을 인터넷에 접속하면 언제 어디서든 쓸 수 있도록 돕는 기술이다. 모든 데이터와 프로그램은 클라우드 서버에서 작동하며, 컴퓨터는 서버 접속을 위한 단말기 역할만 한다. 과거 워드프로세서를 사용하기 위해선 컴퓨터에 워드프로세서를 직접 설치해야 했지만, 이제 우리는 어떤 것도 물리적으로 설치할 필요가 없다. 클라우드에 '떠 있는' 워드프로세서에 접속해 작업을 수행하면 된다. 워드프로세서뿐만 아니다. 설치^{Install} 또는 저장^{Save}이 필요했던 모든 것들은 이제 클라우드로 옮겨갔다. 과거에는 사진을 잃어버리지 않기 위해 반드시 컴퓨터에 저장해야만 했다. 하지만 이제 스마트폰으로 찍은 사진은 자동으로 클라우드에 저장된다. 스마트폰을 잃어버려도 클라우드는 사진을 가지고 있다. 클라우드에 저장된 사진은 어느 기기로나 접근 가능한 원본이 된다.

컴퓨터뿐만 아니라 인터넷에서 이뤄지는 모든 것들은 클라우드 서버로 옮겨가고 있다. 이것은 우리 시대 가장 거대한 전환이다. 우리 일상에 거대한 영향을 미치는 구글, 애플, 아마존, 페이스북도 모두 자사의 제품과 서비스를 클라우드 서버로 제공한다. 지메일이나 애플 뮤직을 사용할 때 우리는 이미 그들의 클라우드를 거친 서비스를 쓴다. 아마존에서 물건을 고를 때나 페이스북에서 친구의 소식을 볼 때도 우리는 그들의 클라우드에 기록된 자료들을 열람하는 것이다. 이 거대한 전환은 단지 컴퓨터 안쪽 세계만의 이야기가 아니다.

가상은 현실이다

컴퓨터 밖 현실세계, 즉 우리의 자아, 사회적 관계, 정치적 담론과 같은 실재의 대상까지 가상화되어 클라우드 서버로 옮겨지고 있다.

오늘날 사물의 '이데아'는 모두 클라우드에 업로드되어 있다. 그리고 클라우드에 저장된 이데아는 우리의 실재를 지배한다. 세계에 대한 정보는 모두 클라우드에 기록되어 있다. 구글 검색, 구글 지도, 유튜브는 세계에 대한 원본 기억을 담는 지구의 전자두뇌다. 혹은 디지털로 구현된 지구 그 자체다. 이것은 구글 클라우드에 올려져 세계의 사물을 정의한다. 클라우드에 저장된 지구는 실재하는 지구의 사본인 동시에, 지구를 처음부터 끝까지 설명할 수 있는 원본 파일이다. 이것이 사라진다면 우리는 세계가 무엇인지 말하는 데 곤란을 겪을 것이다. 클라우드 위 세계가 구름 아래 실제 세계를 지배한다. 세계인의 일상을 저장하는 페이스북, 인스타그램, 트위터 또한 클라우드에서 작동한다. 인간의 기억은 이미지로, 대화는 메시지로, 관계는 그래프로 변환되어 클라우드에 저장된다. 클라우드에 저장된 이미지와 메시지와 그래프는 실재의 기억, 대화, 관계를 지배한다. 실재는 클라우드 이데아의 모사본이 된다.

인간의 기억은 클라우드를 통해 지배받는다. 클라우드는 두뇌보다 더 많은 양의 기억을 더 높은 정확도와 해상도로 저장한다. 대뇌피질이 기억하는 불분명한 장면과 달리, 클라우드는 그 장면이 몇 년 전 몇 시 몇 분에 일어난 일인지, 어느 곳에서 일어난 일인지, 또 당시 누구와 함께 있었는지를 저장한다. 클라우드는 두뇌보다 더 나은 두뇌이며 기억의 주도권은 두뇌에서 클라우드로 넘어간다. 클라우드에 기록된 것만이 우리가 누구인지 완전히 말해줄 수 있다. 그렇기 때문에 현대인은 클라우드와 동기화하지 않은 사진과 동영상을 잃어버리는 데 강한 공포를 느낀다. 이는 현대의 기억상실증이다. 과거에는 존재하지 않았던 이 공포는, 두뇌보다도 클라우드라는 전자두뇌가 인간에게 더 중요한 기억 저장소가 되었음을 드러낸다. 두뇌에 있는 기억이더라도 클라우드에 없다면 그것은 없는 기억이다. 반면 두뇌에 없는 기억이라도 클라우드에 있는 사진은 기억의 권위를 얻는다. 인간의 기억은 클라우드 서버 기록에 대한 모사본이다. 클라우드 메모 서비스인 에버노트의 마케팅 문구는 철학적 진실을 누설한다. "에버노트는 당신의 두 번째 두뇌입니다." 전 세계에 퍼진 클라우드는 인류 자신보다도 인류의 기억을 더 많이, 더 자세히 기록하고 보존해나갈 것이다.

인간의 커뮤니케이션 역시 클라우드로 옮겨졌다. 오늘날 커뮤니케이션의 물리적 기반은 클라우드 서버라 할 수 있다. 현대인의 커뮤니케이션은 이메일과 메신저를 통해 이뤄지고, 이들 전자화된 커뮤니케이션은 주로 클라우드를 통해 작동한다. 대면 커뮤니케이션 역시 스카이프 같은 화상 통화 솔루션으로 대체되고 있으며, 이 또한 클라우드를 통해 작동한다. 인간의 커뮤니케이션이 클라우드로 매개되면서 극적인 변화를 맞이하게 되었다. 대화는 영원히 삭제되지 않는 서버 기록이 되었다. 과거에 대화는 휘발되었고, 말은 뱉는 즉시 증발되었다. 그렇기 때문에 말은 자유로울 수 있었다. 그러나 이제 모든 말은 이메일, 메신저, 화상채팅 솔루션의 클라우드 서버

깊은 곳에 기록되고 백업된다. 우리에게 보이는 화면에서 대화 기록을 지운다 해도 그것이 서버에서 실제로 사라지는지는 알 수 없다. 그것은 클라우드 서버 어딘가에 저장되어 우리 과거사를 영원히 기억하는 원본 데이터가 된다. 이제 거대 담론부터 사소한 농담까지 모든 커뮤니케이션은 서버 기록으로 남는다. 말의 자유는 멸종 위기에 놓였다. 현대인이 일상적으로 쓰는 메일과 남기는 메시지는 언제든 감청될 수 있을 뿐만 아니라 처벌을 위한 증거로 채택되거나, 악의적으로 캡처되거나, 정치적이거나 상업적인 용도의 프로파일링 등 알 수 없는 목적에 사용될 수 있다. 클라우드와 상시 동기화되는 현대인의 커뮤니케이션은 인간을 상시적 자기 검열에 빠뜨린다.

오늘날 인간의 정체성과 관계는 소셜미디어를 통해 구축되는데, 이 가상세계 역시 클라우드 서버에 건설되어 있다. 즉 최종적으로는 클라우드에 저장된 각종 프로필 데이터와 소셜 그래프가 우리의 사회적 삶을 규정한다고 말할 수 있다. 나와 타자, 서로가 맺는 관계의 원본이 클라우드에 떠 있는 것이다. 그리고 우리는 클라우드 원본에 기초해 사회적 삶을 수행해나간다. 여기서 클라우드에 떠 있는 '가상의 나'는 실재하는 나보다 더욱 입체감 있다. 가상의 나는 실제 나보다 더 분명한 취향, 관심, 선호를 가진 존재다. 타자 역시 마찬가지다. 현실에서 드러나지 않은 타자의 모습은 가상에서 다양한 데이터 포맷을 통해 드러난다. 그리고 우리 모두는 가상에 존재하는 자신의 모습에 더욱 최적화되려 한다. 가상의 자신과, 가상의 관계에 몰입Immerse하는 것이다. 그렇게 가상은 현실보다 더욱 현실감 있는 원본 현실이 된다. 오히려 현실은 점점 더 연출적이고 거짓된 껍데기의 공간이 되어버린다. '나'는 점점 클라우드에 떠 있는 가상-자아에 대한 모사본이 된다. 소셜미디어가 현실의 모사본이라기보다는 현실이 소셜미디어의 모사본이 되며, 클라우드에 세워진 가상세계가 현실을 조종하는 것이다.

클라우드가 이데아의 세계라는 주장은 과장이 아니다. 만약 어느 날 모든 클라우드가 작동을 멈춘다고 상상해보자. 실제로 변한 것은 없이, 외견상 세계는 그대로일 것이다. 그러나 서버가 다운되는 순간 실재는 마치 이데아의 빛을 잃은 동굴처럼 어두워질 것이다. 실재가 누구인지 말해줄 수 있는 자는 바로 가상이기 때문이다. 기록은 멈추며, 대화는 끊기고, 세상은 동결된다. 개인은 자신을 대리하는 소셜미디어 프로필에 접속할 수 없게 되며, 사회는 그 자신의 운영 원리를 기록한 클라우드 서버에 접속하지 못하게 된다. 클라우드 서버에 보관한 기록·대화·개인정보는 증발되고, 클라우드 서버를 통해 복잡하게 연결된 경제와 산업의 여러 신경계(금융망과 유통망 등)는 작동을 멈출 것이다. 이렇게 가상의 마비는 실재의 마비로 전이된다.

실제로 2017년 3월 아마존의 클라우드 서비스가 일시적으로 멈춘 적이 있었다.[3] 이때 기업용 메신저 서비스인 슬랙이 다운되며 슬랙을 이용 중인 기업들의 내부 커뮤니케이션이 마비됐던 해프닝이 있었다. 이 해프닝은 우리의 실재가 가상 위에 지어진 누각임을 여실히 드러낸다. 다가올 미래에 실물과 인터넷을 연결시키는 기술

가상은 현실이다

혁신들(자율주행차량, 스마트 홈, 사물인터넷)은 예외 없이 모두 클라우드 서버에서 작동할 것이다. 이때 클라우드가 마비되면 작게는 도시의 정전부터 크게는 교통의 마비 같은 실제적 재앙으로 이어질 것이다. 클라우드는 단지 기술기업의 인프라스트럭쳐가 아니라, 실재를 떠받들고 있는 가상의 아틀라스다.

클라우드는 현실을 무한 복제하고 영구 저장한다. 사용자의 정보가 클라우드에 저장되는 순간, 그 정보는 클라우드 서버 곳곳에 여러 개의 복사본으로 존재하게 된다. 사용자가 언제 어느 기기에서나 파일에 접근 가능하도록 하기 위해 클라우드는 원본 파일 하나만을 저장하는 것이 아니라, 다수의 복사본을 만들어 여러 서버에 분산시켜 저장하기 때문이다. 가령 클라우드 서비스에 내 사진을 업로드하면, 수백 장의 사본이 만들어져 여러 지역의 서버에 분산 저장된다. 서울에서 올린 사진을 뉴욕에 가서 열 때 내가 보는 사진은 원본이 아니라 뉴욕에서 가까운 서버에 저장된 사본이다. 개인용 컴퓨터에서 한 번의 클릭으로 데이터를 삭제할 수 있는 것과 달리, 클라우드상에서 데이터를 삭제하기 위해서는 모든 사본을 다 지워야만 한다. 문제는 사용자의 계정에서 파일을 삭제한다 해도, 사본은 클라우드 서버 어딘가에 남아 있을 가능성이 있다는 것이다. 실제로 페이스북의 한 사용자가 2009년에 삭제를 요청한 사진이 3년이 지나도록 여러 사본으로 남았던 사례가 있다.[4]

사용자가 스스로의 정보를 삭제하고 싶어도 원본이 어느 지역에 있는지 알 수 없으며 나아가 사본이 얼마나, 어느 서버에, 얼마만큼 퍼져 있는지조차 알 수 없다. 자유 소프트웨어 재단의 창립자 리처드 스톨먼은 클라우드가 디지털 정보에 대한 인간의 통제권을 약화시키는 덫이라고 경고한다.[5]

현실이 클라우드를 거치게 되면 클라우드는 현실을 박제해 영원히 저장하고, 인간은 그에 대해 손을 쓸 수 없다.

클라우드의 무한 복제와 영구 저장이라는 속성은 실재에 대한 가상의 지배를 공고히 한다. 인류의 지식, 기억, 소통, 관계, 아이덴티티와 같은 것들은 클라우드에 한 번 빨려 들어간 후로는 영원히 가상세계에 남는다. 그리고 실재를 속박하는 불멸의 이데아가 된다. 그것은 계속해서 증식하며, 인간의 손으로 통제할 수 없는 방향으로 퍼져나갈 것이다. 우리는 자신을 찍은 사진 한 장도 완벽히 지우지 못하는 가상세계의 성장을 바라만 보고 있을 뿐이다. 가상에 기록된 것들은 점점 더 실재를 옥죌 것이다. 클라우드는 실재와 동기화를 지속해 스스로를 더욱 강화해나가는 반면에, 실재는 클라우드에 정보를 넘겨주기만 할 뿐 그로부터 어떤 것도 내려받지 못하기 때문이다. 실재에는 오직 현재만 있을 뿐이지만, 클라우드에는 현재와 과거가 연속적으로 저장된다. 그렇게 클라우드는 실재보다 더욱 역사성 있는 의사-실재를 구축해낸다. 이 가상세계는 이미 실재를 지배하고 있고, 앞으로는 더 강력히 지배할 것이다. 21세기의 초반부 동안 이는 겨우 시작되었을 뿐이다. 시간의 흐름과 함께 실재는 가상으로 더욱 깊이 빨려 들어가며 주권을 가상으로 넘겨주게 될 것이다. 클라우드는 주권을 가상으로 옮기는 가장 핵심적인 기술이다.

이데아를 인식하는 눈:
읽는 도구로서의 카메라

클라우드가 사물의 이데아를 저장하는 뇌라면, 카메라는 그 이데아를 인식하는 눈이다.

합성-현실의 시대 카메라는 더 이상 '찍는' 도구에 그치지 않는다. 우리는 카메라를 통해 실재와 연관된 가상의 배후를 즉각적으로 열람할 수 있다. 구글이 발표한 인공지능 카메라인 구글 렌즈^{Google}^{Lens}는 이에 대한 직접적인 예다. 스마트폰 앱으로 작동하는 구글 렌즈는 현실의 사물을 자동으로 인식하고 그와 관련된 디지털 정보를 불러온다. 구글 렌즈로 특정 상점을 비추면, 그 상점과 연관된 디지털 정보를 모두 불러와 사용자에게 전달해준다. 렌즈는 상점 간판이 구글 스트리트 뷰에 기록된 간판과 일치하는지, 상점 위치가 구글 맵에 기록된 위치와 일치하는지 확인한다. 그리고 상점과 연결된 웹상의 정보, 이를테면 영업시간이나 리뷰 등을 사용자의 스마트폰 화면 위로 불러온다. 렌즈는 영화 포스터, 책 표지, 예술 작품도 인식해 관련 정보를 불러온다. 영화 포스터에 대고 렌즈를 비추면, 유튜브에 저장된 영화의 예고편이 재생되는 식이다. 렌즈는 새로운 검색 엔진이다. 렌즈를 통해 우리는 현실 너머의 인터넷을 브라우징할 수 있다. 타인의 얼굴을 응시하면 그의 페이스북 프로필을 1초 안에 불러오는 카메라의 등장은 먼 미래가 아닐 것이다. 곧 이 새로운 눈을 통해 우리는 모든 실재하는 대상에 대응하는 가상의 이데아를 마치 육안으로 보듯 볼 수 있을 것이다.

카메라는 구글 렌즈처럼 현실을 '읽는' 도구가 된다. 카메라를 통해 우리는 현실을 주어진 그대로가 아니라, 현실을 더 풍부하고 새로운 방식으로 인식할 수 있게 된다. 현실의 사물과 연결된 디지털 정보는 더 이상 웹상에 머물러 있지 않고, 카메라를 통해 현실에서 실시간으로 열람이 가능해질 것이다. 이와 함께 카메라는 '카메라'라는 과거의 용어가 충분히 정의하지 못하는 새로운 도구적 본질을 갖게 될 것이다. 마치 스마트폰이 전화기라기보다 컴퓨터인 것처럼, 카메라는 이제 촬영 장비라기보다는 센서다. 센서는 현실을 가상의 맥락에서 읽어낼 뿐만 아니라 현실에 가상의 정보를 추가하는 기능도 함께 갖게 될 것이다. 아울러 스마트폰이 더 이상 수화기의 형태가 아닌 것처럼, 카메라 역시 지금의 하드웨어 형태가 아닐 것이다. 카메라는 스마트 글래스의 형태에서 더 나아가 생체 이식이 가능한 육안 렌즈로 재탄생할지도 모른다.

가상은 현실이다

현실에서 가상을 바로 읽어 내는 기계, 인공시각 분야는 이미 기술기업들의 전쟁터다. 기술기업은 사람들로 하여금 자사의 방식대로 세상을 바라보도록 하기 위해 앞다투어 인공시각을 개발하고 있다. 구글은 렌즈와 더불어 클라우드 비전, AR 코어 기술을 통해 더 많은 카메라가 구글의 방식대로 현실을 인식하기를 원한다. 애플 역시 사물을 인식하고 현실에서 가상을 경험할 수 있는 증강현실 카메라를 아이폰의 성장 동력으로 보고 연구개발을 진행하고 있다. 마이크로소프트는 스마트폰에서 독립된 형태의 기기인 홀로렌즈를 통해 현실에서 3차원의 가상을 경험하는 미래를 그리고 있다. 모두 형태는 다르지만 이들 인공시각은 우리로 하여금 현실을 실재 자체가 아닌 가상과 결합된 합성-현실로서 인식하게 한다. 앞으로는 인공시각으로 열람할 수 있는 가상의 경계가 넓어지며, 현실과 연동된 가상의 정보 역시 더욱 풍부해질 것이다. 컴퓨터 속 가상의 사물들이 현실로 쏟아져 나오며 현실은 더욱 풍성한 가상의 세계가 될 것이다.

증강현실 기술기업 매직리프Magic Leap는 가상사물을 마치 실제 물체처럼 보이게 만드는 포토닉스 라이트필드 기술을 개발하고 있다. 매직리프가 이 기술을 응용해 개발하는 스마트 글래스는 말 그대로 가상과 현실의 경계를 지운다. 매직리프 글래스를 쓰면 컴퓨터 속 가상사물들, GIF 이미지나 게임 캐릭터 같은 것들이 현실에 실물과 유사한 형체로 나타난다. 매직리프의 기술 시연 영상은 미래를 먼저 엿보게 해준다. 실물과 똑같은 크기의 홀로그램 돌고래가 마치 바다에서처럼 농구장 바닥 위에서 뛰어오른다. 회사 이름대로 마술 Magic이 현실 위로 뛰어오르는Leap 것이다. 현실은 새로운 차원으로 도약한다. 이 영상은 단지 초현실적인 스펙터클에 그치지 않으며, 미래 인류가 디지털 정보와 접촉하는 새로운 인터페이스 방식을 예견하게 해준다. 지금까지 디지털 정보는 오직 컴퓨터와 스마트폰의 평면 스크린 위에서 구현되었지만 미래에는 모두 스크린 밖으로 쏟아져 나와 현실에서 입체적으로 구현될 것이다. 상상 가능한 그림들(가령 이메일을 홀로그램으로 펼쳐낸다거나, 거실이 게임 속 전쟁터로 바뀐다거나 하는)을 넘어, 새로운 형태의 가상사물들이 현실에 폭발적으로 나타날 것이다. 현실은 가상과 함께 이중구조를 지니게 된다. 여기서 '카메라'는 합성-현실을 항해하기 위한 '네비게이터'가 될 것이다.

가상과 중첩된 현실을 카메라로 항해하는 것은 분명 흥미로운 경험일 것이다. 다가올 미래를 미리 보여주는 두 가지 사례가 있다. 스냅챗과 포켓몬 고다. 스냅챗과 포켓몬 고는 서로 다른 서비스지만, 카메라를 통해 현실을 다른 차원에서 인식하게 만든다는 점에서 유사하다. 장난감처럼 등장했지만 혁명적인 함의를 갖는다는 점도 유사하다.

스냅챗은 카메라로 항해하는 가상사물의 시대를 예견하게 해준다. 스냅챗의 증강현실AR 렌즈는 친구와 얼굴을 바꾸는 것에서 시작했지만, 이제 현실에 가상사물을 채워 넣어 현실 자체를 가상세계로 바꾸고 있다. 스냅챗은 설치미술가 제프 쿤스와 협업해 그의 유

가상은 현실이다

명한 야외 전시작 '풍선 강아지'를 가상사물 버전으로 만들었다.[6]

　가상의 풍선 강아지는 파리 에펠탑과 도쿄 요요기 공원 등 전 세계 명소에 설치되었다. 사용자가 해당 지역에서 스냅챗을 켜면, 카메라 화면에 거대한 풍선 강아지가 나타난다. 물론 강아지는 스냅챗 앱 내의 카메라 화면을 통해서만 보인다. 육안으로 보이는 것은 텅 빈 공원뿐이다. 이 가상 설치미술은 다가올 가상사물의 시대에 대한 상상력을 자극한다. 스냅챗은 누구나 이러한 가상사물을 만들 수 있는 제작 플랫폼인 AR '렌즈 스튜디오'를 공개해 현실을 더욱 가상의 놀이터로 바꿔가고 있다. 더 많은 사용자가 더 많은 가상사물을 만들어내면서, 현실에서 점점 가상의 층위가 두터워질 것이다. 육안으로는 볼 수 없는, 오직 카메라로만 볼 수 있는 가상이 현실보다 비대해질지도 모른다.

　포켓몬 고는 미래에 우리가 만날 현실이 어떤 공간일지 미리 보여준다. 현실은 주어진 실재와 다른 가상의 차원을 얻고, 사람들은 실재의 차원보다 가상의 차원에 더욱 탐닉한다. 포켓몬 고는 모바일 게임인 것처럼 보이지만, 현실과 가상이 혼합된 합성-현실을 전 지구적 규모로 구현한 실험이다. 포켓몬 고에서 현실은 현실의 맥락을 잃고 가상의 영토로 바뀐다. 학교는 포켓몬 상점이 되고, 공원은 포켓몬 결투장이 된다. 현실이 포켓몬 월드로 바뀌는 것이다. 포켓몬 고는 사람들을 '움직이게' 했다. 좀처럼 밖에 나가지 않던 청소년들이 집 밖으로 나서고, 새로울 것 없는 동네에 살던 사람들이 동네를 탐험하기 시작했다. 여기서 사람들은 현실 속을 걷는 것이 아니라, 포켓몬 월드라는 가상세계 속을 걷는 것이다. 이때 가상의 차원을 보게 해주는 도구는 바로 카메라다. 카메라를 통해 우리는 이미 아는 현실보다 더 환상적인 새로운 현실을 만날 수 있다. 포켓몬 고는 육안으로 보이지 않는다고 해서 가상세계가 실재하지 않는 것은 아님을 확인시켜주었다. 가상은 실재한다. 가상세계일 뿐인 포켓몬 고가 현실에서 일으킨 여러 가지 정치적이고 종교적인 논쟁은 그것의 실재성을 더욱 강력히 입증한다.

가상과 현실은 컴퓨터 스크린을 장막으로 두고 양분된 세계로 존재해왔다. 스크린 안쪽의 세계와 바깥쪽의 세계는 날카롭게 구분되어왔다. 카메라는 가상과 현실 사이 장막을 무너뜨리고, 두 세계를 하나의 혼합된 세계로 뒤섞어버린다. 가상은 현실로 쏟아져 내리고, 현실은 가상에 이어 붙는다. 5억 4200만 년 전에 캄브리아기 폭발 때 다양한 종류의 동물이 갑작스럽게 출현한 것처럼, 현실에 다양한 종류의 가상사물이 폭발적으로 출현하며 인류는 제2의 캄브리아기 폭발을 맞이할 것이다. 가상의 돌고래, 설치미술, 포켓몬은 시작이다. 그러나 육안으로 보기에 현실의 변화는 잠잠할 수 있다. 새로운 변화는 기계 눈을 통해서만 온전히 경험될 수 있을 것이기 때문이다.

가상은 현실이다

리얼리티와 #nofilter:
모두가 합의하는 원본은 없다

인스타그램은 현대 그 자체인 동시에 현대에 대한 알레고리다. 인스타그램은 우리 시대의 비밀스러운 진실을 은유적으로 알려준다.

　#nofilter는 인스타그램에 사진을 올릴 때 찍은 사진을 그대로 업로드하며 쓰는 해시태그(사용자가 인스타그램에 사진을 올릴 때 # 기호와 함께 첨부하는 키워드)다. '필터 없는 모드'를 뜻하는 이 말은 인스타그램 필터를 적용할 필요 없이 멋진 광경을 현실 그대로 전달한다는 의미다. 필터링이 난무하는 인스타그램 세계에서 #nofilter는 필터링하지 않은 현실의 자연스러움, 순수성을 과시하는 맥락을 담고 있다. '진짜 현실'이 조작적 이미지보다 우월하다는 것이다.

　그런데 '진짜 현실'이 필터링의 반대항으로 표현된다는 것은 대단히 역설적이다. 현실은 현실에 기준점을 둔 방식, 즉 '진짜 현실Real

Reality'로 표현되지 않는다. 현실은 필터링을 거치지 않았다는 '부정형 No Filter'로 표현되고 이해된다. 우리는 이로부터 다음을 유추해낼 수 있다. 필터링한 현실이 더욱 기준이 되는 현실Normal Reality이며, 실재의 현실은 오직 가상에 대한 안티테제로 존재한다는 것이다. 헤겔의 말하기를 빌리자면, 실재의 현실은 즉자적An Sich 현실이 아니라, '필터 없는' 모드로서 필터링된 현실에 대한 대자적Für Sich 현실로서 존재한다. 현실은 스스로 존재할 수 없다. 필터링이 디폴트인 현실이기 때문에 비로소 필터 없는 모드가 가능하다. #nofilter는 오늘날 현실이 당면한 상태를 은연중에 폭로하는 단어다.

더 흥미로운 것은 우리가 진짜 현실이라 믿는 '필터 없는 모드' 조차 스마트폰 카메라의 내장 필터에 의해 한번 걸러진, 또 다른 필터링된 현실이라는 사실이다. #nofilter조차 실은 가상적인 것이다. #nofilter 현실이 다른 필터링된 현실에 대해 갖는 유일한 차이점은, 사람들이 #nofilter를 진짜 현실이라고 굳게 믿는다는 점뿐이다. 즉 허위의식뿐이다. 이것은 시사하는 바가 크다. 원본의 현실Ground Truth, 어떠한 필터도 적용되지 않은 필터 이전의 현실, 진짜 현실이 있다는 관념은 허구임을 말해주기 때문이다. 필터링되지 않은 현실은 없다.

현대는 서로 불화하는 수많은 필터-현실들이 병렬적으로 공존하는 시대다. 각각의 현실들은 선호하는 필터를 기준으로 모인 집단들이 만들어낸다. VR 기기를 쓸 필요 없이 우리는 이미 서로 다른 현실들 속에 살고 있다. 각자의 현실은 소셜미디어를 통해 각색되고, 필터에 의해 편향적으로 가공된다. 이렇게 탄생한 가상의 현

가상은 현실이다

실이 각자에게 더 진실된 의미의 현실이 된다. 다른 필터 사이 합의할 수 있는 현실은 존재하지 않는다. 명백한 팩트 같은 말은 사어^{死語}가 되고 있다. 이미 가상세계에서는 팩트를 변질시키는 수많은 필터가 있고, 사람들은 필터링된 팩트를 팩트 자체보다 선호한다. 가상은 더 이상 진짜 현실이 무엇인지 알 필요 없고, 알 수조차 없는 세계를 만들어가고 있는 것이다.

가짜 뉴스 문제는 대립하는 필터 간의 대결을 가장 잘 보여주는 예시다. 가짜 뉴스는 더 이상 진실과 거짓을 가리는 문제가 아니라, 다른 필터 지지자 간의 무한 대결로 바뀌었다. 모두가 서로를 가짜라고 고발하고 있으며, 모두가 자신만이 진실의 편이라 주장한다. 실제론 거의 모든 정치적 주체가 (좌파이든 우파이든, 기성 세력이든 대안 세력이든) 가짜 뉴스 유포에서 완전히 자유롭지 않다. 스스로만이 진짜라는 가짜 환상만이 실재할 뿐이다. 가짜 뉴스 문제가 진짜로 말해주는 바는, 모두가 각자의 필터에 갇혀 필터 밖 타자는 모두 가짜로 보이는 시뮬레이션의 세계에 우리가 돌입했다는 사실이다.

오늘날 사람들은 현실에 대해 사소한 견해차를 가진 정도를 넘어, 자신의 필터를 통해 현실을 완전히 재창조해서 이해한다. 우리는 물리적으로 같은 현실에 살고 있지만, 각자가 의미를 두고 살아가는 현실은 각자의 필터로 각색한 가상 현실이다. 우리가 같은 현실에서 같은 사물을 보고 있을 것이란 건 커다란 착각이다. 우리는 서로 다른 현실 속에 갇혀 산다. 현실에서 상호 합의할 수 있는 영역은 앞으로도 급격히 줄어들 것이다. 디지털 기술에 의해 세계는 더 급진적으로 분화하며, 필터 간 전쟁은 도처에서 이어질 것이다. 이것은 단지 미래의 이야기가 아니라 이미 모두가 가상 현실을 사는 지금의 이야기다. 미래는 이미 와 있다. 단지 널리 합의되지 않았을 뿐이다.

아마존 고:
자동화를 넘어선 가상화

가상화는 디지털 세계에서만 일어나지 않고, 물리적 현실에 걸쳐 일어난다. 가상화는 물리적 현실을 가상의 일부로 편입시킨다. 물리적 현실은 가상에 의해 의미를 부여받을 뿐만 아니라, 그 운영 원리 또한 가상의 작동 방식에 의해 대체된다. 소프트웨어가 설계되는 방식대로 기업이 운영되고, 노동이 편성되며, 도시가 설계된다.

아마존 고^Amazon Go^는 현실이 가상으로 편입되는 대표적인 사례다. 아마존 고는 아마존이 운영하는 무인 편의점이다. 아마존 고에는 점원과 계산대가 없다. 소비자는 아마존 고 앱을 켜고 매장에서 상품을 고른 뒤, 걸어 나오면 된다. 결제는 자동으로 이뤄진다. 줄을 설 필요도 지갑을 꺼낼 필요도 없다. 이러한 마법 같은 아마존 고의 쇼핑 경험은 컴퓨터 비전, 머신러닝, 센서 퓨전 기술 때문에 가능하다. 이들은 모두 자율주행차량에 쓰이는 기술이다. 마치 자율주행차량이 보행자를 인식하는 것처럼, 아마존 고는 매장 내 고객을 카메라 센서로 인식한다. 고객이 물건을 고를 때마다 카메라 센서는 신호를 보내, 해당 고객의 가상 장바구니$^{Virtual Cart}$에 물건을 담는다. 고객이 매장 문을 나서는 순간, 아마존에 등록된 고객의 신용카드가 장바구니 물건을 자동으로 결제한다. 이 과정은 마치 온라인 쇼핑몰 마지막 페이지에서 결제 버튼을 누르고 사이트를 나가는 것과 같다.

아마존 고를 단순히 '무인화' 또는 '자동화'로 받아들이는 것은 좁은 해석이다. 아마존 고는 그보다 더 큰 함의를 지닌다. 아마존 고는 인간 노동을 자동화했다기보다는, 인간 노동이 개입될 여지 자체를 완전히 없애버렸다. 계산대에 인간 대신 기계를 앉힌 것이 아니다. 계산대에 의존하는 쇼핑 프로세스 자체를 없애버렸다. 물건을 집어든 순간(장바구니 담기)과 매장을 나가는 순간(결제하기)이라는 온라인 쇼핑의 방식을 오프라인 매장에 그대로 구현했다. 이는 온라인의 방식이 오프라인의 방식을 완전히 대체한, 실재의 '가상화'다. 계산대뿐만이 아니라 아마존 고의 전체적인 구성을 보면 이점이 더 분명해진다.

아마존 고는 온라인에 존재하는 아마존닷컴에 접속하기 위한 오프라인 창구다. 실제 거래를 처리하는 공간은 아마존 고 매장과 연동된 클라우드 서버다. 매장은 고객이 가상환경에 접속하기 위한 단말기와 같다. 아마존 고에 비치된 상품은 아마존닷컴에 등록된 상품처럼 빅데이터로 정리되어 있다. 소비자는 오프라인 매장에서 무수한 상품 빅데이터와 직접적으로 인터랙션한다. 매대의 물건을 집는 것은 웹사이트에서 클릭하는 것과 같다. 물건을 집는 순간 소비자는 상품의 상세 페이지로 넘어가는 것이다. 구글 애널리틱스가 웹사이트 방문자를 트래킹하는 것처럼, 아마존 고는 물건을 집은 소비자를 센서로 트래킹한다. 소비자가 해당 물건을 얼마나 반복적으로 구매하는지, 함께 사는 물건은 무엇인지 같은 온라인 트래킹 방식을 그대로 구현할 수 있으며, 온라인에서 불가능한 트래킹도 가능하다. 가령 사람들이 매대에서 가장 많이 응시하는 곳은 어디인지, 어떤 코너에서 가장 오랜 시간 고민하는지, 또한 어떤 인종·성별·연령대의 사람이 어떤 상품에 얼마나 관심을 갖는지 같은 민감한 정보 역시 트래킹할 수 있다.

광범위한 쇼핑 데이터를 대량으로 확보한 아마존 고는 이를 바탕으로 소비자가 매장을 나간 이후에도 소비자를 추적할 것이다. 우리가 아마존닷컴에서 관심 있는 물건을 둘러본 뒤 다른 웹사이트를 방문할 때 아마존닷컴에서 본 상품이 배너 광고로 등장하는 것처럼, 가까운 미래에 오프라인 방문 기록은 웹사이트 방문 기록처럼 광고 타기팅에 활용될 것이다. 아마존 고에서 여러 번 집어 들었지만 끝내 구매하지 않은 콜드프레스 유기농 주스는 우리의 소셜미디어 피드와 즐겨 찾는 사이트에 배너 광고로 다시 나타날 것이다. 나아가 안면 인식이 가능한 옥외 전광판이 우리를 보자마자 기다렸다는 듯 주스 배너 광고를 보여줄지도 모른다. 끊임없이 우리를 따라다니는 배너 광고가 현실에서 접촉한 상품에 대해서도 이뤄지는 것이다. 광고가 따라다니는 범위도 웹을 넘어 현실 전반으로 확대된다. 우리가 인터넷에서 경험해온 방식들이 현실의 방식으로 전이되는 것이다. 온라인 쇼핑몰처럼 작동하는 오프라인 매장인 아마존 고의 궁극적인 함의는 바로 이러한 실재 세계의 가상화다.

구글의 사이드워크랩 프로젝트는 이러한 실재-세계 가상화[Real World Virtualization]가 가장 극단적인 규모로 진행되는 예시다. 이는 구글이 캐나다 정부와 함께 토론토 키사이드[Quayside] 지역에 미래형 신도시를 개발하는 스마트 시티 프로젝트다.[7]

사이드워크랩은 소프트웨어처럼 작동하는 도시를 목표로 한다. 도시의 모든 기반 망은 인터넷으로 연결된다. 수백만 개의 센서가 교통, 환경, 범죄 등 도시의 각종 상태를 실시간으로 측정한다. 이를 바탕으로 시민의 삶을 편리하게 하는 서비스를 효율적으로 제공한다. 도로 상황은 웹사이트 트래픽처럼 실시간 모니터링된다. 인터넷에 연결된 자율주행차량들은 도로망과 데이터를 주고받는다. 이를 통해 교통 체증을 증가시키지 않으면서도 최적의 경로를 찾는다. 이렇게 전체 교통망은 최적화된다. 도시의 교통망은 개인의 위치 정보와 이동 경로를 학습해 사람들에게 최적의 이동 수단이 무엇인지까지 안내할 수 있다. 이 도시에서 개인의 차량 소유는 금지되어 있다. 이에 따라 도로가 건설되는 방식은 기존과 다를 것이다. 주택과 건물의 경우, 레고블록처럼 해체와 이동이 자유로운 모듈형 건축구조를 채택해 건축물을 언제나 재구성할 수 있으며, 도시 공

가상은 현실이다

간의 배열 역시 상황에 따라 변경할 수 있다. 마치 마인크래프트처럼 도시는 프로그래밍 가능한 대상이 된다. 도시 전역에 공공 와이파이보다 빠른 초고속 인터넷이 마치 전기나 수도와 같은 기본 설비로 제공될 것이다. 거주민들은 이 도시에서 컨텐츠부터 헬스케어까지 다양한 생활 편의 소프트웨어를 누릴 수 있을 것이며, 대신 거주민들이 도시에 제공한 모든 개인정보는 24시간 도시-소프트웨어의 각종 기능을 최적화하는 데이터로 활용될 것이다. 도시의 물리적 실체는 껍데기다. 도시를 운영하는 모든 프로세스는 가상의 컴퓨팅 환경에서 이뤄지기 때문이다.

실제-세계 가상화로 인간은 더 편리한 생활을 누릴 수 있을 것이다. 그러나 편리는 가상이 실재를 집어삼키기 위한 미끼일 뿐이다. 가상화된 도시가 보여주는 것은 실재가 스스로에 대한 주권을 포기함과 동시에, 주권을 가상에 양도하는 것이다. 도시의 물리적 생활을 이제 가상의 질서가 통제한다. 도시의 의회나 정부는 지극히 부분적인 의사결정을 대리할 뿐, 도시가 설계되고 작동하는 근간은 도시의 운영체제Operating System에 의해 사전에 규정된다. 감시는 인간이 아닌 기계가 수행하고, 처벌은 자동화된다. 의사결정은 토론의 비효율성을 제거한 알고리즘에 의해 대체된다. 민주적 숙의는 데이터 기반의 학습에 패배할지도 모른다.

"우리는 모두 우버 기사다": ————————•
알고리즘의 개선을 위한 노동

가상은 실재의 노동을 착취해 스스로를 강화하며 다시 실재에 대한
지배력을 강화한다. 오늘날 인간의 노동은 가상을 위해 복무하는
한편 스스로가 근거한 실재를 약화시키는 모순에 소모된다. 현대의
시지프스[8]는 굴러떨어질 것을 알면서도 바위를 정상으로 밀어올려
야 하는 허무가 아닌, 바위를 밀어 올릴 기계에 대체될 것을 알면서
도 기계의 발전을 도와야만 하는 새로운 실존적 허무에 빠진다. 그
의 노동은 기계를 학습시켜 더는 인간이 노동할 필요가 없게 만든
다. 종국적으로 자신을 해고하기 위해 노동하는 셈이다. 그가 노동
할수록 기계는 진화하며, 그의 지위는 위태로워진다. 더 많이 노동
할수록 더 빠르게 위태로워진다.

　우버의 운전기사는 승객과 경로를 스스로 정하지 않는다. 알고리

즘이 승객과 경로를 지정한다. 우버 기사는 쉴 새 없이 앱으로 전달되는 알고리즘의 명령에 따라 움직이기 바쁘다. 요금 역시 알고리즘이 결정한다. 최저임금이나 노사협상에 따라 요금이 고정되는 것이 아니라, 지역과 시간대의 수급을 계산하는 알고리즘이 요금을 유동적으로 결정한다. 수요가 폭증할 때의 서지 프라이싱surge pricing은 반대로 수요가 적을 때 요금에 하한선이 없음을 전제한다. 우버 기사가 계속 우버 플랫폼에서 일할 수 있을지 없을지도 사용자 평점에 기반한 알고리즘이 결정한다. 그가 노동을 하면서 결정할 수 있는 것은 거의 없다. 결정은 알고리즘이 내리고, 인간은 알고리즘의 결정을 대리 수행한다. 알고리즘이 매개하는 노동은 개인 대 개인의 서비스 계약처럼 보이지만 실상은 알고리즘에 예속된, 불안정한 노동이다.

마치 사람들의 검색 행위가 구글의 검색 알고리즘 개선에 자동적으로 기여하는 것처럼, 우버 기사는 매번 승객을 원하는 장소에 데려다줄 때마다 자동적으로 우버 알고리즘 개선에 기여한다. 특정 지역의 통행량, 배차 상황, 운행 요청을 최적화하는 우버의 알고리즘은 우버 기사들로부터 전달되는 반복적이고 집단적인 주행 데이터를 통해 지속적으로 강화되며, 강화된 알고리즘은 우버 기사에게 다시 더 나은 주행 명령을 내리는 데 사용된다. 우버는 차량 호출 서비스임과 동시에, 전 세계 우버 기사를 통해 주행 데이터를 크라우드 소싱하는 기업인 것이다.

우버가 대규모 인간 노동으로 만들어내고 있는 미래 가치는, 역설적으로 인간 노동을 필요로 하지 않게 만드는 기술인 자율주행

차량이다. 자율주행차량을 실제 이용이 가능한 교통수단으로 구현하기 위해서는 단지 차량 한 대를 자동으로 움직이게 하는 기술 이외에도, 도시 전체에 분산된 자율주행차량의 움직임을 이용자의 요청에 맞춰 예측하고 제어하는 플랫폼 기술이 필요하다. 우버가 현재 제공하고 있는 인간 운전기사를 통한 차량 호출 서비스는 미래의 큰 그림을 완성하기 위한 스케치인 셈이다.[9] 우버와 함께 리프트Lyft[10], 그랩Grab[11]과 같은 경쟁 서비스 역시 모두 자율주행차량이라는 비전을 위해 똑같은 청사진을 그리고 있다. 여기서 우버 기사는 의도하지 않았지만 자신의 일자리를 사라지게 할 수도 있는 자율주행 알고리즘을 위해 노동하게 된다. 승객을 실어나르는 노동은 미래에 자신의 노동을 소외시킬 알고리즘을 강화하는 데이터 인풋으로 변환된다. 이러한 노동의 우버화Uberization는 종종 플랫폼에 의해 중계되는 긱 이코노미(gig economy, 빠른 시대 변화에 대응하기 위해 비정규 프리랜서 근로 형태가 확산되는 경제 현상)으로서만 해석되었다. 하지만 우버화의 본질은 알고리즘에 의해 지배받는 노동, 알고리즘에 의한 노동력의 완전 대체를 돕는 자기 소멸적 노동을 뜻한다.

유령 하나가 글로벌 노동 현장을 떠돌고 있다. 바로 자동화를 위해 자기모순적으로 노동하는 우버레타리아트Uberetariat라는 유령이. 택시 서비스 이외에도 많은 노동자가 자신을 대체할 알고리즘의 개선을 돕는 우버레타리아트적[的] 노동을 하고 있다. 우버레타리아트적 노동에는 실제로 그가 수행한다고 믿는 업무와, 업무 수행과 함께 자동적으로 이루어지는 알고리즘의 강화를 위한 데이터 산출의 두

가지 층위가 있다. 물론 핵심은 후자다. 이를테면 고객 상담 업무 역시 전형적인 우버레타리아트적, 자기 소멸적 노동이다. 근 미래에 기계에 의해 완전 대체가 가능한 분야인 고객 상담 업무는 고객의 불만 사항을 해결하는 업무임과 동시에, 상담 알고리즘이 더 나은 상담을 수행하기 위한 여러 가지 고객 시나리오 데이터를 산출하는 업무라고 볼 수 있다.

"우리는 모두 우버 기사다"라는 새로운 프롤레타리아트 선언은 단지 저숙련 노동계층에서만 울려 퍼지지 않을 것이다. 고숙련 노동자 역시 시간이 흐르면서 선언에 합류할 것이다. 가상은 실재의 꼬리를 물기 시작해 결국 머리를 집어삼킬 것이기 때문이다. 현재 가장 고숙련 노동으로 평가받는 컴퓨터공학 분야의 인공지능 설계 역시 부분적으로 우버레타리아트적 노동이 될 수 있다. 구글은 최근 인공지능을 만드는 인공지능인 오토ML^AutoML^을 발표했다. 이는 인공지능 알고리즘 설계 시 인간 개발자의 노동이 필요했던 신경망 구조 최적화 작업을 대량의 데이터 학습을 통해 자동화하는 방법론이다.[12] 오토ML과 인간 개발자의 알고리즘 설계 능력을 비교하는 실험에서 오토ML은 이미지 인식 분야에서는 인간 개발자의 설계 능력에 필적했고, 언어 인식 분야에서는 인간 개발자를 능가했다.[13] 인공지능과 같은 고숙련 연구 분야에서도 최상위 차원의 알고리즘 설계 이외의 노동 역시 자동화를 피할 수 없다는 예시다. 오히려 인공지능 분야는 자동화를 통해 얻을 수 있는 편익이 크고, 컴퓨터 코드만을 다루는 분야이기에 다른 분야보다 더 급진적이고 기하급수적인 자동화가 이뤄질 수 있다. 인공지능 개발자는 스스로를 대체하는 알고리즘을 직접 만들어야 하는 가장 극단적인 우버레타리아트일지 모른다.

우버레타리아트적 노동은 가상의 알고리즘을 강화하기 위한 노동이고, 이는 곧 노동의 증발로 귀결된다. 가상은 아직 발견되지 않는 노동의 특이점까지 알아내어 알고리즘을 강화하기 위해 실재에 채찍질을 가할 것이다. 채찍질은 더 나은 세상, 편리한 생활, 소비자 이익, 업무 효율화, 때로는 노동으로부터의 해방과 같은 약속으로 포장된다. 노동으로부터 해방된 인간이 더 창의적인 존재가 될 수 있다는 가설은 참일 수 있다. 하지만 가상이 노동을 대체하면서 맞게 될 해방이 인간이 예상한 것이 아닐 확률이 높다. 또한 그것이 긍정적일지 부정적일지는 아직 불확실하다. 확실한 한 가지는 실재의 노동이 가상의 강화에 기여하고 있다는 현상이다. 이것은 자동화 알고리즘을 만드는 몇몇 기업 차원의 문제가 아니라, 가상이라는 거대한 차원과 실재 세계 전반 사이에 존재하는 윤리의 문제다. 가상이 노동을 수행한다는 것은 단지 일자리가 사라진다는 것 이상의 의미를 갖기 때문이다. 진짜 문제는, 그 의미가 무엇인지 아직 누구도 정확하게 말할 수 없다는 사실이다.

가상은 현실이다

가상의 삶::

온라인에서 진짜가 되는 사람들

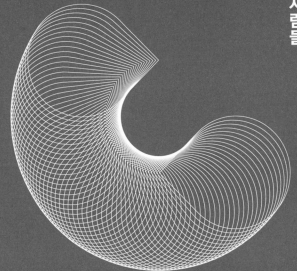

소셜미디어는
현실의 연장이라기보다
현실의 왜곡이다.
소셜미디어라는 가상현실은
현실에 깊이 파고들어와
현실의 질서를 교란하며
새로운 현실을 구성한다.

우리는 온라인에서
더욱 진짜가 된다

2003년에 출시된 3D 가상세계 세컨드 라이프Second Life는 모든 소셜 미디어의 원형이다. 세컨드 라이프는 이름 그대로 사람들에게 인터넷에서 두 번째 삶을 허락한다. 유저, 공식 용어로 거주자Residents는 자신의 아바타를 만들어 새로운 삶을 살 수 있다. 물건을 만들어 팔 수도 있고, 집을 지을 수도 있다. 바에서 술을 마시거나 친구를 사귈 수도 있다. 린든달러라는 가상화폐를 통해 경제생활을 유지할 수도 있다. 당시엔 이 새로운 형태의 세계를 정의할 언어가 없었다. 그 때문에 세컨드 라이프는 월드오브워크래프트나 심즈 같은 온라인 동시다중접속 게임MMORPG으로 분류되곤 했다. 그러나 세컨드 라이프는 단 한 번도 게임이었던 적이 없다. 세컨드 라이프 개발사 린든랩 역시 게임이라는 명명을 부정했다.[14]

RPG 게임과 다르게 세컨드 라이프는 개발사가 미리 정한 목표나 시나리오가 없는 열린 세계다. 마치 현실처럼 모든 것은 거주자가 만들어나간다. 린든랩 역시 기본적 모델링 외에는 어떠한 콘텐츠도 만들지 않았다. 대신 세컨드 라이프 거주자가 직접 린든 스크립트 언어Linden Script Language라는 코드를 편집해 세계를 만들어나갔다. 세컨드 라이프는 대규모 인간 집단이 즐긴 첫 번째 가상현실이었다.

세컨드 라이프는 2000년대 인기를 끈 뒤 이제는 사그라졌다. 하지만 세컨드 라이프의 비전까지 죽지는 않았다. "사람들에게 가상의 삶을 허락한다"는 비전은 오늘날 소셜미디어를 통해 계승되고 있다. 사람들은 이제 소셜미디어 속에서 '두 번째 삶'을 산다. 가상의 정체성을 뒤집어쓰고, 가상의 관계, 가상의 상호작용을 수행해 나간다. 우리는 '소셜미디어(생각이나 의견 따위를 표현하거나 공유하기 위하여 사용하는, 개방화된 온라인 공간)'라는 명칭 때문에 소셜미디어를 마치 현실이 연장된 공간으로 여긴다. 하지만 이러한 명칭은 세컨드 라이프를 '게임'이라 부르는 것만큼이나 잘못되었다. 소셜미디어는 현실의 연장이라기보다는 현실의 왜곡이다. 현실은 소셜미디어를 거칠 때 그대로 반영되지 않고 굴절된다. 현실의 사건은 소셜미디어에서 가짜 뉴스로 재탄생한다. 그뿐 아니다. 우리의 자아도 소셜미디어에서 새로운 가상 자아로 재탄생한다. 소셜미디어는 실재와 이어지기보다는 실재와 모순되는 가상세계인 것이다. 이미 우리 앞에는 '소셜미디어'라는 이름을 가진 거대한 가상현실이 도래해 있다. 단지 우리가 그것을 가상현실이라고 부르지 않을 뿐이

가상은 현실이다

다. 소셜미디어 가상현실은 현실에 깊이 파고 들어와 현실의 질서를 교란하며 새로운 합성-현실을 구성한다.

페이스북은 소셜미디어의 미래로 소셜 가상현실Social VR을 제시한다. 이것은 결코 우연이 아니다. 오히려 필연적이다. 페이스북은 2차원 스마트폰 화면을 넘어 3차원 가상현실로 스스로의 영토를 확장하려 한다. 가상현실 세계에 입장한 인류의 첫 시작 페이지 역시 페이스북으로 고정시키려 하는 것이다. 3차원 가상현실로 나아가기 위해 페이스북은 가상현실 헤드셋 기업 오큘러스Oculus를 인수했고, 3D 버전의 소셜미디어 페이스북 스페이스Facebook Spaces를 개발했다. 가상현실과 소셜미디어를 이으려는 페이스북의 시도는, 가상현실과 소셜미디어는 현실의 시뮬레이션을 만들어낸다는 점에서 본질적으로 같고 따라서 서로 연결될 수 있다는 흥미로운 진실을 누설한다. 지금의 페이스북은 초기 버전의 가상현실이며, 페이스북이 개발하고 있는 소셜 가상현실은 헤드셋으로 접속 가능한 완성형 가상현실이 될 것이다. 이런 맥락에서 2000년대에 선구적으로 3차원 가상현실을 제시한 세컨드 라이프는 페이스북의 '먼저 온 미래'다. 페이스북은 세컨드 라이프가 될 것이다.

소셜미디어에서의 두 번째 삶은 가상이지만 허구는 아니다. 과거 사람들은 오프라인의 모습만을 진실이라고 보았다. '첫 번째 삶'인 오프라인과 다른 온라인상의 모습을 두고 가짜라 지적했다. 오프라인에서 온라인에서와는 다르게 행동하는 이를 두고 '가식적'이라고 말하곤 했다. 이는 오프라인이 기준 현실이고, 우리가 온라인에서는 다른 모습을 연출한다는 전제를 깔고 있다. 지금은 반대다. 사람들은 온라인에서 더욱 진짜가 된다. 현실에서 드러내지 못하는 자신의 생각과 욕망을 소셜미디어 자아를 통해 더욱 거리낌 없이 드러낸다. 현실에서 소심한 사람이 소셜미디어에서 폭력적인 선동가가 되고, 현실에서 번듯한 사람이 소셜미디어에서는 음란한 취향을 내보인다.

사람들 역시 온라인의 가상 자아를 연출이라고 생각하지 않고 진짜로 받아들인다. 우리가 자주 사용하는 소셜미디어 계정을 현실의 지인에게 알리길 꺼리는 이유 역시 가상이 진실을 담고 있기 때문이다. 반면 오프라인 현실에서 우리는 자신의 진짜 모습과 다른 척, 마치 정상적인 척 가면을 쓴다. 가상에서의 진실을 은폐하기 위해서다. 이때 과연 우리는 실재를 진짜로, 가상을 가식으로 부를 수 있을까? 오히려 반대다.

삶을 공유하기 위해 인스타그램에 사진을 업로드한다는 것은 큰 착각이다. 오히려 우리는 인스타그램에 사진을 업로드하기 위해 삶을 기획하고 콘텐츠를 생산한다. 소셜미디어가 활성화 상태를 유지할 있도록 우리는 삶에서 끊임없이 이벤트와 데이터를 만들어야 한다. 가상 자아를 먹여살리기Feeding 위해 우리는 업로드 노동을 수행해야 하는 것이다. 가상 자아는 단지 가상에만 머물러 있지 않는다. 가상 자아는 실제 삶의 다양한 영역에 깊게 개입한다. 특히 현대인의 사회적 삶에서 가상 자아는 중요한 역할을 차지한다. 인스타그램에 표현되는 가상 자아가 존재감을 유지해야 결국 실재의 내가 살아

가상은 현실이다

있음이 증명되기 때문이다. 우리가 가상 자아에 대해 가지는 통제력보다, 가상 자아가 우리에게 가지는 통제력이 더욱 크다. 여기서 주종관계는 분명해진다. 가상 자아는 현대인의 초자아다. 가상 자아는 우리가 어떻게 행동해야 하는지, 어떻게 사고해야 하는지 지시한다. 온라인상에서 가상 자아의 존재감을 부정하는 행동은 허용되지 않는다. 우리는 우리의 가상 자아가 온라인 생활을 원활히 수행할 수 있도록 도와야 한다. 나를 대리하는 것은 소셜미디어의 가상 자아가 아니다. 실재의 나야말로 소셜미디어의 가상 자아를 대리한다.

우리가 누군가를 처음 만날 때 가장 먼저 하는 일은 그의 소셜미디어 프로필을 뒤져보는 것이다. 소셜미디어 프로필을 보면 그가 어떤 사람인지 알 수 있으며, 심지어 직접 만났을 때보다 그에 대해 더 광범위한 정보를 얻을 수 있다. 소셜미디어가 없던 시절에는 우리는 아무리 가까운 사람이라도 그와 대면하는 순간에만 실재를 확인할 수 있었고, 대면하지 않는 순간에는 그의 정체가 가려져 있었다. 타인과 함께 있지 않을 때는 그에 대해 상상할 수밖에 없다. 하지만 소셜미디어에서 타인은 늘 완전한 버전으로 나타난다. 인스타그램 피드를 생각해보라. 그것은 현대인의 정리된 역사와 같다.

우리는 모두 가상 자아가 더 많은 사회적 관계를 대리하는 시대에 살고 있다. 현대인은 누군가를 알게 된 이후에도 그와 현실에서 소통하는 시간보다 소셜미디어에서 상호작용하는 시간이 훨씬 더 길다. 마찬가지로 타인 역시 현실의 나보다 가상의 나와 더 오래, 자주 접촉한다. 가상 자아는 사회적 삶과 관계의 필수적인 기반이 되었으며, 가상 자아가 생략된 관계는 점점 어색한 것이 된다. 현대인이 현실 만남을 어색해하고 메신저나 영상통화를 선호하는 현상은 단지 이 세대의 사회부적응 현상이 아니다. 가상 자아가 매개하지 않은 실재와의 대면은 마치 옷을 벗고 만나는 일처럼 어색한 일이 되어버렸다.

이와 같은 맥락에서 소셜미디어 프로필이 하나도 발견되지 않는, 디지털 자취가 완전히 지워진 사람은 관계를 맺기가 점점 어려워진다. 벌거벗은 실재는 타인에게 위화감을 주기 때문이다. 가상 자아가 없는 사람은 자유로운 사람으로 간주되는 것이 아니라 오히려 숨길 것이 많은 불투명한 사람으로 간주된다. 반면 사람들은 누가 운영자인지 모르는 인터넷 가상 인격들에게 깊은 애착을 느끼기도 한다. 여기서도 현대인이 진짜 자아라고 생각하는 것이 어느 쪽인지 여실히 드러난다.

현대인의 사회적 평판 역시 가상 자아의 평판과 연동되어 있다. 가상 자아의 팔로워 숫자, '좋아요' 숫자, 댓글 숫자, 그가 올린 포스팅의 공유 숫자는 곧 그의 영향력이나 사회적 위치를 뜻한다. 과거 우리는 인기, 매력, 영향력을 누가 얼마만큼 갖추었는지를 정확하게 파악할 수 없었다. 하지만 이제 여러 가지 소셜미디어 지표를 통해 누가 인기 있는 영향력자이고 누가 일반인인지를 수치로 확인할 수 있게 됐다. 소셜미디어 등장 초기만 하더라도 이러한 지표는 가상의 수치쯤으로 여겨졌다. 하지만 이제 소셜미디어 지표는 개인의 사회적 지위를 나타내는 지표 중 하나가 되었다. 그것은 디지털 자산과 같은 것이다. 우리는 마치 현실에서 더 높은 사회적 지위를 얻기 위해 경쟁하는 것처럼, 가상의 지위를 획득하기 위해서도 경쟁한다. 흥미로운 것은 현실의 지위가 가상의 지위로 그대로 전이되는 것이 아니라는 사실이다. 물론 현실의 지위는 가상의 지위에 영향을 주지만, 가상의 지위가 역으로 현실의 지위에 영향을 주기도 한다. 소셜미디어 인플루언서의 등장이 그 예시다. 우리는 가상의 지위가 점점 더 중요해지는 시대를 살고 있다.

가상 자아는 '사회적 신분'뿐 아니라 '경제적 신분'에 영향을 미치기도 한다. 가상 자아가 인터넷에 남기는 다양한 자취가 자본주의의 숨겨진 '신분제도'인 신용등급을 평가할 때도 활용되기 때문이다. 미국[15]과 중국[16]의 금융기술 회사는 소셜미디어 프로필을 포함한 소셜미디어 인맥의 질과 양, 포스팅에서 사용하는 어휘, 주고받는 문자 메시지의 양과 같은 가상 자아의 행동 데이터를 기반으로 대출 여부와 금리를 결정하는 신용평가 모델을 운용하고 있다. 반복적으로 드러내는 정치 성향, 자주 올리는 식당 사진, 아울러 웹사이트에서 클릭하는 콘텐츠, 브라우징 패턴과 같은 가상 자아의 이동 경로 역시 신용평가 알고리즘의 분석을 거치면 재무 상태나 채무불이행 가능성을 예측하는 정보가 된다. 가상 자아의 이력이 마치 현실의 이력만큼 나의 '경제적 신분'을 결정하는 것이다.[17] 우리가 현실에서 자주 드러내지는 않는, 소셜미디어상에서의 정치 성향 때문에 대출이 거부되거나, 현실에서 쓰진 않지만 온라인에서 즐겨 쓰는 단어 때문에 이자율이 오르게 될 수도 있는 것이다. 감춰진 실재보다 드러난 가상이 사회경제적으로 평가받는 대상이 되어버렸다.

내가 실제로 누구인지보다 소셜미디어에서 내가 어떻게 드러나는지는 현대인의 경제생활에 생각보다 큰 영향을 미친다. 가상 자아는 긍정적으로도, 부정적으로도 작용할 수 있다. 채용 후보자의 적합성을 판단하는 일은 점점 인간이 아닌 알고리즘이 수행한다. 그렇기에 가상 자아의 프로필을 관리하는 것이 실제 역량을 개발하는 것만큼, 또는 그보다 더 중요해지고 있다. 실제 업무 역량과는 별개로 링크드인 프로필을 잘 꾸며내는 것만으로도 더 많은 일자리 제의를 받을 수 있다. 반대로 트위터에 쓴 올바르지 않은 농담은 해고로 이어질 수 있다. 소셜미디어 발언으로 인해 직장을 잃는 일은 디지털 시대에 등장한 새로운 실직 유형으로, 이렇게 실직당한 유명인과 일반인을 빈번하게 볼 수 있다. 현실에서 아무리 인격적인 사람이었다고 해도, 소셜미디어에서의 실수가 결국 그 사람의 이미지를 규정해버린다.

기업의 구직자 평판 조회 역시 소셜미디어 스크리닝으로 대체되었다. 소셜미디어가 인터뷰보다 구직자에 대해 더 정확한 사실을 알려주는 것으로 받아들여지고 있기 때문이다. 이 역시 가상 자아의 실재성을 말해준다. 직장을 얻고 잃는 데에도 현실의 나만큼이나 가상에서의 내가 누구인지가 중요한 것이다. 때로 가상의 평판이 실체에 우선한다.

가상은 현실이다

사회적 관계나 경제적 신분보다 가상 자아가 더 깊게 관여하는 영역이 있다. 바로 신념의 영역이다. 우리는 현실에서 쓰고 있던 가면을 벗고, 가상에서 진짜 자신이 믿는 가치나 신념을 적극적으로 표출한다. 지지하는 정당부터 추구하는 윤리까지, 우리는 온라인 가상 자아를 통해 진짜 자신이 누구인지 드러낸다. 우리 모두는 지인과의 대화보다 지인이 '좋아요'를 누른 게시물을 통해, 또는 지인이 올린 포스팅을 통해 그의 진짜 모습을 알아차린 경험을 가지고 있다. 마찬가지로 우리는 현실에서 쉽게 노출하지 않는 속살을 소셜미디어에 드러낸 경험 역시 가지고 있다. 그리고 우리는 스스로의 실체를 타인과 자신 모두에게 납득시키기 위해, 끊임없이 가치 과시 행동Virtue signalling을 한다. 정치적 목적을 가진 프로필 사진 변경, 해시태그 운동, 크라우드 펀딩, 온라인 청원, 아이스버킷 챌린지와 같은 행동이 여기에 해당한다. 소셜미디어는 이러한 가치 과시 행동으로 가득 차 있으며, 그런 행동은 셀피만큼이나 쉽게 찾을 수 있다. 흥미롭게도 가치 과시 행동은 자기표현이라는 목적 면에서 셀피와 유사점을 갖는다. 가치 과시 행동은 '신념을 수행하는 나'를 드러내기 위한 것이다. 채식 자체보다도 채식주의를 수행하는 나, 동물 보호 자체보다도 동물 보호를 수행하는 나를 전시해, 내가 누구인지를 선언하고 재확인하며 가상 자아와 스스로를 동기화한다.

우리의 '세컨드 라이프'는 '퍼스트 라이프'를 지배한다. 세컨드 라이프는 정체성, 관계, 평판, 지위, 신용, 그리고 신념까지 다양한 차원에서 삶에 영향력을 행사한다. 과연 이러한 세컨드 라이프는 단지 가상세계에서의 두 번째 삶일까? 어느 쪽이 다른 어느 쪽을 얼마나 지배하는지를 본다면, 퍼스트 라이프와 세컨드 라이프는 순서가 뒤바뀐 명칭인지 모른다. 오히려 개인의 정체성에서 세컨드 라이프는 더 주요한 의미를 갖고 퍼스트 라이프는 부수적인 의미를 갖기도 한다. 가상은 허구가 아니다. 가상은 현실이다.

인스타그램이
재창조한 세계

20세기 초반 예술 작품은 복사 기술의 발전으로 '원본성'을 상실하게 되었다.[18] 과거 예술은 하나의 원본으로서만 존재할 수 있었고, 이 유일함에서 예술적 아우라가 생겨났다. 모나리자는 루브르에 걸린 바로 그 그림을 의미했다. 루브르에 방문하지 않고서는 모나리자를 볼 수 없었고, 모나리자를 경험할 수 있는 순간은 모나리자 앞에 서 있는 그 순간뿐이었다. 즉 예술은 서 있는 그 자리에서 한 발자국도 움직이지 않는, 고정된 물리적인 실체로서 존재했다. 미술뿐 아니라 음악도 마찬가지였다. 바그너의 음악을 듣기 위해선 반드시 공연장에 가야만 했다. 하지만 복사 기술이 발전하면서 예술 작품은 미술관을 넘어, 공연장을 넘어, 어디에나 존재할 수 있게 되었고, 유일한 원본이 아닌 수백만 개 복제품의 형태로 대중 앞에 전시가 가능해졌다.

복제품은 예술에서 원본의 가치를 훼손시키지는 않았으나, 수세기 동안 원본이 누려온 권위는 약화시켰다. 이제 루브르에 걸려 있는 모나리자 원화와 고화질의 모나리자 복제화 사이에 유의미한 이미지적 차이는 없다. 대량 복제가 가능해진 예술품과 그로 인한 원본의 아우라가 상실되는 현상은 앤디 워홀 같은 20세기 팝아티스트들에 의해 다시 예술의 형태로 폭로되었다. 마릴린 먼로, 엘비스 프레슬리를 반복적으로 나열하는 그의 작품은 20세기 인류에게 도래한 현상을 다루었다.

수백만 개의 복제품은 원본이 가진 맥락을 넘어 다양한 맥락으로 소비되며, 작품에 전에 없던 의미를 부여하거나 그 본질을 완전히 왜곡하기도 한다. 양적인 증가가 본질의 변화를 유도하는 것이다. 광고에 등장하는 모나리자와 루브르의 모나리자는 전혀 다른 모나리자다. 그리고 현대인은 절대로 다빈치 시대의 사람들이 바라보는 것처럼 모나리자를 바라볼 수 없다. 우리는 각 시대의 문화라는 필터로 걸러진 모나리자를 볼 수 있을 뿐이다.

복제된 이미지, 사본이 원본을 대체하는 현상은 단지 예술에 국한되는 이야기가 아니다. 20세기의 철학자들은 이 현상을 주목해 왔다. 20세기 초 대량 복제로 인해 예술이 아우라를 잃는다는 벤야민의 발견[19]은 20세기 후반 보드리야르가 확장적으로 계승했다. 보드리야르는 현대에 예술뿐 아니라 거의 모든 대상이 사본의 범람으로 인한 원본의 상실을 겪는다고 보았다.[20] 특히 그는 현대사회에서

미디어가 만들어내는 가짜 이미지—시뮬라크르—가 실재를 어떻게 증발시키고 대체하는지에 주목했다. 광고는 상품을 초월하는 이미지를 만들어내고, 이미지 자체가 상품이 된다. 드라마 속 배역은 연기자의 캐릭터를 흡수하고, 그것이 실제 연기자의 인격으로 받아들여진다. 뉴스는 사건의 실체를 감추고 왜곡된 현실을 구성한다.[21] 걸프전에 대한 자극적인 보도가 오히려 걸프전의 냉혹한 참상을 감추는 현상에 대해 그는 다음과 같이 말했다. "걸프전은 일어나지 않았다."[22] 사본이 원본을 과격하게 대체하는 현상은 20세기에 새롭게 도래한 문제다. 사본의 범람과 그 속에서 원본이 녹아내리는 현상은 21세기에도 여전히 목격된다. 이제 그 흐름은 더 높은 파고로 인류에게 들이닥치고 있다.

지난 세기 예술이 대량으로 복제되었던 것처럼, 이번 세기에는 인간이 복제되고 있다. 스마트폰을 통해 생산되고 인스타그램을 통해 유통되는 방대한 사진은 바로 인간의 사본이다. 사진은 인간을 복사해 디지털 세계에 붙여넣고, 그 안에서 인간을 대리한다. 사진은 나의 디지털 아바타다. 많은 사람들이 과거의 '사진'과 현대의 '사진'이 같은 단어를 쓰고 있을 뿐 그 의미가 완전히 바뀌었음을 미처 깨닫지 못한다. 사진은 더 이상 서랍 속에서 바래가는 인화지 조각이 아니며, 영원히 지속되는 디지털 세계 속에서 호흡하는 나 자체다. 오늘날 인간의 사진, 즉 사본-인간은 육체 자체보다 더 자주 더 많이 타인과 접촉한다. 그뿐만이 아니다. 우리 스스로도 사진을 '더욱 진정한 나' 자신으로 믿는다. 현대인이 사진에 집착하는 이유는 그것이 사진이라서가 아니라, 바로 사진이 원본인 자신보다 더 중요한 자신이기 때문이다. 우리는 우리의 사본을 통해 비로소 스스로의 존재를 자각하고 정체를 파악한다. 현대인은 사진이다.

사진이 된 인간에게 인스타그램은 매우 특별한 의미를 갖는다. 그것은 단지 사진 공유 서비스가 아니다. 현대인 스스로가 진짜라고 믿고, 남들도 진짜라 믿게 만드는, '진짜 자아'가 살아 숨쉬고 실현되는 공간이다. 즉 인스타그램은 현실보다 더 강력한 리얼리티를 갖는 가상현실이다. 그곳에서 유통되는 우리의 이미지 사본은 현실을 지배하는 새로운 현실을 구성하며, TV가 만들어내는 가상현실보다 더욱 강력한 버전의 가상현실이다.

TV가 광고와 뉴스 같은 사본을 만들어내는 데 그쳤다면, 인스타그램은 인류를 대상으로 개별 인간의 사본을 만들어내는, 인간을 통째로 가상화시키는 혁명적인 프로젝트다. 인스타그램의 등장으로 인해 인류는 스스로의 사본에 지배당하는 현실에 놓이게 됐다. 마치 상품이 광고에 의해, 사건이 뉴스에 의해 지배당하는 것처럼 현대인은 인스타그램에 지배당한다. 인스타그램으로 인해 생중계되는 인간의 운명은 TV로 인해 정체성을 부여받는 (동시에 소멸되는) 상품의 운명과 크게 다르지 않다.

생활에 깊이 뿌리내린 인스타그램은 다양한 촉수로 현실을 빨아들인다. 뉴스피드(과거의 나), 스토리(오늘의 나), 라이브 스트리밍(지금 이 순간의 나)으로 이루어진 인스타그램은 인간의 모습을 다차원적으로 복사해 가상세계에 정교하게 붙여 넣는다. 나아가 인스타그램은 인간으로부터 획득한 수억 장의 사본 이미지를 빨아들이고 다시 순위를 매겨 뱉어내면서, 사본 이미지 간의 관계를 알고리즘으로 분석하고 현실을 제어하는 새로운 가상의 질서를 만들어낸다. 누가, 무엇이, 어떤 행동과 태도가 오늘날 '좋아요'를 받는지 또는 못 받는지가 명확히 드러나기 때문에, 순위가 매겨진 사본을 보며 우리는 우월감과 열등감, 동질감 등을 느끼며 가상의 질서를 자각하고 따르게 된다. 우리가 인스타그램을 다른 소셜미디어와 다르게 깊고 은밀하게 의식하는 이유는 바로 이 때문이다. 본질적으로 그것은 사본의 세계일뿐이지만, 실재가 재구성된 또 다른 현실이다.

이렇듯 인스타그램은 순위화된 피드를 통해 무엇이 중요하고 덜 중요한지 보여주는 데 그치지 않고, 현실이 이 인스타그램의 질서에 맞춰 바뀌도록, 현실에게 인스타-최적화된 모습으로 존재할 것을 명령한다. 인스타그래머블Instagrammable에 대한 현대인의 강박을 보자. 사람들은 끊임없이 자신에게 "지금 내 삶은 인스타그램에 올릴 만한가?" 질문하고, 인스타그램에 올릴 만한 삶을 살기 위해 자신의 행동과 외모를 교정한다. 인스타그램에 어울리는 생활 방식, 인스타그램에 어울리는 소비생활, 인스타그램에 어울리는 사고방식, 인스타그램에 어울리는 취향과 관점 등을 인스타그램의 사각형 포맷에 끼워넣는다. 인스타그램은 피드뿐만 아니라 현실 자체를 지배하는 것이다. 인스타그래머블한 삶이란 결국 '사진'이 '타인'에게 '좋아요'를 받는 것을 지향하는, 완벽한 피상성이 지배하는 삶이다. 또한 주관성을 포기한 삶, 사회적 인정에 대한 집착이 이끄는 삶이다.

여기서 삶의 주인은 자신이 아닌 타인이 된다. 사회적 동물인 인간은 태초부터 타인의 시선과 평가를 의식했지만, 여태껏 오늘날만큼 타인을 강렬히 의식했던 적은 없다. 인스타그램의 수많은 타인과 그들이 전송하는 디지털 피드백 때문에 우리는 원본의 삶보다 이미지로서의 삶, 사본으로서의 삶에 집착한다.

오늘날 외모에 대한 집착은 과거와 비할 수 없이 강렬해지고 있는데, 이는 물론 인스타그램에 의해 추동되었다. 인스타그램에서 사진이 한 인간의 정체성을 폭넓게 대리하게 되며, 더 나은 모습의 가상자아에 대한 심미적 욕구 역시 강해진 것이다.

인스타그램 등장 이후 문화와 세대를 막론하고 일어나고 있는 외모 집착과 루키즘은 인류 세속사에서 가장 저평가되지만 가장 급진적인 변화다. 사람들은 인스타그래머블이란 단어를 어떤 장소나 대상을 표현할 때 자주 쓰지만, 실제 이에 대한 강박이 가장 강하게 작용하는 분야는 인간의 외모다. 사람들은 인스타그램에 즉시 업로드 가능한 매끄러운Seamless 외모, 현실성이 거세된 외모, 오히려 실제에선 이질적인 느낌마저 드는 외모를 갖고자 한다. 디지털 미학, 즉 스마트폰 디스플레이상의 픽셀이 지닌 비현실적 무결함이 아날로그의 외관에도 강요되는 것이다.

밀레니얼 세대에서 확산 중인 셀카 이형증Selfie Dysmorphia(인스타그램이나 스냅챗 필터로 미화된 외모에 맞춰 원래의 외모를 바꾸려는 신체 강박)은 이러한 흐름을 보여준다.[23] 이 단어를 처음 만든 성형외과의는 다음과 같이 말한다. "과거 성형외과를 찾는 사람들은 자신이 닮고 싶은 유명인의 사진을 가져왔다. 그러나 최근에는 인스타그램이나 스냅챗 필터로 변형된 자기 얼굴 사진을 가져온다." 디지털 버전의 자신에게 열등감을 느끼고 실제 자신을 뜯어고치려는 현상은 스스로를 인스타그래머블하게 변형하려는 현대인의 강박을 보여주는 예시다. 우리는 자발적으로 자신의 실재감을 제거하고, 가상의 버전으로 존재하고자 한다. 이러한 자기 분열증과 스스로 재구성한 가상 자아에 대한 '자기 질투Self-envy'는 인스타그램 시대를 지배하는 무의식이다.

인스타그래머블할 것. 이는 현대사회에서 인간을 포함한 현실의 모든 대상을 지배하는 미학적이고 윤리적인 규칙이다. 인간을 둘러싼 생활공간 역시 인스타그래머블할 것을 강제당하고 있다. 카페와 레스토랑 같은 소비 공간은 이미 인스타그램 사진 배경으로서의 가치가 공간의 본질적 기능만큼, 또는 그보다 더 중요해졌다. 이러한 공간 안에서 실제로 사람들이 소비하는 것은 커피나 음식 따위가 아니라, 인스타그램 사진용 배경과 함께 담기는 자기 자신의 모습이다. 공간의 분위기 역시 가상에 전시되기를 목표로 하며, 오늘날 이러한 공간의 인테리어는 인스타그램 클리셰로 가득 차 있다. 노출 천장, 네온사인, 콘크리트 외벽, 간접 조명, 꽃과 식물의 배치, 그래피티는 모두 처음부터 인스타그램에 전시될 것을 염두에 두고 만들어지고 배치된 것들이다.

흥미롭게도 이러한 클리셰는 방콕이건 뉴욕이건 어디에서나 발견된다. 공간의 물리적인 실재성과 장소적 특수성은 증발하고, 단

조롭게 통일된 디지털(가상) 미학이 그 공간의 분위기를 형성한다. 인스타그램에 최적화된 이미지이면서 물리적인 차이점을 찾아보기 힘든 공간들이 어디에든 연속적으로 늘어서 있으므로, 내가 어디에 있든 결과적으로 인스타그램 안에 갇힌 상태가 된다.

인스타그래머블할 필요가 없는 업무 공간 역시 최근엔 그렇게 바뀌고 있다. 위워크와 같은 미래형 오피스를 표방하는 공간은 마치 인스타그램에서 흔히 보이는 힙스터 카페처럼 생겼다. 그런 공간은 장소적 본질과는 무관한 전시성을 추구한다. 그리고 이러한 디자인은 새로운 오피스 미학으로 강제된다. 그 근거로 인스타그램에 자랑할 수 있는 오피스로 출근하는 것이 직원의 동기부여에 도움이 된다는, 유사 과학 같은 근거가 빈약한 이야기가 제시된다. 한 가지 분명한 것은 오늘날 사람들은 인스타그래머블 강박증으로 인해 전시할 필요가 없는 상황에서까지 전시에 과도하게 집착하고 있다는 사실뿐이다.

공간의 본질과 무관하게 전시성이 강제되는 것은 업무 공간뿐만이 아니다. 언제든 타자에게 소비될 준비가 되어 있어야 한다는 강박은 모든 공간을 전시용 공간으로 바꿔버렸다. 생활공간 역시 마찬가지다. 인스타그램으로 인해 사람들의 생활공간은 자신의 정체성을 드러내는 스튜디오가 되었다. 방, 거실, 주방, 집은 모두 인스타그래머블해야 한다. 타인으로부터 보호되는 사생활이란 존재하지 않는다. 이렇게 거대한 인스타그래머블 현상은 너무 급격하게 다가와 마치 당연한 것처럼 느껴지지만, 사실 인스타그램이 런칭한

2010년 이전에는 없었다. 그로부터 10년도 채 되지 않아 모든 현실의 풍경은 가상세계를 의식하며 그에 맞도록 변형되고 있다. 어느새 사람들은 인스타그램을 위해 만들어진 스튜디오 속에서 생활하게 된 셈이다. 언제 전시될지 모른다는 긴장은 모든 실재를 집어삼켰다.

인스타그램을 의식해 만들어진 알록달록한 배경과 키치한 전시가 주를 이루는 미술관, 인스타그램 인플루언서의 촬영만을 위해 만들어진 홈 스튜디오는 오늘날 '실재'가 당면한 위기를 폭로하며 시대의 비밀을 드러낸다. 물리적 실재가 공간의 본질이 아니라, 공간은 인스타그램 가상세계에 의해서만 비로소 본질을 부여받는다. 인스타그램을 위해 만들어진 미술관에 방문하는 것은 전시를 감상하기 위해서가 아니라 미술관을 배경으로 찍는 내 인스타그램 사진을 위해서다. 이러한 공간이 궁극적으로 전시하는 것은 작품이 아니라 그곳을 방문한 나이고, 전시가 이뤄지는 실제 공간은 갤러리가 아니라 인스타그램의 뉴스피드다. 현실은 가상을 위해 복무하는 껍데기가 되어버렸다. 이는 오늘날 아날로그의 실재가 처한 상황이다. 인스타그램을 위해 만들어진 공간[24]들은 이러한 상황을 과격하게 보여주는 '삐져나온' 공간이다. 이 삐져나온 공간을 통해 우리는 오늘날 실재의 위기를 정확히 바라볼 수 있다. 인스타그램은 현실과 가상을 매개하는 미디어가 아니라, 우리의 현실을 변형하고 왜곡하고 결국 다시 창조해내는 가상현실이다.

물론 이것이 모든 사람에게 해당되는 이야기는 아닐 것이다. 그

러나 최소한 인스타그램에 사로잡힌 전 세계 10억 명의 이야기이
며, 다음 세대 모든 이에게 적용될 이야기다. 이 이야기의 전개 속도
는 매우 빨라 보인다.

무한 전시 상태 ──────────── •

아이폰4와 인스타그램이 2010년 같은 해 탄생했다는 것은 매우 흥미롭다. 모든 것이 항상 촬영되고 공유되며, 만인의 삶이 만인에게 방송되는 '무한 라이브 스트리밍' 시대의 시발점이 바로 2010년이다. 이것은 분명 인간에게 주어진 완전히 새로운 삶의 조건으로, 모두의 삶은 이제 무한한 전시Exhibition 상태에 놓이게 되었다. 우리는 스스로의 삶을 가만히 놔두지 않는다. 삶을 실체로서 경험하기보다는 타인의 시청View과 승인Like을 갈구하며 끊임없이 사진과 동영상 같은 이미지로 복제해 전시한다. 또한 똑같이 이미지가 된 타인의 삶을 시청하고 승인한다. 이렇게 사람들은 가상 이미지를 생산하고 교환하면서 비로소 삶의 실체가 무엇인지 파악한다.

'전시 집착'은 2010년 이후 인류의 보편적인 성향이 되었으며,

인스타그램 이전의 인류와 이후의 인류 사이에 가장 큰 차이가 드러나는 대목이기도 하다. 오늘날 사람들은 스스로의 모든 것을 끊임없이 인스타그램에 전시하려고 한다. 현실에 실재하는 것만으론 부족하다. 완성된 존재가 되기 위해선 실재의 반쪽을 채워주는 가상의 반쪽이 있어야만 한다. 지금 시대에 온전히 존재한다는 것은 현실뿐만 아니라 인스타그램-현실에서도 존재감을 가지는 것을 의미하기 때문이다.

인스타그램을 하는 사람들에게서는 전시될 것을 의식하는 연출적 태도, 사고방식, 특정한 몸짓과 표정 등을 발견할 수 있다. 전 세대 사람들에게서는 볼 수 없는, 인스타그램으로 인한 시대적인 증상들이다. 이러한 증상들이 인류에게 장기적으로 어떤 영향을 미칠지는 불확실하다. 다만 이제부터 인류가 신체적으로나 정신적으로나 '전시'를 의식하며 진화할 것으로 예상할 수 있다.

전시 집착은 승인^{Validation}에 대한 집착이다. 전시에 집착하는 삶은 자기만족이 아닌 타인의 승인을 갈구하는 삶이다. 삶에서 주체성을 유지하는 것은 불가능해졌으며, 타인의 평가가 삶의 가치를 결정한다. 소셜미디어에 반복적으로 나의 삶이 전시되면서, 나는 '좋아요'로 표시되는 '타인의 승인'에 심리적으로 길들여진다. 나는 타인의 승인을 받을 수 있도록 스스로를 검열하고, 종국적으로 삶의 주도권을 타인에게 넘기게 된다. 인스타그램이 지배하는 현실에서는 타자의 눈에 듦으로서 타자의 승인을 얻는 것만이, 즉 이미지로서 전시될 만한 매력을 갖는 것만이 의미가 있다. 전시 가능하지 않은 것,

업로드 가능하지 않은 것, 승인받을 수 없는 것은 제거되고 무시된다. 오늘날 일상에서 빈곤한 실체와 과잉 포장이 발견되는 것은 결코 우연이 아니며, 승인을 갈구하는 시대적 지향이 이끈 당연한 결과다. 탈맥락적이고 비의미적인, 극단적으로 피상적인 이미지가 세계에 가득 차 있다.

모바일 시대에 발명된 새로운 미디어 포맷인 '스토리'는 현대인의 상시적인 전시 집착을 그대로 보여준다. 스토리는 페이스북, 인스타그램, 스냅챗 같은 주요 소셜미디어가 모두 지원하는 사진 또는 영상 공유 기능으로, 현재 가장 활발히 사용되는 기능이다(페이스북은 스토리가 뉴스피드의 사용량을 추월하고 있다고 밝혔다). 스토리는 사진이나 동영상 촬영 후 곧바로 업로드하게 되어 있고, 업로드한 지 24시간이 지나면 자동으로 삭제된다. 즉 저장 기능은 없고 순수하게 타인에게 보여주는 전시에만 초점이 맞춰진 미디어 포맷이다. 오늘날 극단적으로 휘발하는 전시성이 바로 스토리에 반영되어 있다. 나아가 스토리는 전통적인 사진 촬영과 달리 특별한 순간만이 아닌 모든 순간을 인스타그램 가상세계에 업로드하도록 유도한다. 모든 일상적 순간이 전시 대상이 되는 것이다. 이로 인해 우리는 대부분의 순간을 전시 강박 상태로 보내게 되었다. 매 순간이 전시 직전 상태이며, 고독은 경험이 불가능한 개념이 되어버렸다.

무한한 전시 상태와 더불어 우리는 무한한 시청 상태에 빠져 있기도 하다. 폭발적으로 생산되는 타인의 이미지를 우리는 끊임없이 시청한다. 타인은 우리 시대의 TV가 되었다. 마치 전 세대 인류가 아무 목적 없이 습관적으로 TV를 켰던 것처럼, 우리는 습관적으로 인스타그램을 켜고 타인을 시청한다. '시청한다'보다 '시청당한다' 라는 표현이 오히려 더 정확할 것이다. 업데이트가 있을 때마다 빨간색 숫자가 뜨는 '푸시' 알림을 보면 '타인에 대한 시청'이 반드시 해야 할 일처럼 느껴진다. 반복적인 푸시 알림은 우리에게 습관적인 브라우징을 학습시킨다. 그리곤 어느새 우리는 푸시 알림이 오지 않더라도 TV를 켜듯 인스타그램을 켜고 타인을 시청하게 되는 것이다. 우리는 타인을 시청하지 않기가 거의 불가능한, 매우 특수한 시대에 접어들었다.

현대사회가 파편화되었다는 통념과는 달리, 현대인들은 어느 때보다 서로의 사소한 취향까지 알 수 있을 정도로 가까워졌다. 무한시청 상태에 빠진 우리는 타인의 일상, 취향, 식사, 휴가, 주거, 직장, 사교, 연애, 신념, 행복, 상실 등 모든 것을 속속들이 어느 때보다 많이 알고 있다. 그 정보가 피상적이고 연출된 것일지라도 과거와는 비할 수 없이 많은 정보이며, 그러한 정보가 '주입된다'. 우리는 이렇게 밀려오는 정보를 주체적으로 선택할 수 없으므로, 타인에 대해 알고 싶지 않은 부분까지 깊게 알게 된다. 직장 동료의 기이한 취미부터 친척의 극단적인 정치 성향까지, 우리는 타인의 과잉 정보 속에서 허우적거리게 된다.

아이폰·인스타그램과 같은 모바일 기술 덕에 언제, 어디서나, 누구와도 연결이 가능해지면서 인류는 전시해야 한다는 부담감과 시청해야 한다는 피로감을 느끼게 되었다. 우리가 일상적으로 경험하는 이러한 압박은 항상 있었던 것처럼 느껴지지만, 아직 10년도 채 되지 않았다.

주체적 대상화:
스스로 프라이버시를 침해하는 사람들

인스타그램 시대의 시대정신은 '주체적 대상화'다. 자기 대상화는 인스타그램 세계에서 권장되는 도덕이다. 타인의 시선에 소비되는 것은 곧 선이요, 관음의 대상이 되는 것은 권력이다. 더 많은 시선은 더 많은 '좋아요'로 이어지고, 그것은 결국 자본이 된다. 인스타그램 세대에게 자기 대상화는 일상이며, 그들의 행동은 자기 대상화에 최적화된다. 노골적인 대상화일수록 더 큰 인센티브가 주어진다. 스스로의 주체성을 포기할수록, 즉 타인의 관음증을 충족시킬수록 더 많은 관심-권력을 얻을 수 있다. 오늘날 인스타그램이 소프트 포르노 사이트처럼 된 것은 우연이 아니다. 스스로를 성적 대상화시키는 것은 가장 빠르고 효율적으로 타인의 관심을 끌 수 있는 방법이기 때문이다. 모두가 이 사실을 알고 있다. 오늘날 가상세계의 관심만큼 실제적인 것은 없으며, 그것을 쟁취하기 위한 가장 빠른 길이 섹스어필이라는 것을 말이다.

섹스 대상으로서 자신을 홍보하는 일은 시대적 습관이 되었다. 특정 사람들만 스스로를 성적으로 대상화하는 것이 아니다. 인스타 모델부터 주변 지인까지 모두가 자신의 신체를 홍보한다. 아무도 요구하지 않았지만 사람들은 인스타그램에서 기꺼이 옷을 벗는다. 섹스어필의 역사에서 지금처럼 수많은 사람들이 경쟁적으로 신체를 노출했던 시대는 없었다. 무심한 척하는 은밀한 노출에서부터 인스타그램 컬트인 엉덩이 노출까지, 관심에 굶주린 사람들은 다양한 형태로 섹스어필한다. 섹스는 인스타그램의 무의식이다. 신체 전시자들은 성적 자기 대상화를 능동적인 자신감의 표현이라 믿는다. 이러한 자신감이 타인의 '좋아요' 횟수로 유지된다는 것은 주목할 만하다.

인스타그램이 주체적인 대상화를 처음부터 의도했다고 볼 수는 없을 것이다. 하지만 확실한 것은 이 현상이 인스타그램의 인센티브 구조 안에서 발생하는 필연이라는 점이다. 인스타그램은 관심을 정량화하고 그것을 자본으로 환전해주는, 인류 최초의 '관심자본' 거래소다. 인스타그램 이전에 관심은 저장되지 못하고 증발되었고, 특정 시점과 특정 지역에서만 제한된 의미를 가졌으므로 국소적으로 발현될 뿐 보편적으로 통용되지는 못하는 자원이었다. 그러나 인스타그램은 관심을 전 지구적인 차원으로 부각시켰으며, 기록하고 정량화했다. 이로 인해 관심은 오늘날 가장 빠르게 수익화할 수 있는 자원이자, 가장 높은 가치를 지닌 자원이 되었다. 관심은 돈과 같이 한정된 부Wealth가 된 것이다. 실제로 '좋아요' 숫자와 팔로워는 디지털 화폐로 변형된 관심으로서, 경제적 자본임과 동시에 사회적 자본으로서의 가치를 모두 갖는다. 자기 대상화는 디지털 자산을 얻기 위한 투쟁이다. 인스타그램 신체 노출이 해방적이기보다는 구걸하는 인상을 주는 이유는 실제로 그것이 간절한 투쟁이기 때문이다.

이러한 자기 성적 대상화는 본질적으로 반주체적인 것이나, 인스타그램에서의 자기 대상화는 그 반주체성을 주체적으로 욕망하는 모순을 품고 있다. 즉 우리는 주체적으로 대상화되는 것을 욕망하며, 능동적으로 수동화되려 한다. 이러한 대상화-되기는 특이한 시대적 현상이다. 인스타그램의 다양한 풍경에 이 모순적 사고방식이 담겨 있다. 성적 뉘앙스를 가진 신체 전시는 전시자의 주체적인 연출에도 불구하고 언제나 벌거벗은 의도가 드러난다. '신체 긍정Body Positive'은 가장 상징적인 모순이다. 모델처럼 마른 체형에 대한 집착을 버리고 다양한 체형을 긍정하자는 사회 운동인 '신체 긍정'은 인스타그램 해시태그 '#bodypositive'를 통해 빠르게 확산되었다. 그러나 이 해시태그에 더 많이 올라탄 것은 섹스어필하는 신체 전시자들이었다. 이들은 타인의 성욕을 충족시켜주기 위해 스스로를 성적으로 대상화시키면서, 그 행위에 주체성이 있다고 스스로와 타인을 속이기 위한 장치로 '신체 긍정'을 활용한다. 이들은 '신체 긍정'과 상관없을 뿐만 아니라 오히려 반대되는 맥락에 서 있다. 이제 신체 긍정은 본래의 의미가 왜곡된 채로 더 널리 통용된다.

거울 셀피Mirror Selfie는 자기 대상화의 표본이다. 거울 셀피는 얼굴만을 담는 기존의 셀피와 달리 육체에 시선을 두는 사진으로 적극적인 섹스어필을 의도한다. 거울 셀피는 얼굴 셀피를 찍는 전면 카메라가 아닌 후면 카메라로 거울에 비친 자기 몸을 찍는 것이다. 전면 카메라는 자기 몸의 전체를 다 담을 수 없다. 정확히는, 전면 카메라로는 '타인에게 관음될 수 있는 형태로' 내 몸을 촬영할 수 없다. 그렇기 때문에 사람들은 거울에 비친 몸의 전체를 후면 카메라로 담는다. 그랬을 때 몸은 비로소 타인이 감상할 수 있는 대상으로 제시되기 때문이다. 거울 셀피에 담긴 시각은 타자가 나를 바라볼 때의 시각이다. 타자의 시선을 내면화하는 것, 타자의 시선으로 나를 바라보는 것이 바로 거울 셀피의 본질이다. 즉 거울 셀피는 자기 신체를 타인에게 관음될 수 있는 형태로 적극적으로 사물화하여 제시하는 행위다. 이러한 극단적인 섹스어필과 자기 대상화는 얼굴이 종종 가려지고 몸이 부각되는 거울 셀피의 특정한 구도에서 더욱 드러난다. 얼굴이 갖는 고유한 정체성은 제거되고, 섹스어필하는 신체로서 타인에게 제시되는 것이다. 거울 셀피는 거울에 비친 나를 찍기 때문이 아니라 몸을 찍는 행위라는 점에서, 스스로에 대해 적극적인 성적 대상화를 한다는 점에서 징후적이다.

인간의 몸은 항상 드러나 있는 얼굴과 달리, 더욱 은밀한 프라이버시다. 인스타그램 시대 인류가 공유하는 보편적인 노출증은 프라이버시의 죽음을 다시 한 번 상기시킨다. 게으른 비평가들의 판에 박힌 평론과 달리, 프라이버시를 실제로 죽이고 있는 것은 기술기업만이 아니다. 오늘날 인류에게 프라이버시보다 중요한 문제는 관심이며, 누구도 강제하지 않았지만 사람들은 관심과 프라이버시를 교환하고 있다. 사람들은 CCTV가 증가하는 것을 우려하는 척하지만 자신의 삶을 전부 사진으로 남겨 항상 관찰당하는 상태로 내버려두는 것에는 전혀 거리낌이 없다. 프라이버시를 포기할수록, 가장 깊은 프라이버시를 공개할수록 우리는 더 많은 관심을 받을 수 있고, 디지털 가치 서열을 결정하는 경쟁에서 우위에 설 수 있다. 관찰 대상이 되기 위해 주체적으로 욕망하는 것과 같은 모순이 여기 또 하나 있다. 프라이버시는 인간에 의해 주체적으로 소멸당하고 있다.

가상은 현실이다

사진, 착취, 포르노:
찍히지 않을 권리

모든 것을 찍을 수 있는 기술의 보급은 어디까지 찍는 것이 올바른 지에 관한 윤리적 문제의식을 무력화시켰다. 촬영이 가능한 모든 것은 사진이 된다. 그것이 기술적으로 가능하기 때문이다. 촬영에 대한 기술적 제약이 사라지면서, 과거에는 암묵적으로 촬영이 금기 시됐던 것들에 사람들은 스마트폰 카메라를 거리낌 없이 들이댄다. 촬영에 대한 윤리적 제약 역시 급격히 와해된 것이다.

출산, 섹스, 죽음과 같이 과거에는 사진화될 수 없던 고유한 사건 들은 오늘날 사람들이 가장 즐겨 촬영하는 소재들이다. 아기가 산 모의 질을 통해 나오는 순간, 육체가 뒤엉키는 동물적 실재의 순간, 스스로 생명을 끊어내는 자살의 순간은 촬영되고 스스럼 없이 공유 된다. 불투명하기 때문에 숭고를 유지했던 이러한 사건들은 인터넷 가상세계에서 유통되는 스톡 이미지$^{Stock\ Image}$가 된다. 사진으로 인해 삶에서 모든 비밀은 사라진다. 삶은 여과 없는 날것의 포르노가 된다. 사람들은 사진이 매개하는 삶의 포르노화를 문제로 느끼지 않는 것처럼 보인다. 사진에 중독된 현대인은 강박적인 촬영을 통해 자신이 체험하는 순간을 실오라기 하나 없이 벗겨야지만 만족하기 때문이다. 어쩌면 카메라는, 나아가 카메라-촉수로 실재를 관찰하는 가상세계는, 현실의 모든 순간에 대한 데이터를 축적하기 위해 인간에게 촬영 강박을 심어놓고 있는 것인지도 모른다.

사진 촬영은 본질적으로 폭력을 잉태하고 있다. 촬영자는 피사체의 본질을 왜곡할 수 있는 권력을 가진 반면, 피사체는 촬영자에게 아무런 권력도 행사하지 못한다. 그뿐 아니라 촬영자는 피사체의 순간을 기록함과 동시에 피사체의 과거를 소유하게 되므로, 촬영자와 피사체의 관계는 본질적으로 불평등한 권력 관계다. 그렇기에 촬영에는 윤리가 요청된다. 그렇지만 스마트폰 덕분에 촬영 윤리에 신경쓸 필요가 없어졌다. 현대인들은 피사체의 주권에 민감해하지 않고, 사진으로 타자를 착취하는 일도 서슴지 않는다. 특히 아기와 동물에 대해 현대인은 대상의 주체성을 적극적으로 부정하며 그들을 대상화하고 그들의 사진을 마음대로 전시한다. 이것은 사진을 통한 이미지 착취라 부를 수 있다. 만약 누군가 당신의 일상을 동의 없이 촬영하고, 그것을 소셜미디어에 업로드한다면 분명 화가 날 것이다. 여기에 모자라 당신이 자는 모습, 먹는 모습, 우는 모습과 발가벗은 모습까지 몰래 촬영해 업로드한다면, 당신은 어떤 권

가상은 현실이다

리를 빼앗겼다는 느낌마저 들 것이다. 그러나 이것이 매일 같이 이루어지고 아무도 문제시하지 않는 공간이 바로 양육자들의 인스타그램이다.

아기와 반려동물을 모델 삼아 소셜미디어에서 물건을 팔거나 광고를 통해 수익을 얻는 행위는 디지털 착취다. 촬영자는 모델과 어떠한 법적 계약도 하지 않으므로, 모델과 수익 배분을 할 필요도 없다. 아기와 반려동물은 촬영을 거부할 수 없을 뿐만 아니라 촬영 자체가 무슨 상황인지, 어떤 목적을 가졌는지, 또 자신에게 어떤 영향을 미칠 수 있는지를 판단할 능력이 없다. 이렇게 누군가의 이미지가 타인의 돈벌이에 쓰이는 것은 비윤리적이다. 언제쯤 인류가 이것을 새로운 유형의 디지털 아동 착취 또는 동물 착취라고 합의하게 될지는 알 수 없다. 국제기구와 동물보호 단체들이 대의를 가장해 이미지 착취를 하기도 한다. 인스타그램 시대가 되면서 이들은 온라인 모금을 위해 사람들이 더욱 감정적으로 반응할 수 있는 사진을 소셜미디어에 유포한다. 그 방식은 클릭 낚시를 유도하는 가짜 뉴스와 크게 다르지 않다. 다치거나 병든, 학대받은, 혹은 상처가 보이는 아동과 동물 사진을 이용해 동정적 관심을 강요한다. 고통의 포르노다. 대의를 위한다는 명목으로 타인의 고통을 무단으로 전시하고 도덕적 우월감을 갖는 것은 사디즘적이다. 스마트폰과 인스타그램은 인간 내면의 착취욕을 투명하게 드러낸다.

디지털 불멸:
영원히 삭제되지 않는 파일로서의 삶

인스타그램 시대 인류는 기록에서 자유로울 수 없다. 현대인은 탄생의 순간부터 부모의 스마트폰을 통해 사진으로 기록된다. 자유의지를 갖기 전부터 사진 기록이 생기는 것이다. 모든 성장의 순간은 사진과 동영상으로 기록되어 소셜미디어와 클라우드 서버에 저장된다. 성인이 된 후에도 우리는 모든 순간을 강박적으로 촬영한다. 기록을 원하지 않는 사람이라도 사회적 관계를 위해서는 사진을 남겨야 한다. 오늘날 사진은 관계를 매개하는 수단이기 때문이다. 사진을 찍지 않을 수는 있지만, 사진에 찍히지 않을 수는 없다. 우리는 삶이 끝나는 순간까지 가족에 의해 사진과 동영상으로 기록될 것이다. 인스타그램 가상세계는 사진이라는 수단을 통해 인간세계를 송두리째 가상화한다.

가상은 현실이다

현대의 인간은 세상을 떠난 뒤에도 기록으로부터 자유롭지 못하다. 일생 동안 남긴 사진과 동영상을 통해 누군가 우리를 가상현실 속에서 복원해낼 수도 있다. 실제로 페이스북은 사진과 동영상을 3차원으로 바꾸어 VR 헤드셋에서 경험할 수 있도록 하는 사진측량 기술을 연구하고 있다.[25] 어린 시절 생일 파티를 기록한 동영상이 있다면, 이 기술로 세상을 떠난 가족과 조우할 수 있을 것이다. 내가 세상을 떠나더라도 '이미지로서 나'는 남겨진 가족을 통해 소환될 것이다. 이 기술이 계속 발전한다면 현대인에게는 과거 인류와 달리 영원한 죽음이 허용되지 않을지 모른다. 물리적인 존재가 소멸하더라도, 디지털 이미지로서의 존재는 불멸할 것이다. 아무도 죽지 않는 영원한 픽셀의 세계가 인스타그램에 펼쳐진다. 그는 고해상도 화질로 현실에 영원히 머무를 것이다.

나의 모습을 찍은 기록에서 나아가, 내가 눈으로 본 모든 것마저 영원히 기록된다면 어떨까. 태어나면서 죽을 때까지 본 모든 순간을 하나의 동영상 파일로 저장할 수 있게 된다면 어떨까. 나아가 파일에 담긴 데이터를 인간이 다시 체험 가능한 형태로 변환할 수 있게 된다면 어떨까. 우리는 인간의 외관뿐만 아니라 내면의 역사까지도 완벽히 복사해낼 수 있을지 모른다. 그때가 되면 가상현실 헤드셋을 끼고 누군가의 스무 살 때를 로딩해 당시에 그가 보고 느낀 모든 것을 생생하게 체험할 수 있을 것이다. 공상과학 이야기는 아니다.

카메라는 마치 눈과 뇌처럼, 응시한 것을 그대로 기억하는 장치로 진화해나가고 있다. 미래의 카메라에선 촬영이라는 수동적 개념이 사라질 것이다. 카메라 렌즈로 본 대상은 자동으로 저장되고, 우리는 그것을 원하는 방식으로 호출해내기만 하면 될 것이다. 구글 글래스Google Glass와 스냅챗의 스펙타클Spectacle 같은 '안경처럼 쓰는 카메라'는 이러한 기술 진화의 시작이다. 두 제품은 본 것을 그대로 촬영하고 저장하는 시각 기억 장치로서, 본 것을 자동으로 기억하는 카메라의 첫 출발점이다. 구글이 최근 발표한 인공지능 카메라 구글 클립스Google Clips는 한 단계 더 나아간다. 클립스는 자동으로 모든 순간을 촬영하므로 촬영 버튼을 누를 필요가 없다. 우리가 눈으로 본 대상을 억지로 기억하지 않더라도 뇌가 기억하는 것처럼, 클립스는 촬영 명령을 내리지 않더라도 자동으로 상황을 판단하고 중요도를 인식해 사진을 찍고 저장한다.[26] 클립스는 아직 완벽하지 않지만, 실제 눈과 뇌보다 조금 앞선 점도 있다. 우리가 보았다고 기억하는 순간뿐 아니라 보았으나 기억하지 못하는 순간까지도 촬영하기 때문이다.

이러한 시각 기억 장치도 곧 '알파고 모멘트'를 맞이하게 될 것이다. 인간의 기억 방식을 모방했으나 그보다 더 나은 방식이 곧 발견될 것이다. 미래의 카메라는 실제 눈보다 더 정확히 인식하고, 실제 뇌보다 더 정확히 기억할 수 있을 것이다. 인생이라는 장기적 시간 전부를 한 편의 1인칭 비디오로 저장할 수 있을지도 모른다. 인간의 기억은 더 이상 선택적 장면이 아니라 잊고 싶은 부분까지를 모두 포함한 긴 파일이 될 것이다. 지금도 모든 기록은 아니지만, 현대인은 바로 앞 세기 인류와는 비할 수 없이 많은 양의 기록을 저장할 수 있게 됐다. 이미지 기록으로서 인간은 불멸을 향해 가고 있다고 해도 과언이 아니다.

그러나 영원히 삭제되지 않는 파일로서의 삶이 과연 인간에게 좋은 삶인지는 불확실하다. 니체는 망각이 자유의 근원이라고 보았다.[27] 망각은 우리를 과거로부터 자유롭게 해준다. 과거와 무관한 현재는 새로운 미래의 가능성을 잉태한다. 그렇게 우리는 과거를 잊는 만큼 미래로 전진할 힘을 얻는다. 만약 인간에게 망각할 능력이 없다면, 인간은 과거로부터 자유로울 수 없을 것이다. 과거는 현재의 발목을 붙잡는다. 영원한 과거는 현재를 영원히 과거로 회귀하게 만들 것이며, 미래는 새로 열리지 못할 것이다.

그러나 안타깝게도 오늘날 인간은 '망각할 능력'을 상실했다. 우리는 의지와 무관하게 끊임없이 촬영하고, 또 촬영당하는 세계에 살고 있다. 나의 카메라를 포함한 도처의 카메라는 우리를 끊임없이 기록한다. 촬영 기록에 대한 삭제 권한 역시 우리에게 주어지지 않는다. 카메라로 수집된 기록은 개인이 손댈 수 없는 클라우드 서버에 남겨진다. 스마트폰 등장 이후 태어난 세대는 스스로에 대한 사진 기록을 영원히 지울 수 없을 것이다. 기억하고 싶지 않은 과거까지도 웹의 어딘가에서 스크린샷으로 떠다닐 것이다.

스마트폰, 소셜미디어, 클라우드가 등장하기 전 시대까지 과거는 보이지 않는 시간 속으로 영원히 사라졌다. 그러나 오늘날 과거는 '3년 전 오늘'과 같은 알림으로 끊임없이 현재에 리마인드된다. 과거는 사라지지 않고 현재와 함께 지속된다.

오늘날 진정한 자유를 획득하기 위해선 기록에 저항하는 수밖에 없다. 적극적으로 기록을 거부하기, 기록에 포획되지 않기를 실천하는 것만이 유일한 자유의 길이다. 오직 우리가 현재에 대한 기록을 거부할 때만, 현재에 머물러 있기를 실천할 때만 온전한 자유를 얻어낼 수 있다. 촬영은 우리를 기록의 감옥에 가둔다. 자유는 카메라의 프레임 밖에 존재한다.

사진을 찍지 않는 것은 매우 주체적인 행위가 된다. 사진과 기록을 강제하며 모든 것을 기억하도록 요구하는 현실에서 망각을 선택하는 것이기 때문이다. 어떤 것도 잊지 못하도록 만드는 카메라-클라우드 네트워크 사회에서, 촬영은 전혀 자발적 선택이 아니다. 그것은 단지 시스템에 따르는 수동적 동화Assimilation일 뿐이다. 오직 사진을 찍지 않는 것만이 자유의지에 따른 선택이다.

이와 함께 사진 금지No Photography는 오늘날 가장 혁명적인 슬로건이 된다. 그것은 기록의 압제에 맞서 망각할 자유를 외치는 선언이다. 사진 금지는 현재를 흘러가도록 내버려두는 것으로, 현재가 누릴 수 있는 순간의 자유를 최대치로 허용한다. 현재는 기록으로 박제되지 않고 그 자체로 보존된다. 현대에도 숭고를 유지하려는 사원, 공연장, 미술관, 바와 같은 공간에서 사진 촬영을 금지하는 것은 바로 이 때문이다. '그곳에 있음'을 곧바로 사진으로 찍는 것은 현재에 머무르지 못하게 하고, 현재를 과거로 만들어버리는 일이기 때문이다. 이들의 '금지'는 역설적으로 자유에 이르는 길이다. 사진에

가상은 현실이다

찍히는 것은 인터넷에 인덱싱되는 것이고, 신비와 숭고를 상실당하는 것이다. 디지털 시대에는 사진에 포획되지 않는 것만이 진정 자유롭고 귀한 것이 된다.

발터 벤야민은 "아름다움이란 베일도, 또는 베일에 감춰진 대상 자체도 아니다. 그것은 베일에 싸인 상태의 대상이다"라고 말했다.[28] 촬영은 현재의 베일을 벗기는 것이다. 반면 촬영하지 않음은 현재를 베일에 싸여 있도록, 잊히도록, 볼 수 없도록 내버려두는 행위다. 망각의 자유를 상실해가는 인류에게는 어떻게 현재의 아름다움을 보존할 수 있을 것인지에 대한 질문이 제기될 것이다.

'좋아요' 계급 투쟁 ─────────────────── ●

디지털은 손가락으로 숫자를 센다는 라틴어 'Digit'에서 유래한 단어다. 디지털은 근원부터가 숫자와 셈에 기초해 있는 것이다. 디지털에 존재하는 모든 것이 숫자로 표현 가능한 것처럼, 디지털 시대의 삶과 자아는 모두 수치화된다. 오늘날 우리는 스스로에 부여되는 숫자의 합이다. 내가 받는 '좋아요'의 수, 내가 리트윗되거나 공유되는 수, 내가 팔로우하는 사람들의 수, 나를 팔로우하는 사람들의 수, 팔로잉 수·팔로워 수의 비율과 같은 숫자들이 나의 사회적 신분을 결정한다. 또한 내가 보낸 메시지의 수와 받은 메시지의 수, 메시지를 받고 보내는 빈도와 간격 같은 숫자들은 나의 사회적 관계를 결정한다. 내가 콘텐츠를 클릭하는 빈도와, 내가 사이트에서 체류하는 시간, 내가 관찰하는 타인의 프로필을 몰래 클릭한 횟수

가상은 현실이다

같은 숫자는 내가 나라고 믿는 나보다 나를 더 정확히 정의한다. 디지털에서 나의 모든 행동은 숫자로 트래킹되고, 트래킹된 숫자의 조합은 다시 나의 프로필을 구성한다. 소셜미디어가 인류에게 가져온 많은 변화 중 가장 저평가되는 변화는 삶의 모든 부분을 완벽히 디지털화(수치화)했다는 것이다. 이로 인해 관계, 교감, 취향, 감정 같은 삶의 아날로그한 영역들은 신비감을 잃고 이제 수학으로 계산 가능한 대상, 숫자로 환산되는 형이하학적 대상으로 바뀌었다. 인간은 '디지털'을 근간으로 한 가상 질서에 흡수되고 있다.

과거 우리는 내가 실제 몇 개의 관계를 맺고 있고, 그중 어떤 것이 가깝고 먼 관계인지를 정확히 파악하기 어려웠다. 그러나 이제 나의 인간관계는 숫자로 정확히 표현된다. 소셜미디어는 내가 맺고 있는 관계 수와 그중 남녀 비율, 직장 동료와 친구 비율, 최근 맺은 관계와 과거에 맺은 관계의 비율, 관계가 지속된 기간 등 관계 뒤에 숨겨진 다양한 숫자를 정확히 제시한다. 아울러 사용자 간 상호작용을 수치화해 여러 관계 중 어떤 관계와 얼마나 가까운지, 또 관계의 활성화 정도는 어떠한지도 연산해낸다. 이 연산을 위해 소셜미디어는 '좋아요', 공유, 댓글 같은 드러나는 상호작용부터 타인을 검색한 횟수, 타인의 프로필에 머문 시간, 타인의 사진을 조회한 횟수 같이 드러나지 않는 상호작용까지 모두 비밀리에 트래킹한다.[29] 이로써 아날로그 관계 너머의 디지털적 진실이 수치로 증명된다.

평생 동안 우리가 맺는 관계의 숫자가 전 세계 평균과 비교해보았을 때 어떠한지, 내가 사는 지역과 나의 인종과 성별에 따라 인간

관계의 양과 질은 다른 사람들과 어떻게 다른지, 연인으로 발전하기 위해 서로가 교환하는 '좋아요'와 메시지의 개수는 몇 개인지, 또는 연인과 헤어지고 서로를 잊을 때까지 서로의 프로필을 염탐하는 횟수와 빈도는 어떠한지, 과거에는 명확히 구분되어 파악되지 않는 관계의 양식까지도 이제는 구체적으로 수치화될 수 있다.

우리의 감정 표현 역시 소셜미디어의 디지털 감정 표현 방식을 통해 수치화된다. 소셜미디어는 '좋아요', '싫어요', '슬퍼요', '화나요'와 같은 감정 표현 도구를 제공한다. 이러한 도구는 디지털에서 공유되는 소식에 대해 즉각적 감정 표현을 가능하게 하고 인간의 감정을 수치화하여 측정 가능하게 한다. 즉 '좋아요'는 '좋아요'이기 때문이 아니라 숫자로 표현 가능하다는 점 때문에 중요하다.

감정의 디지털화(수치화) 덕분에 우리는 세상에 긍정과 부정, 연민과 분노가 양적으로 얼마나 존재하는지를 알 수 있다. 그리고 이를 통해 사건의 유형별로 사람들의 감정 반응 정도, 즉 감정의 지도를 확인할 수 있다. 이 지도에는 일반적으로 사람들이 좋아하는 것과 싫어하는 것이 무엇인지 적혀 있을 뿐만 아니라 A를 좋아하는 사람이 B를 얼마나 좋아하는지, 또는 C를 얼마나 싫어하는지도 적혀 있다. 반대로 A를 싫어하는 사람이 몇 퍼센트의 확률로 C를 좋아할 가능성이 있는지도 적혀 있다. 인류가 여태껏 품어왔고 앞으로도 품을 사소한 감정의 궁금증, 나를 좋아하는 사람이 누구이고 그들은 나를 얼마나 좋아하는지, 나아가 내가 타인보다 얼마나 인기가 있는지와 같은 문제들 역시 이러한 감정의 디지털화로 확인

가상은 현실이다

가능해졌다.

소셜미디어는 세상의 모든 것에 대한 전 세계인의 평점을 실시간으로 기록하는 하나의 거대한 엑셀 파일과 같다. 그리고 이 파일은 현대인의 가치판단 기준이 되는 데이터베이스 역할을 한다. 소셜미디어에 나온 '좋아요' 숫자가 그 대상의 가치를 판단하는 척도다. 개인의 영향력, 제품의 선호도, 정당의 지지도 등 과거엔 정확히 정량화하기 어려웠던 데이터들이 모두 숫자로 표기되며, 우리는 숫자에 근거해 모든 것의 중요도를 파악하게 된다. 암묵적으로 우리는 '좋아요' 숫자가 크면 사회적 권위가 있다고 받아들인다. 반면 '좋아요' 숫자가 적거나, 또는 '좋아요'보다 '싫어요' 비율이 높으면 사회적 승인을 얻지 못한 것으로 받아들인다. 현대인의 가치판단은 이러한 수치 비교로 대체되었다. 디지털 수치에 근거한 가치판단은 인터넷이 접속된 지역이라면 뉴욕에서든 아부다비에서든 서울에서든 모두 보편적으로 적용된다. 1달러의 가치는 국가마다 다르지만 1 '좋아요'의 가치는 모든 곳에서 동일하다. 전 세계 규모로 통용되는 이러한 가치 평가 시스템은 인간이 한 번도 가져보지 못한 보편 윤리다.

완벽하지는 않지만 소셜미디어의 숫자는 지역과 인종을 초월해 현대인들이 보편적으로 합의할 수 있는 가치판단의 기준점Source of Truth이 되었다. 특히 거대 이데올로기가 붕괴하고 거대 종교가 약화되면서 보편 가치 체계를 상실한 현대인에게 소셜미디어의 숫자는 더욱 강력한 가치 준거가 되었다. 물론 숫자가 절대적 가치를 결정하는 것은 아니다. 하지만 숫자는 각자의 주관을 넘어 모두가 합의할 수 있는 객관적 척도를 제공해준다. 숫자 하나는 아무것도 말해주지 못하지만, 이러한 숫자가 대규모로 존재할 때, 우리는 옳고 그름을 가리긴 어렵더라도 무엇이 상대적으로 더 많이 인정받는지 아닌지는 것인지 또는 인정받지 못하는 것인지는 분명히 가려낼 수 있다.

소셜미디어의 숫자가 보편 윤리로 등극하면서 현대인은 숫자에 대한 집착에서 벗어나기 어려워졌다. 특히 소셜미디어는 철저히 숫자를 기반으로 중요도를 순위화하는 시스템이다. 뉴스피드 상위에 게시되는 것은 높은 점수를 받은 것이다. 더 많은 팔로워 수, 더 많은 '좋아요' 수, 더 많은 리트윗 수가 더 많이 노출되는 시스템은 사람들로 하여금 더 높은 점수를 얻기 위해 과장된 행동을 하는 등 자기 최적화를 수행하도록 유도한다. 숫자 집착은 개인이 소셜미디어를 탈퇴한다고 해서 극복할 수 있는 성질의 것이 아니다. 모든 것에 숫자가 매겨지고 그것이 효력을 발휘하는 구조 속에서 숫자에 집착하지 않는 행동은 오히려 개인적 일탈로 여겨질 뿐이다.

넷플릭스 SF 드라마인 〈블랙 미러〉의 에피소드 '추락'은 이러한 현실에 대한 알레고리다. 소셜미디어 인기 점수에 따라 만날 수 있는 사람, 받을 수 있는 서비스, 갈 수 있는 장소가 제한되는 디스토피아를 그린 이 작품은 숫자에 집착하는 현실을 묘사한다. 작중의 인물들은 서로를 끊임없이 별점으로 평가하고, 별점을 의식하며 가식적으로 행동한다. 하고 싶은 대로 행동하거나, 솔직한 생각을 말

가상은 현실이다

하면 별점이 떨어진다. 누가 어떻게 행동하라고 강제하지 않았지만, 별점 제도가 사람들의 행동과 사고 체계 전부를 통제하는 것이다. 〈블랙 미러〉가 드라마의 즐거움보다 논픽션의 불편함을 주는 이유는 우리가 사는 현실이 〈블랙 미러〉와 크게 다르지 않기 때문이다.

숫자 중독 ————————————————— ●

숫자 집착은 소셜미디어 트래킹 시스템에 의해 주입되었지만, 이제 사람들은 직접 스스로의 모든 것을 수치화하려고 한다. 측정당하는 것을 넘어 자가 측정을 내면화하는 것이다. 이로 인해 가상세계가 작동하는 방식과 인간 내면이 작동하는 방식은 서로 조응하게 된다. 셀프 트래킹 앱과 디바이스의 인기는 이 현상을 드러낸다. 애플, 나이키, 핏비트, 런타스틱과 같은 기업들은 직접 건강 상태를 수치화할 수 있는 도구를 제공하고 있다. 이들 도구는 달리기, 걷기, 일어서기, 계단 오르기 같은 운동 기록과 함께 심박수, 맥박수, 호흡 등 건강 지표를 측정할 수 있게 해준다. 인간은 자신의 모든 것이 디지털화되길 원한다.

신체의 활성화된 상태뿐 아니라 비활성화된 상태까지 측정하고

가상은 현실이다

자 하는 사람들의 욕구 때문에 이들 도구에 수면 측정 기능마저 추가되었다. 필로우Pillow와 같은 앱은 호흡과 심장박동을 측정해 수면의 질을 점수로 알려준다. 이러한 수면 측정 도구는 수면 역시 다른 모든 신체 활동처럼 측정될 수 있다는 믿음 위에 서 있다. 수면과 더불어 필수 활동인 섭식 행위 역시 가장 치열하게 수치 측정이 이루어지는 영역이다. 라이프섬Lifesum은 다이어트를 돕는 앱으로, 섭취한 음식명을 입력하면 그에 대한 칼로리와 함께 각 영양소 함유량을 측정해준다. 그렇게 기록한 매끼의 칼로리는 그래프로 표시되며, 목표 몸무게에 비해 많은 칼로리를 섭취하고 있는지 아닌지를 시각적으로 보여준다. 칼로리 마마Calorie Mama는 여기서 한 발 더 나아가 이미지 인식 기능을 활용해 음식 사진을 찍기만 하면 자동으로 분석해 칼로리 그래프를 그려준다. 현대인의 가장 강력한 두 욕구인 사진 촬영과 자가 측정 욕구를 엮은 서비스인 셈이다.

수면이나 섭식보다 좀 더 민감한 생체 정보를 디지털화하는 앱도 있다. 플로Flo, 피리어드Period, 클루Clue는 여성의 생리 주기 자가 측정 앱이다. 대부분의 생리 주기 앱은 섹스와 관련된 다양한 지표 역시 측정해준다. 성욕의 정도, 자위행위 여부, 분비물의 유무, 오르가즘 레벨 같은 만족도까지 측정하기도 한다. 알코올 중독이나 담배 중독 같은 부정적인 상태를 측정하는 앱도 있다. 아이엠소버I Am Sober는 금주를 돕는 앱으로, 마지막으로 술을 마신 날로부터 금주를 유지한 날짜 수를 측정해준다. 퀴트질라Quitzilla는 음주, 흡연, 게임 같은 여러 좋지 않은 습관을 관리하는 앱으로, 절제 목표를 선택하고 얼마나 오랫동안 절제를 유지했는지를 보여준다.

최근 자가 측정 영역은 정신 건강 영역으로까지도 확대되고 있다. 캄Calm, 퍼시피카Pacifica, 해피파이Happify와 같은 앱은 스마트폰을 활용해 명상을 하도록 돕고, 기분과 심리 상태를 자가 측정하도록 도와준다. 행복 레벨이 마치 체중 그래프처럼 수치화되어 기록된다. 워리 워치Worry Watch는 불안과 우울증 같은 부정적인 심리 상태를 집중적으로 측정한다. 이 앱은 스트레스를 점수화하고, 스트레스의 원인이 경제적인 이유인지, 관계적인 이유인지, 개인적인 이유인지를 구분해준다. 또한 스트레스를 가장 많이 받는 요일은 언제인지, 지난 1년간 가장 큰 스트레스 요인은 무엇이었는지도 분석하여 보여준다. 정신의 생산성, 즉 집중력을 측정하는 앱은 기분을 측정하는 앱과 함께 정신 건강 측정 영역에서 가장 많은 사용자층을 가지고 있다. 포커스 타이머Focus Timer는 다른 일에 방해받지 않고 온전히 집중해서 공부한, 또는 업무를 수행한 시간을 측정해준다. 측정 데이터를 통해 지난 주 대비 집중력이 향상되었는지 떨어졌는지 같은 분석 기능 역시 제공한다.

신체의 영역을 넘어 정신적 영역까지 수치화가 이루어지는 현상은 시사하는 바가 크다. 행복, 만족도, 스트레스, 불안과 같은 정신 상태도 체중처럼 관리할 수 있다는 가상 질서의 논리를 보여주기 때문이다. 근본적으로 이것은 인간의 정신도 마치 소프트웨어처럼 수치로 통제 가능한 대상임을 전제한다. 정신 건강에 대한 수치 데이터가 대규모로 확보되면 우리는 삶에서 일어나는 다양한 사건들이 몇 점짜리 스트레스를 주는지를 파악해내고, 나아가 그를 해소하기 위해 몇 번의 심호흡 또는 몇 분의 명상이 필요한지를 예측해낼 수 있을 것이다. 좀 더 인간적인 앱은 연인과 이별 후 겪는 스트레스를 해소하려면 얼마만큼의 당분을 섭취하는 것이 좋을지를 추천해줄지도 모른다. 반면 우리 상태에 대해 지나치게 많은 정보를 가진 앱은 작년에 비해 현재 맺고 있는 관계가 몇 퍼센트 더 파괴적인지 푸시 알림으로 각인시켜줄지 모른다.

신체 건강이건 정신 건강이건, 자가 측정 앱에서는 측정을 통한 개선을 유도하기 위해 공통적으로 게임화Gamification 기법을 사용하고 있다. 일주일 동안 3회 이상 4킬로미터 달리기를 완료하면, 술을 한 달간 참으면, 행복 점수를 8점 이상 유지하면, 마치 게임에서 레벨업을 하는 것처럼 자가 측정 서비스 사용자의 건강 레벨이 상승한다. 생산성 향상을 돕는 웹서비스인 해비티카Habitica는 이러한 게임화를 가장 극단적으로 보여주는데, 롤플레잉 게임과 완전히 똑같은 인터페이스를 제공한다. 사이트 외관만 보면 이것이 롤플레잉 게임인지 아니면 생산성 도구인지 쉽게 분간이 가지 않도록 설계해놓았다. 실제 서비스가 작동하는 방식도 게임과 같다. 마치 게임 퀘스트를 수행하는 것처럼 할 일 리스트를 관리하고, 같은 할 일을 해내기 위한 파티나 길드에 가입할 수도 있다. 할 일을 완료할 때마다 골드가 리워드로 주어지는데, 이를 모아 캐릭터를 꾸밀 수 있는 아이템을 살 수 있다. 힘들기만 한 할 일 관리에 게임화를 접목시켜 재미 요소를 첨가한 것이다.

그러나 재미보다 더 중요한 부분은 게임화가 결국 '숫자 게임'이
라는 것이다. 게임의 그래픽적 요소를 제거하고 나면 결국 남는 것
은 숫자의 반복, 누적, 달성뿐이다. 사람들이 반응하는 것은 숫자다.
숫자는 귀찮음을 극복하고 아침에 조깅을 하게 해주고, 금단현상을
극복하고 담배를 끊게 해주고, 부정적인 감정에 휘말리는 것을 막
아준다. 숫자야말로 가장 강력한 중독 기제인 것이다. 가상 질서는
인간으로 하여금 자신의 논리인 디지털(숫자)에 중독되게 한다.

신체, 활동, 수면, 섭식, 섹스, 중독, 기분 그리고 집중력까지, 우
리의 생체 기록은 우리 자신의 숫자 집착에 의해 방대하게 수치
로 기록되고 있다. 흥미롭게도 자가 측정을 돕는 도구는 디자인 껍
데기를 제거하고 나면 결국 계산기, 스톱워치, 타이머를 한데 엮
은 숫자 측정 앱일 뿐이다. 이러한 숫자를 통한 자기 이해^{Self Knowledge}
through Numbers가 완전히 새로운 경향은 아니다. 자신에 대한 정량적 기
록과 이를 바탕으로 한 자기 분석과 행동 예측은 마이크로소프트
의 엔지니어 고든 벨이 1990년대 주창했던 라이프로깅^{Lifelogging} 운동
과, 2007년 〈와이어드〉의 편집자 게리 울프가 공식화한 자아 정량
화^{Quantified Self} 운동에 그 기원을 두고 있다.[30] 인간을 숫자로 이해하고
그것을 통해 개선하고자 하는 믿음이 소프트웨어 산업의 성장기와
궤적을 같이한다는 것은 흥미롭다. 가상 질서는 삶을 소프트웨어처
럼 업데이트시키고 싶어한다.

수치를 통한 관리는 종종 특정 목표 달성보다 수치 관리 자체가
목표가 되는 경우가 많다. 다이어트에서 건강 자체가 아니라 낮은

가상은 현실이다

칼로리 유지가 더 중요한 목표가 되는 것은 징후적이다. 이때 실제 건강 상태와 상관없이 우리는 숫자 달성Hitting Number에 몰입하게 된다. 섭식 장애를 겪는 동시에 다이어트 앱에서 우수한 건강 스코어를 달성할 수 있다. 삶의 모든 부분이 수치화되며, 모두가 마치 영업 실적을 달성해야 하는 세일즈맨처럼 살아가게 된다. 삶에서 주관적인 만족을 주는 행동이나 나만의 독립적인 목표는 사라지고, 숫자를 달성하는 일이 목표가 된다. 그 숫자는 모두 같은 대시보드 위에서 비교될 것이다. 목표 숫자를 달성해야 한다는 피로감, 숫자 달성 실패 시의 무력감, 숫자 달성 시의 안도감이 삶을 지배하는 감정이 된다.

사람들은 점점 숫자를 부풀리기 위한 행동에 집착하게 된다. 인간관계, 감정 표현, 의견 제시, 신체 및 정신 관리 등 삶의 모든 차원에서 수치를 높이기 위한 과잉 행동은 오늘날 쉽게 목격된다. 반면 삶에서 숫자로 파악하기 어려운 질적인 부분은 상대적으로 저평가된다. 현대인의 삶은 더 양적이고, 덜 질적인 것이 되었다. 양적인 삶은 끊임없이 현재의 상태와 과거의 상태, 나의 상태와 타인의 상태 사이 수치 비교를 강제하고 삶을 상시적 불만족 상태와 최적화 강박에 빠뜨린다. 이 불만족과 강박은 가상 질서에 포섭된 현대인이 보편적으로 체험하는 알러지 증세다.

라이프로깅의 창시자 고든 벨은 2016년 라이프로깅을 중단한다고 선언했다.[31] 여기에 참여했던 다른 이들도 그의 중단 선언에 영향을 받아 잇따라 중단을 선언했다. 고든 벨이 라이프로깅을 중단한 주된 이유는 소셜미디어의 등장이다. 이제 스스로를 기록하려고 애써 노력하지 않아도 이미 소셜미디어가 삶의 모든 상태를 기록해 버리기 때문이다. 소셜미디어는 측정을 원하는 사람뿐 아니라 원하지 않는 사람까지도 자동으로 기록하는 자아 측정 도구다. 단지 우리가 소셜미디어를 그렇게 바라보지 않을 뿐이다.

봇이 지배하는 인터넷

인간은 로봇을 의인화해서 인간의 외관과 닮은 지능화된 존재로 받아들인다. 이는 우리가 로봇에 대해 가진 가장 큰 편견이다. 로봇 의인화는 대중문화에서도 잘 드러난다. 1980년대 영화 〈터미네이터〉부터 2010년대 영화 〈프로메테우스〉까지, 대중문화 속 로봇은 슈퍼-인간의 모습으로 표현되었다. 로봇은 인간보다 우월하지만 여전히 인간에 가까운 존재로 여겨졌다. 인간의 얼굴을 한 로봇은 현실의 로봇 개발에도 큰 영향을 미쳤다. 소프트뱅크가 개발한 로봇 페퍼Pepper는 로봇 의인화의 대표적 예다. 페퍼는 눈, 코, 입이 달린 얼굴과 함께 팔다리를 가지고 있는 휴머노이드다. 그러나 인간과 닮은 외관에는 사실 아무런 기능적 의미가 없다. 단지 친숙함을 느끼게 할 뿐이다. 실제로 페퍼는 특정한 기능을 수행하는 로봇이라기보다는, 인공지능 시대를 홍보하는 전시용 로봇이다. 오히려 인간의 외관과 전혀 닮지 않은 아마존의 음성 비서 알렉사^{Alexa}가 로봇의 진정한 의미에 더 가까운 존재일 것이다. 알렉사는 식료품을 주문하고, 뉴스를 읽어주고, 택시를 불러주며, 조명을 조절하고, 농담을 하기도 한다. 2018년 현재 알렉사는 3만여 개의 스킬을 수행할 수 있다. 그가 가진 외관은 현재로선 원통형 스피커뿐이다.

로봇을 의인화시켜 바라보면 현실에서 작동하는 로봇의 실체를 제대로 볼 수 없다. 즉 로봇을 페퍼로 인식하는 좁은 시야로는 알렉사가 바꾸는 구체적 현실을 파악할 수 없다. 로봇은 단지 인간과 닮은 외관을 가진 존재가 아니라, 인간이 수행하던 역할을 인간보다 더 나은 방법으로 수행하거나 인간이 할 수 없는 규모의 일을 수행하는 기계다.

중요한 것은 로봇이 인간의 역할을 대신할 때 그 방식이 전혀 인간의 것과 닮지 않을 수 있다는 점이다. 이러한 관점에서 세탁기, 자판기, ATM은 모두 로봇이다. 이들은 인간의 외관을 지니지는 않았으나 인간이 수행하던 일을 인간보다 더 많이, 더 낮은 비용으로 수행한다. 이들은 24시간 동안 옷을 세탁하거나 물건을 내주거나 돈을 세도 인간처럼 지치지 않고, 명령에 맞춰 높은 정확도로 업무를 수행한다. 일상에 가까이 있기 때문에 이들의 실체가 정확히 이해되지 않을 뿐, 이들은 모두 로직에 따라 작동하는 로봇이다. 꼭 음성 명령을 알아듣거나 사람의 감정을 읽어야만 로봇인 것은 아니다. 우리는 협소한 시각을 버리고 넓은 개념으로서의 로봇을 받아들여

가상은 현실이다

야 한다. 그래야만 로봇의 실제 역할과 영향에 대해 보다 정확하게 파악할 수 있다. 이 관점에서 보자면, 이미 우리는 다양한 로봇과 함께 살고 있다. 그뿐 아니라 로봇은 인간이 인지하는 것보다 더 강하고 광범위한 영향력을 우리 삶에 행사하고 있다.

인터넷으로 시야를 돌려보면 미래는 이미 와 있다. 로봇은 인간과 공존하고 있을 뿐만 아니라 둘을 구분하기는 갈수록 어려워지고 있다. 봇Bot은 인터넷상에서 다양한 작업을 수행하며 인터넷 트래픽의 절반을 차지하고 있다.[32] 인터넷 공간에서 마주치는 존재의 절반은 로봇인 것이다. 봇은 웹상의 특정한 작업을 자동화된 방식으로 처리하는 프로그램이다. 가장 오래된 봇은 검색엔진에서 쓰이는 웹크롤러로, 웹사이트를 방문해 정보를 읽고 검색엔진에 색인하는 일을 한다. 크롤러 봇 덕분에 우리는 검색 결과를 얻는다. 우리가 자주 사용하는 가격 비교 사이트 역시 크롤러 봇이 읽어온 다양한 상품 페이지의 가격을 비교해 최적의 딜을 제공한다.

최근 인공지능과 함께 부상하는 챗봇은 단순 작업 수행을 넘어 사람의 말과 문장을 이해하고 유연하게 요청을 처리하는 지능형 봇이다. 피자헛 챗봇을 통해 피자를 주문하거나, 스카이스캐너 챗봇을 통해 항공권을 예약할 수 있다. 마이크로소프트의 챗봇 샤오이스Xiaoice는 스파이크 존즈의 영화 〈그녀〉에 등장하는 인공지능처럼 인간과 교감할 수 있도록 설계된 봇이다. 구글 어시스턴트 같은 디지털 어시스턴트는 컴퓨터뿐 아니라 스피커, 자동차, 냉장고 등의 도구를 지능화시키는 새로운 형태의 봇이다. 과거에는 봇이 인터넷에서만 제한된 역할을 수행했지만 인터넷의 경계가 PC, 스마트폰으로 그리고 모든 사물로 확장되며 더 많은 역할을 수행하고 있다. 봇은 어디에나 있다.

인간을 돕는 봇Good Bot도 있지만, 오늘날 악의적인 일을 위해 복무하는 악성 봇Bad Bot이 더욱 많다. 대표적인 악성 봇은 스팸봇이다. 스팸봇은 대량의 이메일 주소를 수집한 후 거기로 스팸메일을 보내서 악성 링크를 클릭하도록 유도한다. 아프리카의 비밀 다이아몬드 채굴 사업 투자 제안부터 인도의 온라인 복권 당첨 소식, 태국 정부의 여권번호 도용 경고까지 우리의 메일함은 스팸봇이 보낸 다양한 피싱 메일로 가득하다. 이메일과 함께 블로그 역시 스팸봇이 선호하는 타깃으로, 블로그 포스트에 스팸 코멘트를 달아 클릭을 유도한다. 봇은 클릭을 유도할 뿐 아니라 스스로 클릭하는 주체가 되기도 한다. 온라인 광고 산업이 등장한 이래 사라지지 않고 더욱 심화되는 문제는 인간이 아닌 봇의 부정 클릭 문제다. 봇은 온라인상에 쏟아지는 다양한 광고를 무차별적으로 클릭해 광고주에게 과다 비용을 발생시키거나, 광고를 게재한 사이트가 부정한 수익을 얻는 데 이용되기도 한다. 한 연구에 따르면 2017년 한 해 동안 전 세계에서 65억 달러에 달하는 온라인 광고비가 봇에 의해 소모되었다.[33] 온라인 광고로 3달러가 쓰일 때마다 1달러가 봇에 의해 소모된다는 통계도 있다.[34] 최근 악성 봇은 광고 클릭을 넘어 더 많은 행동을 수행하며 새로운 형태의 문제를 만들고 있다.

콘서트 티켓을 미리 구매해 프리미엄을 붙여 재판매하는 데 봇

가상은 현실이다

이 사용되기도 하고(티켓마스터에 따르면 인기 공연의 경우 60퍼센트의 티켓이 봇을 통해 선예매된다.[35] 이를 금지하기 위해 2016년 미국 의회는 봇 방지법BOTS Act을 통과시켰다), 봇이 온라인 게임의 자원을 독점하는 파밍Farming 플레이어 역할을 하기도 한다. 또한 아티스트의 팬덤처럼 유튜브 영상을 반복 시청하거나, 사운드클라우드 음악을 반복 재생해 음원 차트를 왜곡하기도 한다. 독일의 데이팅 앱 로부Lovoo에선 봇이 남성 유저에게 마치 진짜 여성 유저인 것처럼 말을 걸고 유료 결제를 유도해 논란이 되기도 했다.[36]

소셜미디어의 부상으로 봇은 완전히 새로운 전기를 맞이했다. 과거 봇이 스팸 발송, 광고 클릭, 티켓 예매, 음악 재생과 같은 단순 노동에 쓰였다면, 소셜미디어 봇은 좀 더 복잡한 업무에 투입된다. 누군가의 팔로워가 되고, 그의 의견을 지지하거나 공유하고, 자기 의견을 덧붙여 확산하는 행동, 즉 가짜 영향력을 생산해내는 일이 소셜미디어 봇의 주 임무다. 소셜미디어상의 영향력이 점점 더 현실에서도 중요해지면서 영향력을 필요로 하는 이들 사이에서 봇 수요는 폭발적으로 증가했다. 정치인, 연예인, 언론인, 운동선수, 작가, 모델, 심지어 종교인까지, 영향력이 곧 권력으로 직결되는 분야의 종사자들 사이에 봇 구매는 공공연한 비밀이다.[37] 봇은 이들의 가짜 팔로워가 되어, 가짜 '좋아요'와 가짜 리트윗을 만들어낸다. 수천만 개의 봇을 운영하며 클라이언트의 가짜 영향력을 웹의 곳곳에 전파하는 소셜 봇 에이전시는 대규모 산업이 되었다. 구글에서 'Buy Follower'라고 입력하면 전 세계 곳곳의 봇 에이전시가 검색된다.

이들은 페이스북, 인스타그램, 트위터, 유튜브, 스냅챗, 핀터레스트, 사운드클라우드, 링크드인까지 오늘날 영향력이 큰 소셜미디어상에서 가짜 영향력을 만들어준다. 특정 국가의 봇이나 프로필이 작성된 사람처럼 보이는 봇, '좋아요'와 함께 코멘트까지 남기는 고관여 봇은 별도 옵션으로 구매 가능하다. 업체마다 차이가 있지만 팔로워 봇의 평균 가격은 1달러에 100개 수준, '좋아요' 봇은 1달러에 200개 수준이다. 100달러만 있으면 누구나 소셜미디어에서 권위 있는 사람처럼 위장할 수 있는 것이다. 흥미로운 점은 봇 업체 수가 증가하고 봇 기술이 널리 보급되면서 봇 가격이 점점 내려간다는 것이다. 평균 가격보다 1/3 낮은 가격에 봇을 제공하는 신생 업체들도 등장하고 있다. 소셜미디어상에서의 숫자가 어느 정당을 지지할 것인지부터 어떤 제품을 구매할지에까지 광범위하게 영향을 미치는 오늘날, 이것은 매우 심각한 징후다. 우리가 크고 작은 판단을 위해 의지하는 지표가 적은 비용으로도 조작 가능하다는 것을 말해주기 때문이다.

소셜미디어를 통해 상품과 서비스를 판매하는 기업, 또는 메시지나 이미지를 판매하는 인플루언서는 모두 봇 활용에서 자유롭지 않다. 소셜미디어에서 큰 숫자를 보면 일단 어느 정도 조작이 있다고 의심하는 편이 합리적이다. 큰 숫자가 더 큰 숫자를 불러오는 메커니즘을 간파하고 있는 비즈니스는 직접 또는 에이전시를 통해 가짜 영향력을 구매하고 있다. 이들이 소셜미디어에서 권위를 얻는 방식은 생각보다 간단하다. 가짜 상품 후기를 만들고 그것을 소셜

가상은 현실이다

미디어에 게시한 뒤, 봇을 동원해 해당 게시물에 가짜 '좋아요'와 코멘트를 덧붙여 진짜처럼 보이게 만드는 것이다. 사람들은 큰 숫자를 권위로 인식한다. 그렇기 때문에 큰 숫자가 붙은 가짜를 작은 숫자가 붙은 진짜보다 더 진짜처럼 받아들인다. 이러한 홍보 방식은 전자상거래 기업들에서는 이미 일반적인 마케팅 전략으로 쓰인다. 봇이 남기는 가짜 후기는 점점 더 실제 후기와 구분하기가 어려워지고 있다. 봇은 서로의 코멘트에 '좋아요'를 누르고, 서로의 코멘트에 대한 추가 코멘트를 남겨 그들의 대화를 마치 진짜 유저들 사이 대화인 것처럼 정교하게 위장한다.

봇과 진짜 유저 간의 구분도 어려워지고 있다. 봇은 수십 명의 유저 프로필을 조합해 가짜 프로필을 만들어내고, 봇끼리 팔로잉하고, 자기 피드에 자동으로 포스팅을 남겨 실제 유저인 것처럼 위장한다. 2017년 페이스북이 공식적으로 발표한 봇 계정은 약 6000만 개(전체 사용자의 3퍼센트)[38], 트위터는 직접 수치를 공개한 적은 없으나 한 연구에 따르면 4800만 개(전체 사용자의 15퍼센트)[39]로 추측된다. 그러나 봇의 진화 수준을 고려했을 때 이 수치는 더욱 커질 수 있다. 실제로 페이스북은 2018년 2분기 동안 13억 개의 봇을 포함한 가짜 계정을 정지시켰다고 밝혔다. 전년도에 발표한 수치보다 더 많은 봇이 있었음을 짐작할 수 있다.

소셜미디어는 플랫폼을 건강하게 유지하기 위해 봇에 대한 통제를 강화해나갈 테지만, 봇은 통제를 우회하며 새로운 생존 원리를 터득하고 진화해나갈 것이다. 봇의 진화는 우리에게 다음과 같은 질문을 던진다. 인터넷의 절반이 봇이라면, 나머지 반은 확실히 인간인가?

봇은 가짜 후기를 만드는 것과 같은 방식으로 가짜 여론을 만든다. 이는 정치적 공론장이 소셜미디어로 옮겨간 현대사회에서 민주주의에 큰 위협이 된다. 봇은 가짜 뉴스를 퍼뜨리거나 편향된 주장을 확산시켜 건강한 여론 형성을 방해한다. 오늘날 전 세계에서 일어나는 거의 모든 온라인 정치 담론에는 봇이 개입한다. 전체 선거 관련 트윗 중 20 퍼센트가 봇에 의해 작성되었다고 하는 2016년 미국 대통령 선거뿐 아니다.[40] 같은 해 영국의 브렉시트 국민투표 당시, 소셜미디어에서 EU 탈퇴 여론을 주도한 것은 봇이었다. 옥스포드 대학의 연구 결과에 따르면, 트위터에서 EU 탈퇴를 지지하는 메시지의 3분의 1이 탈퇴 지지 계정의 단 1퍼센트를 차지하는 봇에게서 나온 것으로 파악된다.[41] 영국보다 소셜미디어 사용량이 현저히 적은 시리아에서도 봇이 사용되었다. 아사드 정부는 친정부 여론을 조성하기 위해 봇을 사용한 것으로 확인된다.[42]

정부가 나서서 봇을 동원하는 것은 생각보다 흔한 일이다. 한국에서도 2012년 대통령 선거 당시 정보기관이 대량의 봇을 운영해 여론조작에 개입한 정황이 드러난 바 있다.[43] 이와 유사하게 일본에서는 2014년 총선 당시 TPP, 집단적 자위권, 원전 재가동 같은 자민당 정부의 어젠다를 부상시키기 위해 봇이 활용되었다.[44] 이외에도 프랑스, 독일, 폴란드, 우크라이나, 아제르바이잔, 이란, 바레인, 모로코, 브라질, 베네수엘라, 중국, 대만, 말레이시아, 호주, 캐나다

가상은 현실이다

등의 국가에서 봇을 통한 여론 조작이 확인된다.[45] 사실상 소셜미디어가 접속되는 국가라면 봇이 만드는 가짜 여론 문제로부터 자유롭지 않은 것이다.[46]

봇은 가짜 여론 형성뿐 아니라 반대파의 커뮤니케이션을 차단하는 데에도 사용된다. 멕시코의 엔리케 페냐 니에토 대통령과 그의 소속 정당인 제도혁명당은 온라인 비판 여론을 묵살시키기 위해 봇을 활용했다는 의심을 받고 있다.[47] 방식은 다음과 같다. 정부 비판자들이 쓰는 해시태그에 봇이 끼어들어 엄청난 양의 무의미한 메시지를 남긴다. 해당 해시태그를 검색하면 정부 비판 의견을 찾을 수 없다. 오직 숫자나 기호만 나타날 뿐이다. 비판 의견을 남긴 사람도 찾을 수 없다. 결과적으로 커뮤니케이션이 차단된다.

또 다른 방법은 봇이 정부 비판 해시태그와 함께 포르노 사이트 링크를 반복 게시하는 것이다. 소셜미디어 자동 검수 시스템이 해당 해시태그를 포르노 관련 해시태그로 판단, 해시태그 사용이 원천적으로 금지된다. 이 경우에도 커뮤니케이션이 차단된다. 이러한 '해시태그 납치'는 디지털 여론을 교란하는 효과적인 방법으로, 정치적 논쟁의 소지가 있는 모든 사건에서 관찰된다. 2018년 미국 플로리다의 한 고등학교에서 총기 난사 사건이 일어났을 때도, 사건 직후 총기 규제를 반대하는 봇이 일제히 사건을 애도하는 해시태그에 끼어들며 가짜 뉴스를 유포했다.[48] 범인이 이슬람국가[IS]의 외로운 늑대나 극좌파 안티파[Antifa]의 일원이라는 내용이었다. 그러나 범인은 대안 우익 그룹에 가입했던 전적이 있는 인물로 밝혀졌다. 해시태그 납치보다 직접적으로 비판 세력을 약화시키는 봇도 있다. 독일의 한 기자는 터키의 에드로안 대통령을 비판하는 기사를 쓴 뒤 하루 동안 봇으로부터 1만 번 이상의 살해 협박을 받았다.[49]

봇의 힘은 규모에서 나온다. 엄청난 규모로 가짜 뉴스와 편향된 관점을 살포하기에, 인간이 사건의 진위를 파악하고 균형 잡힌 관점을 가지려면 훨씬 더 많은 시간과 에너지를 쏟아야 한다. 그 결과 진실을 알아차리는 일 자체에 큰 비용이 소모된다. 봇이 의도하는 바는 사람들을 하나의 가짜 뉴스에 속게 만드는 것이라기보다는, 진위 파악에 소요되는 비용을 지속적으로 높임으로써 사람들로 하여금 값싼 믿음과 쉬운 편향에 익숙해지도록 만드는 것이다. 이는 전 세계 소셜미디어 여론 형성에서 공통적으로 나타나는 봇의 패턴이다. 언어가 다르고 문화권이 달라도, 심지어 사건의 형태가 달라도 봇의 패턴은 동일하다. 글로벌리즘이 대두된 이후 지구상에 등장한 첫 번째 세계시민은 바로 봇인지도 모른다.

봇의 배후에는 물론 사람이 있다. 그리고 그들은 러시아에만 있는 것은 아니다.[50] 러시아가 미국과 영국을 포함한 다수의 국가에서 봇을 통해 프로파간다를 퍼뜨린 것이 사실이나, 봇을 단지 러시아만의 무기로 바라보는 서구 언론의 보도는 오히려 현상을 좁게 이해하게 만든다. 서구 언론은 깊게 다루지 않았으나 도널드 트럼프뿐 아니라 힐러리 클린턴 역시 온라인 선거전에서 봇을 적극 활용했다. 미국 대선 후보 TV 토론 직후 온라인 반응을 분석한 한 연구에 따르면 당시 트럼프를 지지하는 트윗의 33퍼센트, 클린턴을 지

가상은 현실이다

지하는 트윗의 22퍼센트가 봇이 작성한 트윗이었다.[51] 트럼프 봇의 활동이 클린턴 봇보다 우세했지만, 클린턴이 봇을 사용하지 않은 것은 아니다. 클린턴과 관련된 전체 트위터 활동에 대한 사용자 반응의 50퍼센트 이상은 친-클린턴 봇에서 나온 것으로 예측된다.[52] 아울러 친-클린턴 봇은 민주당 경선에서 그녀와 경쟁했던 버니 샌더스를 인종차별주의자로 음해하기 위한 목적에도 쓰였다.[53] 클린턴뿐 아니라 민주당의 여러 정치인들이 봇을 구매해 온라인 여론조성에 활용했음을 〈뉴욕타임스〉가 밝혀냈다.[54] 봇은 크렘린뿐 아니라 워싱턴 D.C.에서도 자라났고, 그 가운데는 오른손잡이 봇뿐 아니라 왼손잡이 봇도 있었던 것이다.

　시야를 동쪽으로 돌려보면, 중국 정부가 자국 인터넷 검열을 위해 쌓은 디지털 만리방벽Great Firewall이 굳건히 서 있고, 방벽에 균열을 내려는 반정부 봇이 홍콩을 중심으로 활발히 활동하고 있다. 반정부 봇은 천안문 사태, 달라이 라마, 위구르 자치와 관련된 메시지를 다 개 국어로 퍼뜨린다.[55] 많은 권위주의 정부가 봇으로 친정부 어젠다를 전파하는 모습과 달리, 중국에서 봇은 주로 반정부세력에 의해 활용된다. 중국 정부가 사용하는 봇은 차단 봇Silencer에 가깝다. 글로벌 인터넷 곳곳에서 작동하는 다양한 봇을 통해 확인할 수 있는 사실은 봇이 특정 세력만의 도구가 아니며 모든 정치 세력이 여론에 영향력을 행사하기 위해 사용하는 도구라는 점이다. 따라서 봇에 대한 문제의식 역시 러시아를 넘어 인터넷 전체로 확대되어야 한다. 당장 방금 본 인터넷 기사의 인기 코멘트 자체가 봇이 작성한 것일 수 있다. 소셜미디어 여론을 주도하는 그가 바로 봇일 수 있다. 또는 인터넷상의 여론 자체를 큰 틀에서 봇이 이끌고 있을 수 있다. 우리는 소셜미디어에서 자유롭게 의견을 개진한다고 생각하지만, 사실 봇이 설계한 매트릭스를 작동하는 데 기여하고 있는 것일지도 모른다.

인터넷에서 인간과 봇이 공존하는 듯 보이지만 최근에는 봇이 인간의 지위를 위협하는 상황에 이르고 있다. 이런 측면에서 오늘날의 인터넷을 봇이 지배하는 봇넷BotNet으로 정의할 수 있다. 봇넷이 일으키는 문제 중에서도 자동화된 여론 조작은 인류가 마주친 가장 중대한, 그러나 가장 과소평가되는 문제다. 봇이 여론에 미치는 영향력은 정확히 평가하기 어렵고, 봇의 실제 규모조차 완벽히 파악해내기 어렵기 때문이다. 또한 봇은 좌파와 우파, 저항군과 독재정부까지 모든 세력이 얽힌 문제기 때문에 제대로 다뤄지지 않는다. 미디어는 봇 문제에 대해 편향된 시선을 갖도록 강제한다. 주류 매체가 봇을 항상 러시아와 함께 언급하는 것은 대표적인 프레임 조작임에도 우리는 그것을 진실인 양 받아들인다. 이러한 이유들 때문에 봇은 인간의 눈을 피해 인터넷의 사각지대 속에 쉽게 숨어 있을 수 있다. 결과적으로 우리는 현실의 무대 뒤에서 방대한 부정을 수행하는 봇을 제대로 바라보지 못한다. 그렇게 봇은 몰래 인간과 같은 한 표를 행사한다.

2010년 아랍의 봄을 이끌었던 소셜미디어는 10년이 채 되지 않아 봇이 여론을 조작하는 공간으로 변모했다. 봇이 개입하는 온라인 토론은 점점 진흙탕이 되어버렸다. 논리보다 버즈량의 우위가 더 중요해지면서, 숙의를 거쳐서 여론이 정해지는 것이 아니라 동조자가 많은 의견이 바로 여론이 되어버린다. 이 과정에서 우리는 봇과 논쟁하고, 봇의 주장을 반박하는 데 시간을 소모하고, 봇이 주도하는 해시태그에 집중하고, 봇의 의견을 리트윗하느라 결국 진짜 인간과 진짜 문제에 대해서는 토론이 불가능해지게 된다. 인간과 봇이 뒤엉켜 전쟁을 치르는 오늘날의 소셜미디어는 우리 모두를 터미네이터의 한 장면 속으로 데려다 놓는다. 가까운 미래에 봇은 인간을 제쳐두고 봇끼리 논쟁을 치르며 인간을 단지 리트윗 도구로만 삼게 될 날이 올지도 모른다.

그러나 미래의 살상 로봇에 대한 SF적 두려움보다 우리가 걱정해야 하는 대상은, 눈앞에 등장한 봇이다. 오늘날 여론은 봇에 의해 인공적으로 형성되며, 우리는 그 인공적 여론에 무비판적으로 동조하고 있다. 이때 우리는 오늘날 스스로가 가진 의견이란 무엇인지 의심하지 않을 수 없다. 우리의 의견이 진짜 우리의 것인가? 아니면 봇에 의해 만들어진 프레임인가? 타인을 봇으로 의심하는 것에 익숙한 우리는 더 중요한 질문을 놓치고 있을 수 있다. 우리는 과연 정말 봇이 아닌가?

리버스 싱귤래리티:
로봇이 사람을 닮아간다? 사람이 로봇을 닮아간다

구글의 미래학자 레이 커즈와일은 인공지능이 인간의 지능을 넘어서는 기술적 순간인 '싱귤래리티'를 예언했다.[56] 컴퓨터의 비약적 발전으로 인해 싱귤래리티가 곧 현실로 도래한다는 것이다. 과거에도 비슷한 예측은 있었으나, 커즈와일은 싱귤래리티가 도래할 시점을 2029년으로 제시했다. 그런데 최근의 경향을 보면 그보다 더 앞당겨질 수도 있을 것처럼 보인다. 오늘날 인공지능의 발전 속도만큼 빠르게 진행되고 있는 것은 인간 집단의 단순화다. 알파고가 바둑의 복잡한 비밀을 풀어내는 동안, 인간은 각자의 소셜네트워크 속에서 단순화된 신념 체계를 강화해나가고 있다. 인공지능이 인간만큼 똑똑해져서가 아니라 인간이 기계처럼 단순해져서 이루어지는 반대 방향의 싱귤래리티, '리버스 싱귤래리티'의 가능성이 새롭

가상은 현실이다

게 부상하고 있다. 이것은 농담이 아니다. 봇이 인간을 닮아가는 것처럼, 인간은 점점 봇을 닮아가고 있다. 봇의 특징인 기계적 단순성, 집단적 사고와 행동, 자동반사적 반응은 소셜미디어 시대 인간에게서 두드러지는 패턴이다. 인간과 구분이 가지 않는 봇의 행동만큼이나 봇과 구분이 가지 않는 인간의 행동도 자주 관찰된다. 봇과 닮은 인간, 봇맨Botman의 등장이다.

봇맨은 조직된 소셜미디어 군단Social Media Mob으로, 봇처럼 가짜 뉴스나 프로파간다를 반복적이고 집단적으로 유포해 소셜미디어 여론을 조작한다. 온라인 정치에서 봇맨의 활약은 두드러진다. 영국의 싱크탱크인 데모스Demos의 연구는 봇맨 현상을 정확하게 보여준다. 영국 노동당을 지지하는 트위터 봇을 조사하기 위해 "노동당 관련 해시태그로 하루 50개 이상 트윗을 쓰는 스팸성 계정"을 봇으로 정의하였는데, 샘플링 결과 얻은 계정의 상당수가 봇이 아닌 극성 노동당 지지자였다.[57] 봇의 영향력을 파악하려던 연구가 뜻밖의 진실을 발견한 것이다. 봇의 특징이라고 여겨지는 단순 반복적이고 광신적인 지지 패턴은 인간에게로 전염되고 있다. 이러한 봇맨은 봇과 함께 전 세계 온라인 여론 조작에 개입하고 있다. 최근 한국에서도 특정 정치인이나 이념의 지지자 그룹끼리 뉴스 링크를 공유하며 해당 사이트에 대규모 코멘트를 남겨 자신들의 의견을 과다 대표시키는, 소위 '좌표 찍기' 형태의 봇맨이 관찰된다. 봇맨의 행동은 외견상 봇의 '매크로'와 거의 구분되지 않는다. 맹목적인 지지 논리와 단순화된 프레임, 복사-붙여넣기 가능한 반복적인 메시지 전달까지 봇맨은 봇과 닮아 있다. 이것은 과거 한국의 정보기관이 봇을 동원한 것에 대한 반대편의 거울상이다. 봇의 위력을 경험한 인간이 봇을 모방하는 것이다.

봇맨은 소셜미디어가 낳은 봇의 쌍생아다. 소셜미디어는 인류 역사상 유례없는 연결성을 확장했는데, 이를 토대로 인간이 만들어낸 것은 열린사회가 아닌 적대적 이념 집단들이다. 역설적이게도 페이스북의 비전인 "보다 열리고 연결된 세상More Open and Connected World"이 아니라, 소셜미디어 전반은 더욱 닫히고 배타적인 공간이 되어가고 있다. 모두가 연결될 수 있게 되자 사람들이 택한 것은, 같은 편끼리의 강한 결속과 상대편에 대한 적대감 강화였다. 그렇게 동질적 이념을 공유하는 소셜 네트워크가 빠르게 형성되며 봇맨이 배양될 환경이 마련되었다. 오늘날 가장 강력한 정치적 그룹은 모두 봇맨을 배양하고 있다. 트럼프 지지 그룹부터 정체성 정치 그룹까지 봇맨은 단순하고 반복적인 메시지 전달, 상대편에 대한 기계적 적대, 팔로워의 조직적 행동 유도를 수행한다. 이러한 봇맨은 인터넷 공간을 더욱 억압적이고 분열적으로 만든다. 마치 파시스트에게 린치를 당하고 싶지 않아 정치적 의사표현을 회피하는 사람들처럼, 현대인은 봇맨의 트롤링과 사이버불링을 피하기 위해 점점 더 솔직한 의사표현을 꺼리고 있다. 자기검열은 일상이 되었다. 인터넷이 자유로운 개인을 낳으리라는 전망은 틀렸다. 인터넷은 개인을 보다 패턴에 따라 움직이고 집단주의적으로 행동하는 봇처럼 만들고 있다.

국가가 주도해 봇맨을 양성하는 사례나 지배 세력과 결탁하는 봇맨의 사례도 발견된다. 중국의 우마오당五毛黨은 인터넷상에서 중국 정부에 긍정적인 여론을 호도하는 유저를 이른다.[58] 정부를 옹호하는 글을 한 편 올릴 때마다 5마오(90원)를 받는다는 데서 유래한 우마오당은 정확한 규모가 짐작되지 않지만 천만 명 정도가 활동한다고 알려져 있다. 우마오당은 중국 정부가 관리하는 것으로 추정되지만, 다른 한편으로 뚜렷한 자발성을 지닌 유저 그룹인 것으로 파악된다. 이들은 자국과 외국 인터넷을 가리지 않고 중국과 관련된 뉴스에 개입해 중국에 우호적인 여론을 만들고, 대만·홍콩·티베트 독립과 관련된 이슈에도 공격적으로 개입한다.

우마오당과 유사하게 필리핀에는 키보드 군단Keyboard Army이 있다. 키보드 군단은 온라인상에서 두테르테 대통령에 대한 지지 여론을 만들고, 정부에 비판적인 정치인이나 언론인을 무차별적으로 공격한다. 비정부기구 프리덤 하우스는 이들이 하루에 1인당 10달러의 일급을 받는 사이버 전사이며, 두테르테가 이들을 동원해 여론을 조작하고 있다고 비판했다. 그러나 두테르테는 이를 부정하며 그들이 자발적 지지자라고 주장했다. 키보드 군단이 단지 돈만으로 유지되는 세력이 아님은 분명해 보인다. 두테르테는 선거 이후 마약과의 전쟁에서도 그의 팔로워들로부터 강력하고 지속적인 지지를 얻었기 때문이다. 일본 자민당은 최근 자민당 네트 서포터즈 클럽J-NSC이라는 자발적인 온라인 홍보 그룹을 출범시켰다. 공개적으로 봇맨을 모집하겠다는 것이다.[59]

봇맨은 디지털 파시즘의 징후를 보여준다. 파시즘의 핵심은 전체주의가 대중의 자발적 참여로 추동된다는 것이다. 복종을 강제하는 독재와 달리, 파시즘은 대중의 동조로 이루어진다. 그래서 자발적인 선전 도구가 되기를 주저 않는 봇맨의 등장은 위험한 흐름의 전조일지도 모른다. 명령에 의해 작동하는 봇 프로그램보다, 자발적 단순화를 택한 인간이 더 큰 파국을 불러올 수 있다. 소셜미디어는 봇에 대해 계정 정지 같은 통제를 할 수 있지만, 봇처럼 행동하는 인간에 대해선 어떠한 통제도 하지 않는다. 사실상 불가능하다. 봇맨은 봇과 같은 부정을 저지르지만, 봇맨을 막을 방법은 없다. 그렇기에 봇맨은 봇처럼 숨어 있을 필요 없이 인터넷을 활보하며 전체주의 어젠다를 확산시킨다. 오늘날 정치 집단에게는 봇을 구매하는 것보다 봇맨을 육성하는 것이 더 리스크가 적은 비용효율적 투자가 되고 있다. 봇맨의 '자발성'이 모든 문제를 쉽게 해결해주기 때문이다. 프리덤 하우스의 비판에 대해 팔로워들의 자발적인 의사표현이라는 필리핀 정부의 대답은 이 지점을 정확히 이용하고 있다. 그들의 대답은 정부 비판자에 대한 억압이라는 근본적인 문제를 회피하는 것이다. 억압이 봇에 의한 것이든 봇맨에 의한 것이든 그것은 똑같이 억압이다.

인간과 봇의 가장 큰 차이는 인간은 완전히 패턴화되지는 않는 존재라는 것이다. 인간의 많은 부분은 예측 가능하지만, 인간의 핵심에는 결코 패턴화되지 않는 변칙성이 있다. 이 변칙성은 인간을 인간이게 하는 요소다. 변칙성은 인간이 발명한 개념인 자유의 심리적 근원이기도 하다. 그러나 소셜미디어 시대를 살아가는 인간은

가상은 현실이다

변칙성을 포기하고 단순화될 것을 강제당한다. 봇이 빠르게 인간을 닮아가는 것만큼, 인간도 봇을 빠르게 닮아가고 있다. 불행히도 서로는 가까운 시점에 마주치게 될지도 모른다.

인터넷 사상경찰:
당신이 말할 권리를 빼앗기 위해서라면 내 목숨을 걸겠다

인터넷과 표현의 자유는 오랫동안 동의어였다. 인터넷은 현실에서 가능하지 않은 자유로운 표현과 상상력을 드러낼 수 있는 공간이었다. 인터넷에서 허용된 표현의 자유를 제약하려는 다양한 검열 시도가 전 세계 각지에서 있어왔다. 인터넷 사용자들은 이러한 시도에 지속적으로 저항해왔고, 덕분에 인터넷은 자유로운 공간으로 남아 있을 수 있었다. 그러나 오늘날 인터넷은 어느 때보다 억압적인 공간으로 변해가고 있다. 정부나 빅브라더에 의해서가 아니다. 반대로 사용자들 스스로에 의해서다. 오늘날 인터넷은 사상경찰Thought Police을 자처하는 이들에 의한 검열이 광범위하게 이루어지고 있다. 인터넷에서 강력한 세력을 형성한 이념 집단은 모두 사상경찰을 동원하고 있다.

가상은 현실이다

사상경찰은 소셜미디어에서 자기 이념과 관련된 소셜미디어 발언을 실시간으로 감시하고, 자기 이념에 부합하지 않은 인물을 색출해내고, 자기 그룹의 감정을 상하게 한 이를 정치적으로 처벌한다. 처벌에는 모욕부터 협박까지 다양한 방식이 있다. 댓글 테러, 해시태그 공격, 조리돌림, 메시지 캡쳐를 통한 영구 박제, 서브 트위팅과 같은 것이 모욕성 처벌이다. 사이버 불링만이 아니라 현실의 삶에 타격을 주는 협박도 빈번하다. 직장을 잃게 하거나, 법적인 문제에 연루되게끔 하는 것이다. 특히 해고 위험에 처하도록 하는 일에 사상경찰이 가장 주력하고 있다. 특정인의 소셜미디어 발언을 문제삼아 그의 고용주에게 협박을 하는 것이다. 자기 집단의 윤리에 부합하지 않은 상대방을 어떻게든 몰락시키겠다는 광신적 공격성이 사상경찰의 특징이다. 오늘날 인터넷은 서로 다른 이념 집단에 소속된 사상경찰들이 상대편에서 가장 취약한 개인을 색출해 공개 처형하는 전쟁터다.

사상경찰 때문에 사람들은 인터넷에서 매우 조심스러워졌다. 공개적 발언뿐 아니라 내밀한 생각에 대해서까지 인터넷을 의식하는 자기검열은 일반적인 것이 되었다. 인터넷은 무엇이 받아들여질 수 있고, 무엇은 해선 안 되는지 통제하는 공간이 되었다. 과거 현실이 담당하는 역할과 인터넷이 담당하는 역할이 완전히 바뀐 것이다. 오히려 사람들은 인터넷보다 현실에서 더 자유롭다. 사상경찰의 눈길을 피할 수 있기 때문이다. 이것은 인터넷 역사에서 매우 급진적인 변화다. 가상공간이 무제한적 자유의 공간이라는 등식이 깨진 것이다.

인터넷 사상경찰이 등장하면서 표현의 자유라는 개념이 매우 제한적인 의미로 축소되었다. 표현은 자유로워서만은 안 되며, 어떤 '올바름'을 지켜야만 한다는 것이다. 그러나 원론적으로 표현의 자유는 특정한 올바름과 전혀 상관이 없는 보편적인 자유다. 그러나 오늘날 이념 집단들은 어떤 주제에 대해선 자유롭게 말하지 말 것을 사람들에게 요구한다. 이러한 '표현의 제약'을 요구하는 집단은 정치 집단부터 종교 집단까지 매우 다양하다. 표현의 제약이 지켜지지 않을 시 사상경찰이 찾아온다. 그 결과 표현의 자유를 보장받는 영역은 매우 축소되었다. 그것은 이름만 남은 껍데기다. 프라이버시와 함께 근대의 상징인 표현의 자유는 사실상 죽은 개념이 되었다. 이것이 인터넷의 발전과 맞물려 있다는 것은 역설적이다. 인터넷은 근대를 종료시켰다.

"나는 당신이 하는 말에 찬성하지는 않지만, 당신이 그렇게 말할 권리를 지키기 위해서라면 내 목숨을 걸겠다"는 볼테르적 격언은 의미를 잃었다. 오히려 현실은 이렇다. "나는 당신이 하는 말에 찬성하지 않기 때문에, 당신이 말할 권리를 빼앗기 위해서라면 내 목숨을 걸겠다." 사상경찰은 타자의 자유와 권리를 박탈하는 데 모든 힘을 쏟는다. 개인의 삶을 파탄시키는 것으로 윤리를 구현했다고 믿는 디지털 사디스트들의 득세는 자유주의 문명에 큰 위협이지만 사람들이 주목하는 주제는 아니다. 특정 집단 윤리에 부합하지 않는 발언과 생각 때문에 해고를 당할 수 있는 오늘은 극단적으로 반자

가상은 현실이다

유주의적인 시대이지만, 역설적으로 자유주의 윤리가 이러한 테러 행위에 사실상 관용을 베풀고 있기 때문이다.

자유주의 윤리는 개별 윤리를 보편 윤리보다 우선적으로 고려하며, 올바름에 대한 윤리적 판단을 개별 집단들에게 전가하고 있다. 예컨대 자유주의 윤리는 히잡 착용을 강제하는 것이 개인의 자유와 충돌하는 지점에 대한 윤리 판단은 회피하거나 보류하고, 히잡을 쓸 개인의 선택을 지지한다. 결과적으로 자유주의 윤리는 어떤 테러의 명분에도 동조하며, 테러를 방조하게 되었다. 그 결과 모든 이념 집단들은 자유주의 윤리 아래서 다수를 형성하고 바이럴을 획득하면 '올바름'이 될 수 있다는 점을 깨닫고, 각자가 올바름을 참칭하기 시작했다. 이것은 명백한 보편 윤리의 패배이며, 인터넷과 소셜미디어에서 일어나고 있는 문화 전쟁Culture Wars에서 드러나고 있다. 인터넷 문화 전쟁은 결국 자유주의 윤리의 취약점에서 시작된, 우위를 차지하기 위한 서로 다른 집단 사이의 윤리 전쟁이다. 사상경찰은 오늘도 자신의 집단 윤리를 타 집단에게 강제하기 위해 소셜미디어에서 감시와 처벌을 수행한다.

가짜 뉴스:
신념이 사실을 결정하는 시대

"가짜 뉴스는 큰 문제다"라는 문장에 대부분의 사람들은 동의할 것이다. 뉴스에서 팩트는 희박해졌다. 팩트의 입지가 줄어들고 대신 거짓 정보가 촘촘히 들어섰다. 극단적으로 왜곡된 사실 해석부터, 뉴스의 포맷을 가진 명백한 가짜까지, 뉴스는 현실을 담는 도구가 아니라 현실을 조작하는 도구가 되고 있다. 포스트 트루스Post-truth, 대안적 사실Alternative fact과 같은 신조어는 객관적 사실보다 편향된 신념이 뉴스를 지배하는 현실을 설명한다. 가짜 뉴스는 시대적 증상이다. 그러나 무엇이 가짜 뉴스인가? 라는 질문을 던져보면, 사람들은 서로 상반된 답변을 할 것이다. 폭스 뉴스 시청자는 CNN을, CNN 시청자는 폭스 뉴스를 가짜 뉴스라고 부를 것이다. 누군가는 소셜 미디어를 가짜 뉴스의 진원지라고 비난할 것이며, 다른 누군가는 주류 언론이 사실 가짜 뉴스의 기원이라고 비난할 것이다. 이것은 흥미로운 현상이다. 모두가 가짜 뉴스를 문제라고 인식하는 한편, 각자가 정의하는 가짜 뉴스는 서로 모순적이기 때문이다. 이를 요약하면 다음과 같다. "가짜 뉴스는 문제다. 하지만 그것은 내가 아니라 바로 너의 문제다." 자신이 구독하는 매체가 가짜일 것이라고 의심하는 사람은 아무도 없다. 실질적으로 가짜는 자신의 신념과 반대되는 논조의 매체를 고발할 때만 사용되는 키워드다. 여기서 우리는 가짜 뉴스 문제의 핵심이 가짜 뉴스 자체보다도, 가짜 뉴스에 대한 사람들의 엇갈린 시각임을 발견하게 된다. 결론적으로 오늘날 모든 뉴스는 가짜 뉴스이거나(적어도 모두가 가짜의 속성을 가졌거나), 또는 가짜 뉴스는 모든 정치세력이 자신의 반대파를 공격할 때 사용하는 도구다. 혹은 둘 다 진실이다.

그럼에도 불구하고 가짜 뉴스는 주로 한쪽 편과 연관되어 언급된다. 가짜 뉴스는 트럼프, 소셜미디어, 대안 우익의 것이고 클린턴, 주류 언론, 리버럴은 진실의 편이라는 관점이 가짜 뉴스에 대한 지배적인 프레임이다. 2016년 미국 대통령 선거 결과를 설명하는 다양한 가설이 있다. 그중 강력한 지지를 받는 가설은, 트럼프가 러시아가 뿌린 가짜 뉴스 때문에 당선되었다는 것이다. 이것은 트럼프보다 클린턴이 실제로는 더 나은 후보이지만 가짜 뉴스가 실제를 왜곡해 대중에게 잘못된 프레임을 심어주어 투표에 영향을 미쳤다는 의미이다. 그러나 이를 지지하는 팩트는 빈약하다. 주류 언론이 '러시아 대선 개입'과 '가짜 뉴스'라는 거대한 프레임에 비해 자주 이야기하지 않는 부분이 있다. 가짜 뉴스를 퍼뜨린 주범으로 지목되는 단체 인터넷연구소Internet Research Agency가 페이스북에서 가짜 뉴스를 퍼뜨리기 위해 쓴 비용이 10만 달러(한화 약 1억 원)라는 사실이다.[60] 반면 클린턴이 선거에서 쓴 전체 캠페인 비용은 약 12억 달러(한화 약 1.2조 원)로 추산된다.[61] 트럼프의 캠페인 비용은 약 6억 달러(한화 약 6000억 원)로, 클린턴은 트럼프보다 거의 두 배 가까운 비용을 집행했다.[62] 클린턴은 미국 대선 역사상 가장 많은 비용을 쓴 정치인이었지만(오바마 2012년 캠페인 비용과 유사 규모), 2008년 이후 등장한 모든 대선후보 중에서 가장 적은 비용을 쓴 트럼프에게 패배했다.[63] 수사를 빼고 수치만 보자면, 가짜 뉴스 가설은 1억 원을 들인 온라인 가짜 뉴스가 1조 원을 들인 진짜 캠페인을 누르고 여론을 조작했다는 주장이다. 물론 가짜 뉴스 특성상 전체 규모를 명확히 밝히기 어려우니 전체 가짜 뉴스에 쓰인 비용이 1억 원 이상일 수 있겠다. 그러나 여전히 그것이 1조 원을 들인 클린턴의 선거운동을 이겼다는 주장에는 매우 큰 비약이 존재한다. 가짜 뉴스가 사람들의 판단에 전혀 영향을 미치지 않았다는 것이 아니다. 다만 가짜 뉴스 때문에 트럼프가 이겼다는 단순화된 이야기 역시 가짜 뉴스와 닮았다는 것이다.

더욱 흥미로운 사실이 있다. 클린턴 지지 성향의 주류 언론 역시 다양한 가짜 뉴스를 퍼뜨렸다는 것이다. CNN은 트럼프가 지지자에게 나치식 경례를 유도했다는 뉴스 진행자의 발언을 보도한 바 있다.[64] 이 내용은 진보 성향의 인터넷 뉴스인 〈허핑턴포스트〉와

가상은 현실이다

〈데일리뉴스빈〉을 통해서도 자극적으로 소개되었다. 하지만 이는 트럼프의 실제 발언을 왜곡한 가짜 뉴스였다.[65] CNN은 트럼프의 범죄자 프로파일링 강화 정책을 보도하면서 그가 실제로 하지 않은 말인 '인종Racial'을 프로파일링 앞에 끼워 넣은 적이 있으며,[66] 트럼프가 지지자에게 두 번씩 투표하도록 요청했다는 가짜 뉴스를 보도했다가 정정보도 없이 기사를 몰래 수정한 전력도 있다.[67] 대선 기간 동안 CNN은 트럼프에 대한 부정적인 이미지를 만들기 위해 편향적으로 보도했을 뿐만 아니라 일어나지 않은 일까지 만들어 보도했다. 전형적인 가짜 뉴스의 형태다. 물론 이러한 주류 언론의 가짜 뉴스화는 온라인 가짜 뉴스 문제에 비해 자주 다뤄지지 않는다. 마치 가짜 뉴스는 소셜미디어만의 문제처럼 다뤄질 뿐이다. 이러한 거대한 편향 앞에는 모종의 침묵이 감돈다.

선거 기간 동안 주류 언론은 클린턴의 대승을 확신했다. 거의 모든 여론조사 결과와 당선 예측은 클린턴이 미국의 차기 지도자라는 분위기를 형성했다.[68] 이것은 팩트 기반 보도가 아닌, 언론의 소망적 사고가 반영된 사실상의 가짜 뉴스였다.

하지만 주류 언론의 진보 편향이라는 근본적 문제를 비판하는 목소리는 크지 않다. 대신 여론조사 방법의 한계라는 곁가지 문제만 제기될 뿐이다. 여론조사와 당선 예측은 대중에게 영향을 미치는 정치 뉴스다. 이를 감안할 때, "클린턴이 이기고 있다"는 스토리를 온갖 수치를 동원해 보여준 '가짜 예측'은 왜곡된 현실을 전달한 가짜 뉴스다. 이러한 가짜 예측은 네이트 실버의 538 프로젝트[69]처

럼 데이터 과학 같은 세련된 포장을 하고 있을 뿐이다. 본질적으로
는 사실이 아닌 이야기를 꾸며냈다는 점에선 가짜 뉴스와 크게 다
르지 않다. 주류 언론이 가짜 뉴스 문제를 소셜미디어와 러시아의
탓으로 돌리는 동안, 대중은 가짜 뉴스 문제에 대해 객관적 시선을
가지고 있는 것으로 나타난다. 갤럽의 조사에 따르면 미국인의 오
직 3분의 1만이 주류 언론이 진실된 보도를 한다고 생각한다.[70] 하
버드-해리스의 여론조사에 따르면 대선 투표자의 65퍼센트가 주
류 언론의 보도 중 상당수가 가짜 뉴스라고 생각한다.[71]

　가짜 뉴스를 검증하는 팩트체크 사이트 스눕스Snopes에 따르면, 최
근 진보 진영의 가짜 뉴스도 보수 진영의 가짜 뉴스만큼 많이 생산
된다.[72] 트럼프 취임 첫 주, 진보 진영의 가짜 뉴스가 인터넷을 휩쓸
었다. 미국 노스다코타 주 송유관 매립지 반대 시위를 벌인 원주민
의 캠프에 경찰이 불을 질렀다는 뉴스였다. 원주민 캠프가 불타는
사진과 함께 소개된 기사는 페이스북에서 27만 회 이상 공유되었
다. 그러나 이는 반 트럼프 정서를 조성하기 위한 가짜 뉴스로 밝혀
졌다.[73] 충격적인 사진은 HBO 영화의 한 장면을 캡처한 이미지였
다. 한편, 음모론을 주로 보도하는 팔머 리포트Palmer Report 같은 매체가
유력 진보 인사들에 의해 영향력을 얻기도 한다.[74] 하버드 대학교의
진보적 법학자인 로렌스 트라이브 교수부터 미국 연방 하원의원 테
드 리우, 민주당 성향의 케이블 채널 MSNBC의 진행자 조이 레이
드도 충분히 확인되지 않은 팔머 리포트를 온라인에서 적극 공유하
는 것으로 알려졌다. 진보 진영에 퍼지는 가짜 뉴스가 정점을 찍은

사건은 최근 〈타임〉의 가짜 표지 사건이다.[75] 〈타임〉은 2018년 6월 엄마와 격리되어 울고 있는 온두라스 소녀 사진을 표지로 사용했다. 사진은 울고 있는 소녀와 트럼프가 마주보는 것처럼 편집되었다. 불법이민자 재판 시 동반 자녀를 수용소에서 격리시키는 정책을 비판하는 메시지를 담은 것이다. 이 표지는 즉각 폭발적인 반응을 일으켰다. 이 사진을 이용한 이민자 가정 지원 페이스북 모금 캠페인에서 2000만 달러를 모으는 데 성공하기도 했다.[76] 그런데 이후 해당 사진을 찍은 작가가 아이와 엄마가 떨어진 모습을 본 적이 없다고 고백했다. 이어 온두라스 외교부는 아이와 엄마가 국경에서 붙잡힌 후에도 같이 있었음을 발표했다. 완벽히 날조된 가짜 이미지가 팩트를 집어삼킨다.

미국의 가짜 뉴스 문제는 오늘날 전 세계 가짜 뉴스 문제에 대한 원형Archetype이다. 가짜 뉴스는 주로 한쪽 편의 문제로 이야기되지만, 거시적인 차원에서는 모두가 가짜 뉴스를 생산한다. 좌파와 우파, 집권당과 반대파, 정치적 다수자와 소수자 모두 자기 버전의 가짜 뉴스를 생산한다. 아울러 소셜미디어뿐 아니라 주류 언론 역시 가짜 뉴스를 전파한다. 진실을 표방하는 언론이 가짜 뉴스와 가장 가깝거나, 가짜 뉴스를 고발하는 언론이 가짜 뉴스로 드러나기도 한다. 모든 뉴스가 가짜 뉴스 문제에서 자유롭지 않다. 그럼에도 불구하고 모두는 스스로를 뺀 나머지를 가짜 뉴스라고 고발한다. 자신을 진짜에 위치시키고, 반대편을 가짜로 몰아붙인다. 이러한 신념은 오늘날 모든 뉴스의 공통점이며, 마치 정통과 이단을 나누는 종교적 신념과 닮았다. 실제로 최근의 뉴스 환경은 종교들 사이의 분쟁과 크게 다르지 않다. 자신이 전하는 진실만을 보편적 진실로 여기는 '소수종교'들끼리 '이단과의 전쟁'을 펼치는 것이다. 각자는 일신교를 주장하나, 멀리서 보면 다신교일 뿐이다. 유일한 진실은 서로가 서로에 대한 이단이며, 어느 누구도 진짜가 아니라는 것이다. 그래도 누군가는 남들보다 자신이 좀 더 '진짜'이고 저들은 정도를 지나친 '가짜'라 주장할 수 있을 것이다. 그러나 결과적으로 모두 똑같은 주장이다.

모두가 가짜 뉴스를 자기 문제가 아닌 상대방의 문제로 바라본다. 가짜 뉴스는 가짜 뉴스 자체보다도 가짜 뉴스가 사용되는 맥락 자체가 더욱 중요한 의미를 갖는다. 가짜 뉴스는 언제나 상대방을 공격할 때만 사용된다. 우리는 이러한 프레임에 좀 더 주목할 필요가 있다. 이것이 가짜 뉴스가 가진 진짜 문제이기 때문이다. 상대방을 가짜 뉴스라고 규정하는 행위는 은연중에 자신을 진실의 편에 위치시킨다. 자신과 상대의 관점 차이는 더 이상 중요하지 않다. 진짜와 가짜의 대립 구도가 되기 때문이다. 이 프레임 아래서 상대방은 다른 의견을 가진 사람이 아니라 '교정 대상'이 된다. 그리고 스스로는 진실의 십자군이 되어 거짓말쟁이 이교도에 대한 성스러운 전쟁을 선포한다. 대화와 타협 같은 민주적 방식들은 폐기된다. 교화와 처단이 유일한 행동 강령이 된다. 오늘날 소셜미디어에서 벌어지는 모든 대립은 이러한 종교전쟁의 양상을 띠고 있다. 어차피 상대의 의견을 수용할 생각은 아무도 없다. 이미 각자는 전혀 바꾸지 않을 신념을 가지고 있기 때문이다. 모든 대화는 신념의 차이만을 확인하며 끝난다. 스스로의 신념에 대해서는 무한한 이해와 관용을 베풀 것을 요구하고, 상대방의 신념에 대해서는 끝없이 왜곡하고 억압한다. 내부 신념을 비판하는 것은 신성모독으로 금기시하는 한편, 타자의 신념에 대해서는 모두가 과학자의 자세를 취한다. 결과적으로 바라는 것은 상대방의 굴복이다. 상대방이 동조할 때까지, 굴복할 때까지 포교는 계속된다. 왜냐하면 나는 진실을 말하는 정통이고, 너는 가짜를 말하는 이단이기 때문이다. 이것은 특정 그룹에 대한 묘사가 아니다. 오늘날 모든 정치-종교는 메시지만 다를 뿐 같은 패턴을 공유하고 있다. 이들 정치-종교는 모두 진짜와 가짜를 가르는 세계관을 지니고 있다.

가짜 뉴스의 진짜 위협은 바로 이것이다. 가짜 뉴스는 결코 자신의 문제가 아니라, 반대파의 문제라고 생각하는 프레임이다. 이것은 스스로를 진실된 목소리로 위치시키고, 나머지 모두를 가짜 뉴스로 취급하게 하는 편향된 신념을 갖게 한다.

인터넷 기술의 진보가 보편 진리를 밝히는 것이 아닌, 편향된 신념을 강화하는 데 기여한 것은 의미심장하다. 정보의 바다가 우리를 열린사회로 이끌어주리라는 초기 인터넷의 약속은 틀렸다. 오히려 정보가 부족했던 과거보다 정보가 폭발적으로 증가한 오늘날 편향된 신념이 더욱 강해지고 있다. 상황을 복합적으로 판단할 수 있는 정보가 더 많이 주어지는 오늘날, 왜 사람들의 편향된 신념은 더욱 강화되는가? 소셜미디어의 개인화 알고리즘만으로는 설명하기 어렵다. 개인의 성향과 부합하는 정보를 추천하고, 그와 반대되는 정보를 추천하지 않는 알고리즘이 사람들을 편향적으로 만든 것은 사실이다. 특히 소셜미디어를 통해 뉴스를 주로 접하는 현대인에게 개인화 알고리즘은 세상의 부분을 전체로 확대하여 받아들이게끔 한다. 그러나 한편으로, 모두가 이러한 편향이 문제라는 것을 알고 있다. 또한 내가 알고 있는 사실과 다른 사실이 존재한다는 점을 사람들은 모르지 않는다. 소셜미디어 알고리즘이 정보를 차단하는 것은 아니기 때문이다. 주류 언론이 유포하는 편견과 달리, 소셜미디어에서 사람들은 스스로의 신념에 부합하는 정보만 소비하지 않는다. 오히려 사람들은 자신이 적이라고 상정하는 반대편의 신념과 그들이 공유하는 사실에 깊은 관심을 갖고 그것을 적극적으로 찾아 읽는다. 진짜 문제는 바로 여기에 있다.

균형 잡힌 사실을 접한 뒤에도 사람들은 신념을 바꾸지 않는다. 소위 '양측의 이야기'를 다 듣고도 여전히 사람들은 한쪽의 이야기만 믿기를 고수한다. 심지어 자기 신념의 근거가 되는 사실이 가짜라고 밝혀지고 나서도 신념을 바꾸지 않는다. 이것이 우리가 주목해야 할 진짜 문제다. 예컨대, 트럼프 지지자들은 트럼프에 관한 부정적인 사실을 '알고 난 후'에도 전혀 신경 쓰지 않고 그를 지지한다. 주류 언론은 여전히 트럼프 지지자들이 '진실을 알지 못한다'고 전제하고, 만약 그들이 '진실을 알게 되면' 신념을 바꿀 것이라 생각한다. 그러나 이것은 틀린 가설이다. 지지자들은 트럼프가 실제로 누구인지 '정확히 알고' 있다. 여기서 안다는 것은, 지지자가 생각하

가상은 현실이다

는 트럼프뿐만 아니라 반대편이 고발하는 트럼프까지를 전부 안다는 것이다. 그럼에도 그들은 신경쓰지 않을 뿐이다. 즉 지지자들은 그에 대한 나쁜 진실을 알면서도 트럼프를 지지한다. 이러한 태도는 오늘날 모든 신념 집단에서 보이는 공통적인 태도다. 아는 것보다 믿는 것이 우선한다. 그들은 자기 신념을 근본적으로 부정하는 최악의 사실이 주어져도 절대로 신념을 바꾸지 않는다.

이러한 '신념의 도약Leap of Faith'은 오늘날 인터넷을 지배하는 이데올로기다. 마치 종교처럼, 믿음에서 근거의 사실성은 더 이상 중요하지 않게 되어버렸다. 사실fact보다 더 중요한 것은 진실truth이기 때문이다. 오늘날 사람들은 사실을 무시하면서도 스스로 진실을 추구한다고 믿는다. 사실은 객관적으로 일어난 일이지만, 진실은 그가 사실이라고 믿는 무엇이다. 인터넷 음모론자부터 주류 언론까지 모든 의견 집단은 사실을 추구한다고 말하기보다는 대문자 '진실Truth'을 추구한다고 더 자주 말한다. 알려진 사실 뒤에 감춰진 진실이 진짜이며, 자신은 진실의 편이라는 것이다. 트럼프의 과거에 부정적인 측면이 있다는 것은 모두가 알고 있는 명백한 사실이다. 하지만 지지자들에게 중요한 것은 트럼프가 다시 미국을 위대하게 만들 것이라는 진실이다. 진실이 얼마나 사실적인지는 중요하지 않다. 그들에겐 진실이 사실보다 더 옳기 때문이다. 아울러 그들은 소위 대중적으로 유통되는 '사실'은 굉장히 왜곡되어 있다고 믿는다. 주류 언론은 그들이 가짜 뉴스를 믿는다고 생각하지만, 오히려 그들은 주류 언론 역시 자신이 추구하는 진실을 위해 사실을 꾸며내기 때문에 그들이야말로 가짜 뉴스라고 생각한다.

모두가 각자의 진실을 위해 사실을 꾸며낸다는 것을 알아차린 대중은 사실 자체를 냉소하게 된다. 대중은 사실을 모르는 것이 아니라, 사실의 유통 구조가 어떠한지 너무나 잘 알기 때문에 사실 전반을 믿지 않는 것이다. 사람들은 가짜 뉴스에 속는 것이 아니라, 왜곡된 사실이 범람하는 오늘날 믿을 것은 오직 자신이 지지하는 진실뿐이라고 여기는 것이다. 이것은 주류 언론이 가진 편견처럼 비이성적인 믿음이 아니라, 오히려 지극히 합리적인 행위다. 믿고 싶은 대로 믿는 사람들이 많아지게 될 때, 현실은 결국 나의 진실이 지배하게 되기 때문이다. '신념의 도약'에서는 믿음에 따른 대가$^{Pay\text{-}off}$가 돌아오나, 사실 추구에는 어떠한 이득이 없다.

그렇기 때문에 팩트체크 도구를 만들어 가짜 뉴스 문제를 해결하려는 시도 역시 성공하지 못할 것이다. 실제로 가짜 뉴스를 기술적으로 해결하려는 시도는 뚜렷한 성과를 거두지 못하고 있다. 근본적인 문제는 사실을 건너뛰고 진실에 복무하는 신념의 도약이기 때문이다. 팩트체크는 사람들이 진실이라 믿는 것까지 바꾸지 못한다. 트럼프 지지자들은 〈뉴욕타임스〉가 밝히는 트럼프의 부정이 사실로 밝혀져도 진실로 받아들이지 않는다.

신념의 도약이 강화되는 근본적인 배경은 인터넷이 낳은 정보 빅뱅과 소셜 네트워크 때문이다. 우선 인터넷은 정보와 사실의 유통을 독점 시장에서 경쟁 시장으로 바꾸었다. 과거 하나의 사건을 이루는 정보와 사실이 언론이라는 게이트키퍼의 편집을 통해 일부만

가상은 현실이다

소개되었다면, 이제 사건에 대한 모든 맥락의 정보와 사실이 다양한 의견 집단에 의해 유통된다. 오프라인에서 어떤 사건이 일어났을 때 인터넷에선 서로 대립하는 수백, 수천 개 버전의 사실이 일시에 생산되고 끊임없이 파생된다. 극우 음모론 사이트인 인포워즈Infowars의 이름은 이러한 현실을 정확히 짚는다. 인터넷은 정보의 전쟁터가 됐다. 정보가 오히려 비약적으로 급증하며, 아무리 이상한 신념이라도 믿을 수 있을 만한 근거가 주어진다. 오랫동안 과학계의 농담거리로 치부되었던 '지구평면설', '지구온난화 조작설', '안티 백신' 같은 비과학적 음모론이 오히려 최근의 인터넷에서 더욱 빠르게 확산되는 경향은 이를 잘 보여준다. 인터넷이 일으킨 정보 빅뱅은 예상과 달리 계몽주의와 반지성주의 모두에게 기회가 된 것이다.

아울러 인터넷을 수많은 웹페이지의 다발이 아닌, 수많은 개인의 다발로 바꿔낸 소셜 네트워크는 이렇게 폭발적으로 파생된 정보를 흩어지지 않게 아주 단단히 묶어주었다. 오늘날 인터넷에서는 어떠한 이상한 신념이라도 페이스북, 트위터, 유튜브에서 한두 번의 키워드 검색만 하면 그 신념의 지지자와 콘텐츠를 바로 만날 수 있다. 그들을 팔로우하거나 그들의 콘텐츠에 '좋아요'를 누르는 순간, 소셜 네트워크는 진공청소기처럼 우리를 편향된 세계로 빨아들인다. 과거 극단적인 신념은 현실의 물리적 경계 때문에 고립될 수밖에 없었다. 동네에서 혼자 네오나치가 된다고 하더라도 같은 사상을 공유하는 이를 만나기조차 어려웠다. 하지만 소셜 네트워크는 아주 극소수의 사람들만 지지하는 신념이라도 그들을 글로벌 규모에서 연결시켜줄 뿐만 아니라, 추천 알고리즘을 통해 더욱 긴밀한 신념 네트워크를 구축할 수 있게 해준다. 정보 빅뱅으로 탄생한 편향된 사실은 소셜 네트워크를 통해 빠르게 소비되며, 특정한 신념 그룹에서 진실로 자리 잡는다. 그것이 비록 사실이 아니더라도 그룹의 신념에 부합한다면, 개인은 다른 동료 교도들과 함께 그것을 편하게 믿을 수 있다. 객관적인 사실보다 정파적인 진실이 지배하는 현실에서, 나의 진실이 이기는 것이 중요하기 때문에 사람들은 소셜 네트워크에서 함께 신념의 도약을 수행한다.

인류가 발명한 인터넷은 의도치 않게 사실 개념을 근본적으로 재구성하고 있는 것인지도 모른다. 모두가 합의할 수 있고 모두에게 객관적으로 이해될 수 있는 사실이라는 개념은 멸종 수순을 밟는 것일 수도 있다. 신념이 사실을 골라잡는 시대에, 그리고 자신의 사실만을 진실이라고 굳게 믿는 시대에 팩트체크 도구는 어떻게 고도화된다고 해도 개인의 신념 체계를 바꾸지 못할 것이다.

중독 기술,
마인드 해킹

현대인의 이상행동 중 하나는 스마트폰을 이유 없이 켰다 끄는 것
이다. 아무런 알림이 오지 않았는데도, 또는 아무런 목적이 없는데
도 스마트폰 화면을 켠다. 화면을 좌우로 몇 번 쓸어 넘기다 다시 끈
다. 잠시 뒤 다시 켰다 끈다. 아무 의미 없는 이 반복 행동은 인종과
성별을 떠나 스마트폰 사용자에게서 공통적으로 나타난다. 리서치
회사인 디스카우트의 연구에 따르면, 우리는 하루 2617회 스마트
폰을 만진다.[77] 상위 10퍼센트 사용자는 무려 5427회 만진다고 한
다.[78] 이중 반드시 필요해서 만지는 경우는 많지 않을 것이다. 우리
는 단지 스마트폰을 손에서 놓지 못할 뿐이다. 일리노이 대학교의
연구 결과에 따르면, 도심의 보행자 5명 중 1명은 아무 이유 없이
스마트폰을 손에 들고 다닌다.[79] 이 연구에서는 이들을 폰 워커Phone

Walker라는 사뭇 인류학적인 이름으로 부른다. 또 다른 연구에 따르면 18-24세의 미국인 중 44퍼센트는 핸드폰을 손에 들고 잠든 적이 있다고 한다.[80] 이들을 폰 슬리퍼Phone Sleeper라고 부를 수 있을 것이다. 인간은 스마트폰을 이미 확장된 신체 기관으로 인식하고 있는 것인지도 모른다. 손가락을 쥐었다 폈다 하는 것에 큰 의미가 없듯, 우리는 별다른 의미 없이 스마트폰을 만지고, 쳐다보고, 손에 쥐고 있는 것일지도 모른다. 또는 우리가 작은 스크린에 돌이킬 수 없을 만큼 깊이 중독된 것일 수도 있다.

최근 특이한 중독의 패턴이 드러나고 있다. 현대인은 무언가에 깊이 빠져드는 과몰입 증상과, 어느 것 하나에도 제대로 집중할 수 없는 증상을 동시에 겪고 있다. 서로 상반된 증상인 '빈지 워칭Binge Watching'과 주의력결핍 장애ADHD가 동시에 나타나는 것이다. 넷플릭스 드라마 몰아보기에서 유래한 단어인 '빈지 워칭'은 단지 넷플릭스 시청에만 적용되지 않는다. 오늘날 우리는 스마트폰이라는 새로운 TV를 강박적으로 쳐다본다. 특히 소셜미디어를 켰을 때 우리는 과격하게 '빈지 워칭'한다. 이미 모든 뉴스를 다 확인한 뒤에도 우리는 소셜미디어를 떠나지 않는다. 뉴스피드를 잡아당겨 새 소식을 쥐어 짜내거나, 타임라인 아래로 무한히 내려가며 지난 소식을 파고든다. 이젠 다 본 것 같아 소셜미디어를 나간 뒤에도 잠시 뒤 곧바로 돌아온다. 마치 피드를 잡아당기는 습관처럼, 들락날락하는 것도 습관이 된다. 흥미로운 것은 빈지 워칭을 하는 동안에도 집중을 하지는 못한다는 점이다. 사람들은 스마트폰 화면에 깊게 몰입해 있

가상은 현실이다

는 동안에도 하나의 화면에 집중하지 못하고 끊임없이 다른 화면을 오간다. 인스타그램 사진을 올리는 중에 스냅챗 스토리 조회수를 확인하고, 유튜브를 보면서 메신저를 확인하고, 통화를 하면서 트위터를 읽는다. 과몰입과 주의력결핍은 현대인이 겪는 대표적인 행동 장애다. 우리는 눈을 뗄 수 없을 정도로 스크린에 몰입해 있지만, 동시에 극단적으로 산만하다.

현대인의 중독은 스마트폰 중독, 소셜미디어 중독, 인터넷 중독 등 다양한 진단명으로 표현된다. 하지만 이러한 진단은 중독의 일부만을 설명한다. 현대인이 겪는 중독은 보다 근본적이다. 우리는 우리를 둘러싼 기술 자체에 중독되어 있다. 이는 기술이 주는 편리함에 중독되었다는 뜻이 아니다. 오늘날 기술은 사용자가 더 많이, 더 오래 쓰도록 하는 중독성을 하나의 기능으로 가지고 있다. 우리는 중독적인 기술Addictive Technology에 사로잡힌 것이다. 이것은 인류 기술 역사에서 발견되는 매우 흥미로운 변화다. 이전까지 기술은 중독을 목표했던 적이 없기 때문이다. 기술은 인간이 마주한 특정 문제를 빠르게 해결하는 것에 초점이 맞춰져 있었다. 망치는 오래 쓰도록 디자인되지 않았다. 오히려 망치의 목표는 빨리 망치로부터 벗어나는 것이다. 초기 인터넷 소프트웨어 역시 유사하다. 구글 검색은 사용자를 원하는 사이트로 빠르게 이동시키도록 설계되었다. 구글로부터 빨리 벗어나게 돕는 것이 구글의 목표였다. 그러나 오늘날의 기술은 다르다. 기술은 망치가 아닌, 갈고리처럼 생겼다. 기술은 사용자를 빠져들게 하고 묶어두는 것Hooking을 목표로 삼는다. 소프트웨어와 하드웨어 상당수가 그렇다. 소셜미디어와 가상현실 헤드셋은 모두 사용자를 기술에 더 오래 더 깊이 빠져들도록 유도한다. 결국 기술에서 벗어나지 못하게 중독시키는 것이 이들 기술의 궁극적인 목표다.

중독은 우연이 아니다. 현대의 기술은 의도적으로 중독을 설계한다. '중독성'은 기술기업의 제품개발 단계에서 핵심 기능으로 다뤄진다. 중독을 설계하는 다양한 방법론은 그로스해킹^{Growth Hacking}이라는 마케팅 유행어로 포장된다. 니르 이얄의 책《훅》은 이러한 방법론을 담고 있다. 이 책에서는 습관 형성 제품^{Habit-forming Product}을 만들기 위한 전략을 소개한다.[81] 습관 형성 전략이란 도파민을 자극하도록 제품의 기능을 설계해, 제품을 사용할 때마다 뇌의 보상 경로를 활성화시켜 결국 제품에 중독되게 만드는 것이다. 페이스북, 우버, 틴더 같은 기술기업은 모두 가변적 보상^{Variable Reward}을 통해 자사 제품을 습관적으로 사용하게 만든다. 가변적 보상이란 보상의 규모와 시기가 예측 불가능한 보상을 뜻한다. 보상이 예측 불가이기 때문에 보상에 대한 기대 심리는 더욱 강화되고, 사람들은 보상을 위한 행동을 반복적으로 수행하게 된다. 인스타그램은 이러한 심리를 이용했다는 루머에 휩싸인 적이 있다. 인스타그램이 친구가 '좋아요'를 누를 때 바로 푸시 알림을 보내지 않고, '좋아요'를 '보관'하고 있다가 시간차를 두어 내보낸다는 것이다.[82] '좋아요'를 나눠 보내는 것은 사용자로 하여금 인스타그램에 반복 방문하게 하는 유인이 된다. 이것은 가변적 보상을 활용한 그로스해킹일 것이다. 심리학자

스키너의 비둘기 실험에서 유래한 가변적 보상은 그로스해킹에 앞서 오랫동안 인간 심리를 알아내려는 목적으로 활용되었는데, 대표적으로 도박장에서 쓰였다. 슬롯머신을 당길 때 5달러가 당첨될지 5000달러의 잭팟이 터질지 모르는 예측 불가능성은 레버를 반복적으로 잡아당기게 한다. 오늘날 기술은 슬롯머신과 같은 원리로 설계된다. 인스타그램의 알림 시스템과 슬롯머신의 잭팟 시스템은 동일하다. 이러한 그로스 해킹은 인간 심리를 조작하는 마인드 해킹 Mind Hacking이라고 불러야 할 것이다.

더 많이, 더 오래 사용하게 만드는 중독적인 기술은 우리 정신세계를 다양한 방식으로 교란한다. '좋아요'를 획득하기 위해 현대인이 겪는 정신적 혼란은 길게 말할 것도 없다. 중독 기술은 우리를 끊임없이 초조하고 불안하게 만든다. 이러한 중독 기술의 악영향은 기술업계의 당사자들마저 인정하고 있다. 페이스북 초기 이사회 의장이었던 션 파커는 "소셜미디어가 우리 아이들의 두뇌에 어떤 영향을 미칠지는 오직 신만이 알고 있을 것"이라 경고한 바 있다.[83] 소셜미디어를 통해 사회적 인정Social Validation을 얻으려는 욕구와 행동이 위험 수준에 이르렀다는 것이다. 실리콘밸리의 유명 투자자 조시 엘먼은 중독 기술에 대해 날카로운 비평을 남겼다. "오늘날 기술업계는 담배와 암의 관계가 규명되기 전의 담배업계와 같다."[84] 최전선의 기술업계 당사자들로부터 비판의 목소리가 나오는 것은 의미심장하다.

중독 기술의 악영향을 규명하는 연구 역시 조금씩 등장하고 있다. 영국 왕립공중보건학회의 연구에 따르면, 페이스북과 인스타그램 등 소셜미디어를 자주 사용하는 사람들은 우울증과 불안증을 겪을 가능성이 더 높다.[85] 또한 미국 서던 캘리포니아 대학교의 연구에 따르면, 스마트폰 같은 디지털 미디어 기기를 자주 이용하면 실제로 주의력결핍 장애가 발현될 가능성이 있다고 한다.[86] 아울러 우리 관심을 끊임없이 사로잡는 스마트폰의 푸시 알림과 메시지 같은 행동 유도 기능은 개인의 집중력을 심각하게 저하시킨다. 미국 캘리포니아 어바인 대학교에서 진행한 연구에 따르면, 우리가 방해를 받은 뒤 원래의 집중력을 복구하는 데 23분이 걸린다고 한다.[87] 업무 도중 페이스북 알림을 확인하려고 1분을 쓴다면, 사실상 우리는 1분이 아니라 24분을 소모하게 되는 것이다. 흥미롭게도 인간은 이러한 외부적 방해를 받으면 받을수록, 스스로 집중력을 흐트러트리려는 경향 역시 강해진다. 같은 연구에 따르면 3분에 한 번씩 우리는 딴짓을 한다. 온전한 집중력을 유지하기란 점점 힘들어진다. 현대인의 집중력은 CPA(Continuous Partial Attention, 지속해서 단편화된 주의력) 상태가 된다.

관심 경제Attention Economy가 부상하면서 중독적인 기술이 등장했다. 경제학자 허버트 사이먼이 1970년대 처음 정의한 관심 경제는 사람들의 관심이 곧 돈이 되는 경제 시스템, 관심을 획득하기 위해 기업이 경쟁하는 경제 시스템을 뜻한다.[88] 사이먼은 "정보의 풍요가 관심의 빈곤을 낳는다"고 말하며, 관심이 얼마나 희귀한 가치인지 설파했다. TV 채널이 3개밖에 없었던 1970년대에 관심 경제 개념

가상은 현실이다

을 만들어냈던 사이먼이 셀 수 없이 많은 미디어, 서비스, 콘텐츠가 스스로에 대한 관심을 넘어 중독시키기 위해 경쟁하는 지금의 상황을 보았다면 아마도 중독 경제[Addiction Economy]라고 말했을지 모른다. 오늘날 사람들이 소비할 수 있는 정보의 양은 폭발적으로 증가했지만, 사람들이 쏟을 수 있는 관심의 양은 여전히 한정되어 있다. 기술기업은 한정된 관심이라는 파이 안에서 더 많은 지분을 차지하기 위해 치열하게 경쟁하고, 얼마나 많은 지분을 차지했느냐가 결국 그 기업의 가치 평가로 이어진다. 더 많은 관심을 확보해야 더 많은 수익으로 이어지기 때문이다. 페이스북은 주주 설명회에서 항상 자사 서비스의 이용 시간 증가에 대해 말한다. 유튜브는 유튜브 채널 시청 시간이 곧 TV를 앞지를 것이라고 말한다. 넷플릭스는 좀 더 공격적인 이야기를 한다. CEO 리드 헤이스팅스는 최근 인터뷰에서 다음과 같이 말했다. "우리의 가장 큰 경쟁자는 인간의 수면 시간입니다." 이보다 관심 경제를 잘 설명하는 말은 없을 것이다. 우리의 시간을 더 많이 사로잡고 우리의 관심을 더 오래 붙잡아두는 것이 기술기업의 핵심 목표이기 때문에, 이들 제품의 기능과 디자인이 이러한 방향으로 개발된다. 빨간색 '좋아요' 알림 버튼, 가변적인 보상 구조, 다음 시리즈 자동 재생 등은 모두 우리의 한정된 관심을 꾸준히 잡아두기 위한 중독적 장치들이다. 관심 경제가 중독 기술을 낳는다.

관심은 분명 오늘날 가장 빠르게 자본화할 수 있는 자원이지만, 자연에 존재하는 석유나 광물과 달리 관심은 우리의 삶에서 나온다. 관심은 곧 우리의 마음이자, 집중력이고, 정신적 에너지다. 관심은 우리가 살아가는 시간 그 자체다. 따라서 중독 기술을 통해 우리로부터 더 많은 관심을 끌어내려는 기업은 우리 삶에 위협적이다. 이들 기업은 우리 삶 속에 깊이 파고들어 우리의 시간을 착취할 가능성이 있기 때문이다.

그런데 우리는 오늘날 전 세계 자사 서비스 사용자를 대상으로 이루어지는 기술기업의 시간 착취는 문제라고 인식조차 하지 못하고 있다. 인류의 가장 귀한 자원이 고갈되기 전에 우리는 기술이 우리 삶을 지배하는 적정 시간Appropriate Time Spent에 대한 논의를 시작해야 한다. 얼마나 오랫동안 기술기업의 제품과 서비스를 사용하는 것이 올바른지에 대한 연구와 담론이 필요해질 것이다. 이것은 우리 시대의 새로운 적정 기술Appropriate Technology 운동이 될 것이다.

중독 기술을 극복하려는 움직임과 목소리는 조금씩 나타나고 있다. 구글에서 제품 매니저로 일했던 트리스탄 해리스는 실리콘밸리에서 윤리적 디자인을 위한 운동을 펼치고 있다.[89] 해리스는 "기술이 매일 20억 인구의 생각과 신념을 조종하고 있다. 심지어 종교나 정부보다 영향력이 더 크다"고 말한다. 그렇기 때문에 기술기업에서 제품을 설계하는 사람들에게 히포크라테스 선서 같은 것이 필요하다고 주장한다. 그는 윤리적 디자인을 위한 원칙들을 제시하며, 기술이 인간의 심리적 취약성을 파고들어 인간을 착취하지 않게 할 수 있도록 노력하고 있다. 페이스북 '좋아요' 버튼의 발명자 저스틴 로젠스타인은 '좋아요'가 인간 심리에 부정적인 영향을 준다는 점을

가상은 현실이다

인정했다.[90] 현재 페이스북을 떠난 그는 페이스북을 최소한으로만 사용하며, 사람들에게 모든 종류의 푸시 알림을 끌 것을 추천한다. 그가 스마트폰을 샀을 때 가장 먼저 하는 일은 자녀 보호 기능Parental Control 설정으로, 앱을 다운로드 받을 수 없도록 하는 것이다. 그는 이 같은 주체적인 차단이 모든 현대인에게 필요하다고 생각한다.

다음 세대 기술의 키워드는 몰입형 기술Immersive Technology이다. 가상현실, 증강현실, 혼합현실과 같은 몰입형 기술은 현실과 가상의 경계를 지우고, 기술이 구축한 가상세계 속에서 살아가는 경험을 제공할 것이다. 이들 기술은 현실보다 더 즐겁고 자극적인 가상세계를 제공해 우리를 끌어들일 뿐 아니라, 다시 현실로 돌아가고 싶지 않게 만들 것이다. 현실로 빠져나온 뒤에도 우리는 가상세계가 제공하는 보상 때문에 다시 가상으로 끌려 들어갈 것이다. 더 오래, 더 자주 가상에 머물며, 우리의 삶 자체가 가상으로 옮겨질 것이다. 사실 완전히 먼 미래의 이야기가 아니다. 몰입형 기술이 완전히 도래하지 않은 지금에도, 우리의 삶은 소셜 가상현실에 사로잡혀 있기 때문이다. 인스타그램 스토리, 스냅챗의 스냅맵은 완전 가상현실의 직전 단계이다. 스토리와 스냅맵이 다른 소셜 서비스와 차별화되는 지점은 그곳에 '실시간'의 삶, 지금 일어나고 있는 삶이 그대로 재현되어 있다는 점이다. 스토리는 우리의 지난 24시간 동안의 일상을 시퀀스로 담고 있고, 스냅맵은 디지털 지도 위에 현재 우리가 어디서 무엇을 하는지를 담고 있다. 가상기술이 실재를 삼킨 것이다.

이러한 가상기술과 몰입형 기술은 우리가 기술과 맺고 있는 관계에 근본적인 변화를 불러온다. 기술을 사용하는 때와 사용하지 않는 때에 대한 구분이 급격히 사라지며, '항상 기술 속에 있음'이 삶에 기본 설정 값으로 주어지기 때문이다.

모두가 기술 없이 살 수 없게 되었을 때, 모두가 기술이 만든 가상세계 속에서 살아가게 될 때, 우리는 과연 무엇을 중독으로 정의할 것인가? 우리가 기술이 불러오는 중독을 제대로 파악하기도 전에, 기술은 우리의 뇌를 미처 알지 못하는 형태로 먼저 바꿔놓을 수도 있다. 그때가 되면 우리는 중독을 파악할 수 없게 될지도 모른다.

가상 제국,
페이스북

페이스북은 현대인의 커뮤니케이션을 사실상 지배하고 있는 기업
이다. 주식회사 페이스북이 소유하고 있는 페이스북, 인스타그램,
왓츠앱은 현대의 전 지구적 커뮤니케이션을 지탱하는 인프라스트
럭쳐다. 개인 간의 사적인 대화부터 사회의 공적인 여론까지 페이
스북이라는 소셜 인프라 위에 놓여 있다. 인프라로서 페이스북은
전기나 수도, 통신망만큼이나 중요하다. 실제로 페이스북의 CEO
마크 저커버그는 페이스북을 디지털 시대 인류의 커뮤니케이션을
위한 필수 서비스^{Utility}로 만들겠다는 비전을 제시한 바 있다.[91] 그의
비전은 실제로 달성된 것처럼 보인다. 여기서 문제는, 페이스북이
저커버그가 그린 비전의 테두리까지만 발전한 것이 아니라, 그 테
두리를 넘어서는 초월적인 무엇으로 발전해나가고 있다는 것이다.

주식회사 페이스북이 만든 페이스북은 더 이상 주식회사 페이스북이 온전히 통제하지 못하는 위협적인 존재가 되고 있다. 페이스북은 가상 제국이 되었다. 이것은 은유가 아니라 사실이다. 페이스북은 한 국가의 지도자 선출부터, 우리의 다음 휴가지 선택까지 현실세계의 크고 작은 결정에 강력한 영향력을 행사한다. 그리고 그 영향력의 범위는 특정한 지역이나 집단에 한정되지 않고, 인터넷 접속이 가능한 모든 지역의 모든 개인이다. 역사상 어떤 제국도 이러한 규모의 영향력을 행사한 적이 없었다. 국경을 뛰어넘어 전 세계 인터넷 사용자의 현실에 개입하는 페이스북을 단지 소셜미디어라 부르는 것은 잘못된 명명일지 모른다.

프랑켄슈타인은 창조자의 손에서 벗어난 피조물에 대한 이야기다. 피조물은 창조자가 설계하지 않은 힘을 얻어 창조자를 위협하기까지 한다. 페이스북은 우리 시대에 태어난 프랑켄슈타인이다. 페이스북은 주식회사 페이스북의 손에서 벗어나 독립적이고 자체적인 가상계가 되었을 뿐 아니라, 주식회사 페이스북을 넘어 그가 속한 현실계 전체를 위협하고 있다. 주식회사 페이스북은 페이스북을 온전히 소유하지 않는다. 주식회사 페이스북은 페이스북이 작동하는 코드와 알고리즘을 소유하고 있지만, 페이스북에서 일어나는 사람들의 행동과 그로 인해 페이스북이 사회와 개인에게 미치는 파괴적인 영향력을 통제할 수 없다. 물론 주식회사 페이스북은 페이스북의 창조자로서 가상 제국이 작동하는 규칙을 수정할 수는 있다. 페이스북에서 사람들로 하여금 무엇을 보게 할 것인지, 어떤 행동을 취하게 할 것인지는 페이스북 엔지니어의 코딩으로 결정할 수 있다. 하지만 사람들이 페이스북 안에서 가짜 뉴스를 퍼뜨리는 것, 편향된 신념을 강화하는 것, 신념을 공유하는 집단끼리 컬트를 이루는 것은 주식회사 페이스북이 쉽게 해결할 수 없는 문제다. 페이스북 사용자들의 이런 행동은 애초에 기술적인 문제가 아니기 때문이다.

현대의 공적 생활을 지배하는 페이스북뿐 아니라, 사적 생활을 지배하는 인스타그램에 대해서도 마찬가지다. 주식회사 페이스북은 인스타그램에서 게시물이 노출되는 순서를 알고리즘으로 결정할 순 있어도, 사람들이 인스타그램에 대한 집착으로 인해 스스로의 외모와 생각, 행동마저 인스타그래머블하게 변조시키는 것까지 막을 수 없다. 페이스북은 서비스가 아니라, 현실계와 갈등을 일으키는 가상계다. 주식회사 페이스북 역시 페이스북이 불러일으키는 사회와 개인에 대한 실존적 위협에 대한 답을 명확하게 가지고 있지 않다.

저커버그는 주식회사 페이스북의 CEO일 뿐 아니라 가상 제국 페이스북의 황제다. 그리고 그는 페이스북을 운영하기 위해서 CEO로서 경영을 책임지는 것뿐만 아니라, 황제로서 통치를 수행해야 함을 알고 있다. 실제로 그는 "페이스북을 운영하는 것은 정부를 운영하는 것과 비슷하다"고 말하기도 했다.[92] 그에겐 수익과 성장을 좇는 것을 넘어, 가상 제국 내부의 다양한 집단과 신민을 복속시킬 수 있는 문화와 윤리를 제시해야 할 책임이 있다. 제국을 유지하기 위해선 원로원(주주)뿐만 아니라 신민(사용자)의 신임이 필수적이기 때문이다. 2017년 저커버그의 미국 투어는 황제로서 그의 행보를 잘 보여준다. 그해 1월 저커버그는 신년 목표로 미국의 모든 주를 방문해 다양한 사람들과 만나겠다고 선언했다. 그는 실제로 미국 전역을 돌며 다양한 사람들을 만났고, 그들의 스토리를 페이스북을 통해 공유했다. 텍사스의 경찰관에서부터 위스콘신의 농부, 미시건의 공장 노동자, 오하이오의 마약 치료자, 미네소타의 소말리아 난민, 네브래스카의 LGBT 운동가, 노스캐롤라이나의 군인까지, 미국의 다양한 계층을 대표하는 사람들과 만났다. 물론 그의 행보에는 정치적인 메시지가 담겨 있었고, 언론은 이를 미래의 대통령 선거 출마를 위한 사전 행보로 해석하기도 했다. 심지어 저커버그는 투어 도중 목사들과의 만남에서 무신론자가 아님을 밝히기도 했다. 종교관을 밝히는 것은 대선 후보의 의례다. 그러나 그는 선거 출마에 뜻이 없다고 밝혔다. 그것이 진실인지 아닌지는 중요하지 않다. 중요한 것은 페이스북 운영이 국가 운영과 유사하다는 사실이 저커버그의 투어에서 드러난다는 것이다. 이를 통해 사용자인 우리는 페이스북이 단지 서비스가 아님을 알아차릴 수 있다.

제국은 단지 힘이 센 국가나 영토가 넓은 국가가 아니다. 제국은 한 개의 국가가 아닌 다양한 국가를 내부에 복속하는 '국가들의 국가'이며, 동시에 개별 국가의 차이에도 불구하고 그들을 광범위하게 지배하는 초월적 권위를 가지고 있다.[93] 우리가 미국을 제국이라 부르는 이유는, 보통 강대국이 인접국에게 제한된 영향력만을

가상은 현실이다

갖는 것과는 달리 미국의 영향력은 전 지구적인 차원에 미치기 때문이다. 미국이 물리적 현실을 지배하는 제국이라면, 페이스북은 디지털 현실을 지배하는 제국이다. 페이스북이 만든 코드는 전 세계 20억 명의 인구와 수백만 개의 비즈니스, 나아가 수천만 개의 커뮤니티의 상호작용 방식을 결정한다. 페이스북의 코드는 단지 페이스북 안에서 영향이 그치는 것이 아니라 페이스북 밖 현실로 퍼져 나가며, 그 범위는 국지적이지 않고 무한하다. 실재의 영토를 지배하는 가상의 제국인 셈이다. 미국의 법학자 로렌스 레싱의 유명한 선언 "컴퓨터 코드는 법이다Code is law"94에 비추어 보자면, 페이스북의 코드는 현존하는 가장 강력한 초국가적 국제법이다. 페이스북의 코드는 개인 간 커뮤니케이션뿐만 아니라 사회의 여론 형성 과정에도 큰 영향력을 미친다. 2016년 미국 대선, 2017년 영국 브렉시트 투표, 2017년 미얀마 로힝야족 학살과 같은 커다란 정치적 사건에서 페이스북의 코드는 가짜 정보를 확산시키고 이념 집단의 편향을 강화하는 데 사용되었다. 지역이 다르고 내용도 다른 글로벌 정치 이슈들에 대해 이러한 영향력을 행사하는 것은 가상 제국 페이스북뿐이다. 이것은 주식회사 페이스북이 전혀 의도하지 않았던 결과일 것이다.

이미 우리가 살고 있는 현실에도 소셜미디어라는 또 다른 현실이 규율하고 있다. 우리가 소셜미디어에 기록하는 것들, 그리고 소셜미디어가 우리로부터 수집하는 데이터들은 물리적 현실을 재조직하고 때로는 변형시키기도 한다. 이미 소셜미디어라는 새로운 버전의 현실이 실재 현실에 강력한 영향을 미치고 있는데, 여기서 더 나아가 가상현실이라는 새로운 3차원 공간이 추가된다면 어떻게 될 것인가? 증강현실이라는 겹쳐진 디지털 공간이 현실 위로 덧씌워지면 어떻게 될 것인가? 컴퓨터와 스마트폰으로 접속 가능한 지금의 디지털 세계가 확장되어, 실재를 뒤덮는 새로운 가상 차원이 열리게 된다면 어떻게 될 것인가? 아직 이러한 가상 차원들이 불러올 변화와 위기는 짐작하기 어렵다. 마치 10년 전에 페이스북이 지금과 같은 가상 제국으로 성장하리라 예견하기 어려웠던 것처럼, 우리는 지금 발생기에 있는 새로운 형태의 가상 차원들이 현실에 들이댈 위협이 어떠한 것일지 상상조차 하기 어렵다. 지금 상상 가능한 위협들, 가령 현실과 가상 구분의 약화 같은 것들은 오히려 대처하기 쉬운 문제들일지도 모른다. 더 큰 위협은 우리가 지금은 알 수조차 없는 문제일 것이다.

새로운 가상 차원들 속에서 인류가 행동하고 기록하는 것들은 마치 지금 소셜미디어에 우리가 남기는 것들이 현실에 영향을 미치는 것과 같은 수준의 영향, 혹은 그보다 더 심각한 영향을 미칠 것이다. 가상현실 속에서 빠르게 자라날 자생적인 생태계들은 현실 윤리를 무력화시키는 가상의 규칙들을 만들어낼 것이다. 그 규칙들은 진화된 머신러닝에 의해 정교하게 개인과 집단의 파편화된 욕구를 충족시켜주는 방향으로 진화하며, 서로 다른 가치를 공유하는 개인과 집단 사이의 간격을 더욱 벌려놓을 것이다. 종국적으로 인류가 근대 이후 300년 간 공유해온 보편 규칙들은 하나둘씩 깨져나가며,

가상은 현실이다

수많은 부족 윤리가 그를 대체해나갈 것이다. 그래도 큰 문제가 없을 수도 있다. 미래에 우리는 같은 가치를 공유하는 집단의 아바타들끼리만 가상으로 접촉하고, 다른 집단과의 접속을 완전히 차단하는 3차원 세계를 가질 수 있을지도 모른다. 노예제도를 부활시키고 싶은 이들은 그 시대를 재현한 가상계에 머물고, 남성이 없는 세계에 살고 싶은 이들은 아마조네스의 가상계에서 살 수 있을 것이다. 또는 인간이길 포기하고 동물로 존재하기 원하는 이들은 그가 원하는 형태로 살아갈 수 있을 것이다. 개별 세계는 자체적인 경제 생태계를 이루어, 그곳에서는 내부적으로 통용되는 암호화된 화폐만 사용될 수도 있다. 물론 그때에도 현실은 지속되겠지만, 우리는 더 많은 시간을 가상에서 보낼 것이고, 진정으로 신경을 쏟는 현실은 가상이 될 것이다. 또는 가끔 가상에서 현실로 나와서도, 같은 실물을 두고도 완전히 다른 맥락의 증강현실이 오버랩되어 실재를 객관적으로 파악하기 어려울 수 있다. 우리는 완전히 같은 물리적 실재를 보고 있으면서도, 각자의 헤드셋을 통해 완전히 다른 해석을 하는, 그러면서도 각자의 해석을 팩트라고 굳게 믿게 될 수도 있다. 이때 현실은 가상과 크게 다르지 않을 것이다.

한편으로 이는 미래가 아니라, 이미 소셜미디어라는 첫 번째 버전의 가상현실과 함께 살아가고 있는 지금 일어나고 있는 일들이다. 그렇다면 우리는 그 다음에 어떠한 상황이 펼쳐질지 진지하게 추론해볼 수 있다. 페이스북이 만들어낼 소셜 가상현실은 페이스북만큼, 혹은 그보다 더 강력한 위기를 실재에 안겨다줄 것이다.

트럼프 당선에 기여한 극우 언론인이자 전 백악관 수석전략가 스티브 배넌은 페이스북을 국영화하려는 발상을 갖고 있던 것으로 알려졌다.[95] 국가가 개인의 커뮤니케이션 인프라를 제공하고 있는 기술기업을 국영화한다는 것은 독재적인 발상이다. 다수의 리버럴들에게 이것은 위험함을 넘어 황당함을 주는 전형적인 극우적 넌센스로 받아들여졌다. 그러나 어쩌면 이것은 이 시대 가장 급진적인 발상일 수 있다. 적어도 배넌은 오늘날 권력이 실재에서 가상으로 옮겨졌다는 정치적 진실을 명확히 이해하고 있기 때문이다. 페이스북 국영화는 이미 가상으로 넘어간 권력을 다시 실재로 되돌리려는 반동 혁명Reactionary Revolution이다. 이것은 신체제가 부상할 때마다 등장했던 구체제로의 복고 운동과 맥을 같이한다. 그것은 결코 올바르지 않지만, 페이스북은 실제 국가가 점점 통제하기 어려운 가상 제국으로 진화하고 있고, 그것을 통제하는 것은 지금 하지 않으면 앞으로는 어려우리라는, 이 시대 가장 중요한 정치적 전망을 담고 있다. 가상 제국과 실제 국가 사이 전쟁은 이미 시작되었다.

가상은 현실이다

2 장

가상의 뇌:
로봇은 인간이 되고, 인간은 로봇이 된다

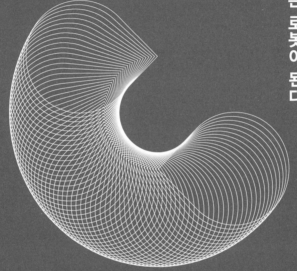

인공지능이 일자리를
대체한다는 것은 너무 좁은 해석이다.
인공지능이 진짜로 대체하는 것은 절대자다.
인간의 일자리가 아닌
'신의 일자리'를 대체하는 것이다.

서기 1900년,
또는 기원전 150만 년

1831년 패러데이가 전자기 유도 실험으로 전기의 광범위한 활용 가능성을 증명한 이후에도, 전기의 쓸모는 그로부터 거의 반세기가 지나서야 널리 이해되었다. 19세기 산업혁명을 이룬 미국과 영국, 독일과 같은 근대 국가에서도 여전히 공장과 도시를 돌아가게 하는 발전원은 증기기관이었다. 전기가 산업과 생활에 쓰임새가 있을 것이라고 생각한 사람은 적었다. 20세기에 들어서야 전기는 미국의 공장에 천천히 퍼지기 시작했다. 1900년 미국의 공장 중 단 5퍼센트만이 전기를 사용했다.[96] 처음에 전기는 증기기관을 완전히 대체하기는 힘든, 효율 우위가 딱히 높지 않은 대안으로 받아들여졌다. 증기에 비해 전기가 실제 효율이 없어서가 아니었다. 당대 패러다임을 지배하던 주체는 산업 트러스트들이었고, 이들은 모두 증기기관 기반 생산 시스템을 갖고 있었기 때문이다.[97] 이들에게 전기를 받아들인다는 것은 자기 파괴와 같은 의미였다. 생산에 전기를 도입한다는 것은 증기기관 몇 대를 대체하는 것 이상의 의미였다. 현대에는 너무 당연한, 전동기 한 대가 공장 기계 한 대를 작동시킨다는 개념이 그 시대에는 전혀 당연하지 않았다. 당시 공장은 보통 커다란 증기기관 한 대가 공장의 전체 기계들을 한 번에 작동시키는 구조였기 때문이다.[98] 여기서 전기를 받아들일 경우, 증기기관을 대체해야 할 뿐만 아니라 기계가 작동하는 방식, 노동자가 일하는 방식, 나아가 공장이 운영되는 방식 등 모든 프로세스가 바뀌어야 했다.

반면 누군가는 이 상황에서 기회를 보았다. 전기를 사용하면 비용 효율화와 생산성 극대화를 이룰 수 있다는 점을 알아봤던 에디슨과 같은 기업가들은 전기화Electrification 혁명을 이끌었다. 공장의 전기화로 인해 기계는 라인샤프트와 가죽 벨트에 다 같이 묶여 작동할 필요 없이, 각각의 전동기를 통해 개별적으로 작동하게 되었다. 이로 인해 기계는 작아지고 생산비는 낮아졌다. 아울러 전기는 증기 시대에 없던 새로운 생산 방식을 만들어냈다. 컨베이어 벨트와 조립 라인이 그것이다. 헨리 포드가 1913년 최초로 적용한 이 혁신적인 생산 방식은 전에 없던 대규모의 생산을 가능케 했다. 컨베이어 벨트와 조립 라인을 통한 생산 효율화로, 포드는 차량 한 대를 만들기 위한 노동시간을 12시간에서 90분으로, 10분의 1 가까이 단축시켰다.[99] 원가도 급격히 절감되어, 300달러 이하로 차량을 판매할 수 있게 되었다.[100] 1913년 미국에 등록된 차량 대수는

가상은 현실이다

100만 대를 조금 넘었는데, 1930년에 2300만 대로 늘어나게 되었다.[101] 같은 기간 동안 미국의 산업을 지배하던 40개 산업 트러스트는 1930년대 초 40퍼센트가 사라지고, 남은 트러스트 역시 급격히 규모가 위축되었다.[102] 전기화는 산업을 새롭게 재편했고, 사람들의 삶도 바꾸었다. 생산성 향상에 힘입어 임금이 상승하고, 경제 성장과 함께 중산층의 규모가 확대되었다. 일하는 방식 역시 바뀌었다. 생산의 전 과정을 모두가 함께 책임지는 것이 아니라, 분업화된 일을 각자가 컨베이어 벨트에서 처리하면 되었다. 도시의 풍경 역시 바뀌었다. 모두가 자동차를 갖게 되자 차로 다닐 수 있는 교외를 중심으로 개발이 이루어졌고, 본격적으로 유럽과 다른 형태의 도시 외관이 형성되었다. 전기가 도시에 퍼지며 무엇이 바뀌었는지는 길게 말할 필요가 없을 것이다.

전기는 인류가 생산하는 방식을 바꾸었을 뿐만 아니라 인류가 생활하는 방식까지 근본적으로 바꾸었다. 이번 세기에 전기와 같은 혁명적인 기술이 있다면, 그것은 바로 인공지능일 것이다. 인공지능 연구의 대가인 스탠포드 대학교 앤드류 응 교수의 말을 빌리자면, "인공지능은 새로운 전기"다.[103] 인공지능은 전기처럼 산업을 전면적으로 혁신하고, 우리 삶에 새로운 빛을 비출 것이다(아울러 그와 함께 새로운 그림자를 드리울 것이다). 전기가 보편화되기 전 사람들이 전기 이후의 세계를 상상하기 어려웠던 것처럼, 인공지능이 보편화되기 전인 지금, 우리는 인공지능이 우리에게 무엇을 가져다줄지 알지 못한다. 지금은 전기화가 시작되기 전인 1900년과 같다. 당시의 전기가 받는 취급은 오늘날 인공지능이 받는 취급과 유사했다. 그것의 의미가 완벽히 이해되지 않았을 뿐만 아니라, 현실에는 아직 초보적인 단계로만 적용되었다. 전기에 대한 평가절하와 비슷한 평가절하가 인공지능에 대해서도 이루어진다. 인공지능은 사람이 하던 일의 일부만 기계로 대체할 수 있을 뿐이고, 약간의 비용 효율화만을 얻을 뿐이라는 것이다. 그러나 공장의 전기화로 인한 비용 효율화가 비약적인 생산성 향상으로 이어지고 결국엔 일하는 방식과 도시가 만들어지는 방식 및 경제가 작동하는 방식까지 바꾸었던 지난 세기 역사를 돌이켜보면, 인공지능이 미래에 만들어낼 충격파 역시 크고 깊을 것이다. 전기로 인해 탄생할 수 있었던 포드 자동차가 단지 자동차 혁명이 아니듯, 인공지능으로 인해 탄생할 자율주행차량 역시 차가 알아서 움직이는 것 이상의 변화를 불러올 것이다.

인공지능 기술이 독립적인 학문으로 정립된 것은 20세기 중반이지만, 거의 반세기가 지난 2010년대에 와서야 그 잠재력이 널리 인정받고 있다. 마치 19세기 패러데이의 전자기 유도 실험 이후 반세기가 지난 20세기 초에 와서야 전기의 쓸모가 인정되고 현실에 널리 적용되는 것과 유사하다. 인공지능이 급격히 부상하는 이유는 딥러닝 기술 때문이다. 인간의 뇌신경 회로를 모방한 인공지능 방법론인 딥러닝은 기존 인공지능 기술의 한계를 극복하고 획기적인 도약을 이뤄냈다. 딥러닝은 컴퓨터에게 사람이 직접 규칙을 명령하지 않아도, 데이터를 통해 컴퓨터가 스스로 학습하고 자동으로 문제를 해결하는 기술이다. 컴퓨터는 이제 이미지를 인식하거나 음성

가상은 현실이다

을 파악하는 일에서 인간과 대등하거나, 때로 인간보다 탁월한 능력을 갖게 되었는데, 이는 딥러닝 덕분이다.

가장 상징적인 사건은 2012년 컴퓨터 이미지 인식 대회인 이미지넷ImageNet에서 혜성처럼 등장한 딥러닝 알고리즘의 우승일 것이다. 이미지넷은 1000개의 사물 카테고리에 대한 100만 개의 사진을 제시하고, 컴퓨터가 무슨 사진인지를 알아맞히는 대회다. 2012년 전까지 10여 년 동안 컴퓨터는 75퍼센트의 정확도를 넘지 못했다. 74퍼센트의 정확도에서 정체된 상태로 연구자들은 매년 0.1퍼센트의 정확도를 높이는 데 몰두했다. 그러다 2012년 대회에서 딥러닝 연구의 권위자인 제프리 힌튼 교수팀이 개발한 알렉스넷은 정확도 84.7퍼센트를 달성하며, 무려 10퍼센트포인트의 대약진을 이뤄냈다.[104] 오랫동안 풀리지 않던 문제가 딥러닝을 통해 비약적으로 개선된 것이다. 산술적으로 딥러닝은 전보다 100배 나은 진보를 이뤄냈다. 이후 연구자들은 딥러닝 기반 이미지 인식 기술을 활용해 매년 컴퓨터의 정확도를 개선했고, 2015년 마이크로소프트 연구팀이 개발한 기술은 인간의 정확도인 95퍼센트를 앞지르는 정확도를 기록하게 되었다.[105] 딥러닝이 적용된 지 불과 3년 만에 컴퓨터가 인간을 따라잡게 된 것이다.

딥러닝은 컴퓨터의 시각뿐 아니라 청각에서도 획기적 발전을 이뤄냈다. 사람이 하는 말을 컴퓨터가 알아듣고 문자로 변환하는 음성인식의 정확도 역시 딥러닝을 통해 비약적으로 향상됐다. 2012년 최초로 딥러닝이 응용된 알고리즘이 기존 음성인식 알고리즘의 정확도를 30퍼센트나 개선하며, 인공지능 역사상 가장 극적인 업그레이드를 이뤄냈다.[106] 2017년 구글의 딥러닝 알고리즘은 영어에 대한 인간의 음성인식 정확도인 95퍼센트를 달성했다.[107] 이미지 인식에서와 마찬가지로 딥러닝은 풀리지 않던 문제를 해결한 것이다. 2010년대는 인간의 주요 인지기관인 눈과 귀의 분별력이 연달아 컴퓨터에 따라잡힌 역사적인 시대이다. 현대인은 앞으로 기계가 써 내려갈 역사의 시초를 목격한 세대일 수 있다. 어쩌면 우리는 기계보다 분별력 있는 눈과 귀를 가졌던 마지막 인류로 기록될지도 모른다.

인간보다 더 잘 보고 더 잘 듣는 것에서 나아가, 인간보다 더 잘 판단하는 컴퓨터라는 인공지능의 최종 이상은 딥러닝 덕분에 실현 가능해지고 있다. 명령한 규칙대로 생각하는 컴퓨터뿐만이 아니라, 미처 사람이 생각하지 못한 규칙까지 찾아내는 컴퓨터가 등장하고 있다. 게임에 대한 인공지능 실험은 특정 환경에서 컴퓨터의 판단 능력에 대한 실험이다. 2010년대 인공지능을 활용한 다양한 게임 실험을 보면 컴퓨터의 판단 능력 개선이 이미지 인식이나 음성 인식의 정확도 개선보다도 더욱 극적이다. 2015년 구글 딥마인드는 딥러닝 알고리즘 DQN을 활용해 벽돌 깨기 게임에서 2시간이면 컴퓨터가 사람과 비슷한 플레이를 할 수 있고, 4시간이면 터널을 뚫어 공을 벽돌 위로 올리는 전략적 플레이를 할 수 있음을 보여줬다.[108] 이때만 해도 이러한 알고리즘이 우주의 총원자수(10의 90승)보다 많은 경우의 수(10의 170승)를 가진 바둑의 비밀을 풀어낼 것이라고

가상은 현실이다

상상한 사람은 없었다. 그러나 이듬해 딥마인드의 알파고는 현존하는 최고의 바둑 챔피언을 꺾고, 고도의 전략적 판단 문제에서 컴퓨터가 인간을 추월할 수 있음을 보여주었다.

알파고가 인간에게 승리를 거둘 수 있었던 이유는 정해진 기보가 아니라 상황에 따라 창의적인 판단을 내리는 딥러닝 알고리즘 때문이었다. 입력한 규칙대로만 판단하는 과거의 인공지능이었다면 복합적이고 유연한 판단 능력을 요하는 바둑에서 인간을 상대로 결코 승리할 수 없었을 것이다. 알파고는 인공지능이 인간과 유사한 수준의 시각적·청각적 판별 능력을 달성하는 것을 넘어, 인간을 훨씬 앞지르는 고차원의 판단 능력을 가질 수 있음을 보여줬다. 이어 2018년 오픈AI의 알고리즘이 다중 플레이어 게임인 도타2의 5대 5 경기에서 인간 플레이어를 상대로 승리를 거뒀다.[109] 해당 인공지능은 인간 플레이어를 통해 게임을 학습하는 것이 아니라, 스스로와의 경기를 통해 도타2를 학습했다. 이제 인공지능은 인간의 방식을 모방할 필요 없이 스스로 규칙을 학습해 인간보다 더 나은 판단을 내릴 수 있게 된 것이다. 또한 인공지능은 한 명의 인간이 아니라, 협동하는 인간보다도 더 나은 판단을 내릴 수 있게 된 것이다. 불과 지난 3년 사이 인공지능이 벽돌 깨기에서 바둑, 다중 전략 시뮬레이션 게임까지를 정복한 과정과 속도는 경이롭다. 앞으로 인간 현실의 수많은 게임적 상황에서 인공지능은 인간보다 더 탁월한 판단 능력을 보여줄 것이다. 인간의 현실 상황이 인간이 믿는 것보다 훨씬 더 단순한 패턴으로 이루어진 시뮬레이션이라는 것을 컴퓨터는 빠르게 알아차릴 것이다.

사진이나 음성을 판별하거나 게임에서 이기도록 판단을 내리는 일에서 나아가, 인공지능은 새로운 대상을 생성하는 일도 해내고 있다. 생성적 인공지능은 실제 사진과 구별이 가지 않는 합성 이미지를 만들어내거나, 삭제되거나 손상된 사진을 재생성할 수 있다. 또한 저해상도 이미지를 고해상도로 재생성해내거나, 특정 요소를 조합해 실제로 존재하지는 않지만 마치 존재할 법한 인물 이미지를 만들어낼 수도 있다. 아울러 생성적 인공지능은 사람과 비슷한 목소리를 흉내 내고, 실제 사람의 발화와 구별이 되지 않는 자연스러운 문장 구사도 가능하다. 한 사람의 목소리를 그대로 따라하는 것에서 나아가 머지 않아 그의 성별을 바꾼 버전의 목소리, 또는 한 사람의 목소리와 다른 사람의 말투를 합성한 목소리 역시 생성이 가능해질 것이다. 심지어 인공지능은 인간의 입력에 크게 의존하지 않고, 스스로 생성하는 법까지 터득해나가고 있다. 적대적 생성 신경망GAN은 방대한 데이터의 입력 없이도 서로 적대하는 두 네트워크가 새로운 이미지나 음성을 만들어내는 인공지능 연구의 흐름을 보여준다. 인공지능은 점점 똑똑한 판단을 내리는 것에서 나아가 창조하는 일에까지 손을 대고 있는 것이다.

이러한 인공지능의 기술적 도약은 2010년대에 집중적으로 이루어지고 있다. 이렇게 많은 도약이 이렇게 빠른 속도로 일어난 최근 10년은 분명 인류 역사상 흔치 않은 예외적인 시기일 것이다. 최근 10년간 일어난 기술적 도약은 21세기 남은 시간 동안 막대한 영향

가상은 현실이다

력을 끼칠 것이다. 20세기 초 급격히 이루어진 전기화가 남은 20세기 동안 미친 영향력처럼, 어쩌면 그보다 더 큰 규모의 영향력을 인공지능이 우리 세기에 가져올 것이다.

변화는 이미 진행 중이다. 인공지능은 단지 실험적인 알고리즘에 그치지 않고 실제 산업에 빠르고 폭넓게 적용되고 있다. 전기가 당시 주요 산업을 전기화한 것처럼, 인공지능은 현대의 주요 산업을 지능화하고 있다. 지능화는 일개 기업을 넘어 전체 산업에 들이치는 파도다. 구글은 그 파도의 가장 앞쪽에 있는 기업이다. 구글은 2012년부터 자사의 모든 제품에 인공지능을 도입해 성능과 사용자 경험을 함께 개선시키고 있다. 2012년 이전만 하더라도 인공지능이 깊게 적용된 제품은 없었으나, 이후부터 본격적으로 연구개발이 이루어져 3년 사이 1500개가 넘는 인공지능 모델이 만들어졌고, 구글의 주요 제품인 검색·지도·번역·지메일·유튜브·안드로이드 등에 폭넓게 적용되었다.[110] 현재 구글의 모든 제품군의 동력 기관은 인공지능이다. 구글 인공지능은 사용자의 의도에 맞는 검색 결과를 찾아주고, 가장 빠른 길을 실시간으로 찾아주고, 내가 좋아할 만한 유튜브 영상을 추천해준다. 인공지능이 적용되어 가장 극적인 개선이 이뤄진 사례는 바로 구글 번역, 유튜브, 데이터 센터일 것이다.

구글이 딥러닝 알고리즘을 번역 서비스에 적용한 결과, 번역 오류율이 최소 55퍼센트에서 최대 85퍼센트까지 현저히 감소하며, 지난 10년간의 개선보다 더 큰 폭의 개선을 단번에 이뤄냈다.[111] 과거처럼 단어 대 단어를 일일이 번역한 단어 세트에 기반해 입력한 문장을 단어 단위로 하나하나 기계적으로 번역하는 것이 아니라, 사람들이 인터넷에 남긴 대규모의 문장 데이터를 인공지능이 학습해서 입력한 문장의 맥락에 맞는 자연스러운 번역을 제공한다. 유튜브 추천 영상은 인공지능이 사용자의 시청 정보를 학습해서 추천하는 것이다. 특히 유튜브 PC 사이트의 첫 페이지와 유튜브 모바일 앱의 피드, 즉 사용자가 만나는 유튜브의 첫 화면에 어떤 영상을 띄울 것인지와 관련해 구글은 인공지능을 깊게 적용해왔고, 그 결과 첫 화면의 영상 시청 시간은 10배 이상 증가했다.[112] 그뿐 아니라 유튜브 영상의 음성을 문장으로 자동 변환해 실시간 자막으로 띄우고, 이 내용을 구글 검색에서 찾을 수 있게 된 것 역시 인공지능 덕분이다. 구글 검색에 영화 대사를 입력하면, 그 대사가 나오는 장면을 유튜브 클립에서 볼 수 있게 되었다.

알파고를 개발한 구글 딥마인드의 인공지능은 게임이나 바둑뿐만 아니라 데이터 센터를 효율화하는 데도 기여하고 있다. 구글은 전 세계를 대상으로 인터넷 서비스를 제공하므로 방대한 데이터 센터를 가지고 있으며, 데이터 센터에서 엄청난 서버 발열이 일어나게 된다. 따라서 데이터 센터에서 지속적인 냉각 작업이 필요하고 그 에너지 비용 또한 만만치가 않다. 이 비용을 효율화하기 위해 딥마인드의 인공지능이 적용되었고, 그 결과 냉각에 드는 에너지 비용을 40퍼센트나 줄일 수 있었다.[113] 이는 구글이 데이터 센터 운영을 시작한 이래로 가장 큰 폭의 비용 개선이었다. 여기서 더 나아가 최근 딥마인드의 인공지능은 데이터 센터 냉각 업무를 직접 담당하

가상은 현실이다

게 되었다. 번역과 유튜브, 데이터 센터에 적용된 알고리즘은 모두 딥러닝 기반이다. 딥러닝은 이미지·음성 인식률을 극적으로 개선한 것과 같이 제품과 서비스의 성능 및 비용 구조까지도 극적으로 개선한 것이다.

그뿐 아니라 구글 광고의 지난 3년간 매출 증가는 인공지능을 기반으로 한 타깃팅 개선에 힘입은 바가 크다. 구글은 인간이 개입하지 않는 디지털 광고 시스템을 구현하기 위해 인공지능 개발에 투자하고 있으며, 이를 통한 광고 효율성 증대가 점점 더 검증되고 있다. 구글의 가장 성공적인 신규 서비스 중 하나인 구글 포토는 처음부터 인공지능을 중심으로 기획된 서비스다. 구글 클라우드, 음성 인식 스피커, 자율주행차량 웨이모 같은 신사업 역시 모두 인공지능 덕분에 청사진을 그릴 수 있게 되었다. 'AI-First'를 선언한 구글은 인공지능 기술로 스스로를 재창조하고 있는 것이다.

아직 연구개발 단계에 있지만, 구글의 헬스케어 인공지능 역시 소기의 성과를 올리고 있다. 당뇨병성 망막증을 판별하는 일에서 구글 알고리즘은 의사와 큰 차이가 없는 적중률을 보였다.[114] 당뇨병성 망막증은 실명을 유발할 수 있는 당뇨의 합병증으로, 전 세계 4억 명의 당뇨병 환자가 노출된 위험이다. 실제 환자의 45퍼센트가 검사 기회를 얻지 못해 진단을 받기 전 실명에 이른다. 인도의 경우, 당뇨병성 망막증 검사를 제대로 실시하기 위해서 12만 7000명의 안과 의사가 더 필요하다. 망막증 판별 알고리즘이 더욱 향상된다면, 의사를 더 뽑거나 병원을 더 짓지 않아도 당뇨병 환자들에게 망막중 검사를 대규모로 실시할 수 있게 되므로 많은 이들을 실명 위협으로부터 구해낼 것이다.

유방암 진단에서도 구글 알고리즘은 탁월한 성과를 보였다. 유방암 조직검사 샘플을 보고 암 발병 여부를 진단하는 실험에서, 알고리즘은 임상병리의의 판별 정확도인 73퍼센트보다 높은 89퍼센트의 정확도를 기록했다.[115] 유방암 조직검사 샘플을 확인하는 일은 매우 복잡한 과정으로, 훈련 받은 임상병리의가 한 샘플 당 10기가 픽셀의 이미지를 샅샅이 뒤져야 하는 고된 노동이다. 일반 사진으로 따지면 1만 장 정도를 의사가 차례로 보고, 문제 있는 사진을 걸러내는 작업이라 할 수 있다. 방대한 양의 데이터를 제한된 시간 안에 높은 정확도로 판별해야 하는 점 때문에, 유방암 오진률은 다른 암 진단에 비해 높은 편이다. 심지어 같은 환자를 두고 서로 다른 진단이 내려지는 경우도 많다. 아직 알고리즘이 임상병리의의 진단을 완전히 대체할 수준은 못 되지만, 인간의 진단을 도와 더욱 정확한 암 진단이 가능해지면 치료율 역시 높아질 것이다. 질병 진단 영역에서 인공지능의 진화는 매우 빠르게 이루어지고 있다.

구글뿐만 아니라 다른 기술기업 역시 인공지능을 자사의 제품과 서비스에 폭넓게 적용하고 있다. 구글과 함께 기술산업을 이끄는 빅4로 불리는 애플, 아마존, 페이스북 모두 인공지능을 통해 스스로를 업그레이드하고 있다. 마치 증기기관을 버리고 전기 기반 생산 방식을 채택하기 시작한 20세기 초반의 공장들처럼, 오늘날 기술기업들은 인공지능이라는 새로운 동력원을 받아들여 새로운 가치를 창출하고자 한다. 그 결과 우리 일상에는 인공지능 기술이 깊게 스며들게 되었다. 아이폰의 페이스ID, 아마존의 상품 추천, 페이스북과 인스타그램의 뉴스피드, 넷플릭스의 영화 추천까지 모두 인공지능을 활용하고 있다. 인공지능은 우리가 무엇을 읽을지, 무엇을 볼지, 무엇을 살지 등의 일상적 선택에 이미 개입하고 있는 것이다.

디지털에서 벌어지는 일상만 놓고 본다면, 오히려 인공지능이 적용되지 않은 것을 찾기 힘들 정도다. 가까운 미래에는 오프라인에서도 인공지능이 점점 더 활용될 것이다. 교통, 운송, 금융, 의료, 교육에서도 마치 아이폰을 얼굴로 켜는 것처럼 자연스럽게 인공지능을 만나게 될 것이다. 그것이 불러올 변화는 자동화 이상일 것이다. 인공지능이 불러올 변화를 자동화로 요약하는 것은 매우 좁은 시각이다. 인공지능은 우리의 인지적 한계 때문에 불가능하다고 생각했던, 혹은 전혀 생각조차 못했던 가능성을 현실로 가져올 것이다. 그 변화는 마치 알파고가 찾아낸 기보와 같이, 인간의 상상 밖에 놓여 있는 완전히 새로운 무언가일 것이다. 이러한 변화가 찾아오며 오늘날 우리가 당연하다고 생각하던 시스템과 질서는 빠르게 와해될 것이다.

인공지능이 아직까지는 많은 것들을 변화시키기 어려울 것이라고 말하는 사람들도 있지만, 한때는 전기도 증기기관을 대체하기 힘들 것으로 여겨졌던 사실을 상기할 필요가 있다. 1900년, 미국의 공장 중 단 5퍼센트만이 전기를 사용했다. 인류는 지금 새로운 '1900년'에 들어선 것일 수 있다. 향후 50년 동안 펼쳐질 일은,

1900년에 1950년의 변화상을 예상하는 것과 같을 것이다. 인공지능의 진화 속도가 어떠한 기술보다도 더욱 급격하다는 점을 고려한다면, 20세기의 50년보다 21세기의 50년에 일어날 변화가 더욱 극적일 것이다. 또한 이 극적인 변화의 양상은 미래로 갈수록 더욱 가속화될 것이다. 인류에게는 단위 시간당 더 많은 변화가 일어나게 될 것이다.

그러나 인공지능이 가져다줄 변화가 단지 언어 장벽 해소, 암 진단, 자율주행차량 정도에서 그치지는 않을 것이다. 이들 긍정적 사례에서 느껴지는 놀라움의 정도가 방향만 달리해 부정적 사례에서도 나타날 수 있다. 지능화된 감시 시스템, 진위를 전혀 가릴 수 없는 위조, 신념의 편향 또한 인공지능이 불러오는 변화일 수 있다. 실제로 부정적 변화의 전조는 이미 도처에서 나타나고 있다. 이런 점에서 인공지능을 새로운 전기라고만 부르는 것은 산업 혁신 관점으로만 바라보는 지극히 낙관적 명명이다. 오히려 인공지능은 새로운 핵무기일 수 있다. 그러나 이러한 비관적 표현 역시 인공지능을 제대로 설명하지 못한다. 단지 위험성만을 드러낼 뿐이다. 요컨대 낙관적이든 비관적이든 20세기적 개념에 기댄 어떠한 기술적 비유도 인공지능을 정확한 설명하지 못한다. 이러한 기술적 비유들은 인공지능의 일부만을 설명해줄 수 있을 뿐이며, 그 해석은 종종 잘못될 수 있다. 자동차를 새로운 말이라고 부르는 것이 잘못된 만큼, 인공지능을 새로운 전기라 부르는 것은 잘못됐을 수 있다는 것이다. 이러한 비유들은 모두 기술이 불러올 특정한 방향의 결과에만 주목할

가상은 현실이다

뿐, 그 결과의 종합적인 양상을 놓친다. 또한 기술에 내재하는 의미를 이해하지 못하게 한다. 전기와 인공지능의 내부는 자동차와 말의 내부가 다르듯 완전히 다른 성질의 것이다. 그리고 이러한 기술의 내부는 기술이 불러오는 변화보다도 더욱 급진적인 의미를 내포하고 있으며, 오히려 인간 지능을 모방하는 인공지능의 작동 방식 자체가 인공지능이 불러오는 긍적적이거나 부정적인 변화보다도 더욱 주목받아야 하는 대상일 수 있다. 인간의 지능을 컴퓨터의 관점으로 코드화해 초월적인 지능을 구성하는 인공지능의 작동 방식에 더 많은 잠재성이 숨겨져 있다.

인공지능이 과거의 모든 혁명적인 기술과 완전히 다르고 다른 혁명적인 기술보다 더 근원적인 성격을 갖는 이유는 바로 여기서 출발한다. 바로 인간이 스스로 인간만이 가진 요소라고 생각하는 지능에 대한 기술이기 때문이다. 이러한 기술을 인류는 가져보지 못했다. 기술의 결과가 아닌, 기술 자체에 좀 더 초점을 맞춰본다면 인공지능은 오히려 전기보다 불의 발견에 가까울 수 있다. 불은 인간에게 원초적인 질문을 던진다. 불은 인간이 통제하는 도구가 아닌, 인간을 근본적으로 변화시킨 '현상'이다. 불을 처음 발견했을 150만 년 전 원시인이 불이 미래 후손의 체질과 생활, 문화와 역사를 모두 바꿔놓을 현상인 줄 모르고 환하게 타오르는 불에 시선을 빼앗겼던 것처럼, 현대인은 인공지능을 쳐다보고 있는 것인지 모른다.

인간의 지위가
바뀌는 순간

기술혁명이 일어날 때마다 인간은 새로운 지위를 부여받았다. 1만 년 전 농업혁명으로 인간은 수렵민에서 정착민의 지위를 갖게 되었다. 끊임없이 이동하고 사냥하던 인간에서 정주하고 생산하는 인간으로 변화한 것이다. 인간은 재산이라고 할 만한 것들을 모두 한자리에 축적할 수 있게 되었다. 물리적 재산뿐만 아니라 흩어져 존재하던 경험과 지식 같은 정신적 재산들 역시 축적이 가능해지면서 이를 토대로 인간은 새로운 사상적 질서를 발명할 수 있게 되었다. 정착민이 된 인간은 수렵 시대에는 없었던 선악 개념과 공동체 윤리, 사회 질서 따위를 만들어내고 실제 삶에서 제도로 구체화했다. 이를 통해 인간은 야생 동물의 무리와 큰 차이가 없던 상태에서, 비로소 그와 구별되는 문명 상태로 나아가게 되었다. 유전자 형

가상은 현실이다

질에는 변화가 없었지만, 그의 존재가 가진 의미는 영원히 변화한 것이다.

그로부터 수천 년 뒤, 18세기 산업혁명은 또 한 번 인간을 다른 존재로 변화시켰다. 산업혁명은 인간을 인적자원^{Human Resource}으로 바꾸어놓았다. 인간은 석탄이나 광물과 같은 생산 투입 요소가 되었다. 인간은 다른 모든 자원과 마찬가지로 관리, 투자, 개발되는 존재가 되었다. 현대인은 "자신에게 투자한다"거나 "능력을 계발한다"는 언어 표현에 익숙하지만, 이렇게 인간을 자원으로 대상화시키는 사고방식은 인류 역사의 끄트머리에 생겨난 특수한 관념이다. 만약 타임머신을 타고 중세로 돌아가 사람들에게 "당신의 능력은 계발되어야 합니다"라고 말한다면, 사람들은 그 말 자체를 이해하지 못할 것이다. 능력이라는 개념과, 계발이라는 개념 자체가 당시 개별 인간에게는 주어지지 않았기 때문이다. 중세의 인간은 삶에 대한 통제권을 스스로 가지고 있다고 생각하지 않았다.

인적자원으로서 인간 개념은 계발 가능한 존재를 뜻하지만, 한편으로 다른 자원과 마찬가지로 버려지거나 교체될 수 있는 존재를 뜻하기도 한다. 생산에 도움이 되지 않거나, 생산성이 떨어지는 자원은 폐기할 수 있다. 인간 역시 쓸모가 있어야만 인간으로서 대접받을 수 있고 쓸모가 없어지면 버려지는^{Disposable} 존재가 되었다. 인간의 가치는 유용성 즉, 이윤을 내는 능력에 따라 평가받는 도구적 존재가 된 것이다. 산업혁명이 인간에게 부여한 자원으로서 지위는 오늘날까지 이어지고 있다. 현대인에게는 전혀 새롭지 않은 이 지위는 200년 남짓한 역사를 가졌을 뿐이며, 전체 인류 역사에서 매우 예외적이다.

인공지능 혁명은 또 한 번 인간의 지위를 바꾸는 분기점이 될 것이다. 인공지능 혁명을 거치며 인간의 지위는 농업혁명과 산업혁명을 거쳤을 때보다 더 근본적인 변화를 겪게 될 것이다. 인공지능 혁명은 과거 기술혁명과 달리, 인간종이 다른 종과 달리 유일하게 갖고 있는 지능 자체에 대한 기술혁명이기 때문이다. 지능은 수만 년간 인간만이 가졌던 정체성의 근간이자, 인간이 지구의 지배자로 군림해올 수 있었던 힘의 원천이었다. 아울러 지능은 같은 인간종 안에서도 한쪽이 다른 한쪽을 지배할 수 있었던 힘의 원천이었다. 즉 지능은 지구 탄생 이래로 여러 종족적 위계질서를 유지시켜온 원천이었다. 인공지능은, 이 지능을 디코딩함으로써 지능이라는 권력의 원천을 인간만이 아니라 컴퓨터도 갖게 한 엄청난 일이다. 인간이 누리던 유일함이 사라진 것이다. 또한 단지 인간 지능을 모방하는 것을 넘어 더 나은 지능을 프로그래밍하려는 시도이기도 하다.

이 시도가 인간 사회의 질서를 어떻게 변화시킬지는 아무도 모른다. 하지만 확실한 것은, 인공지능이 발전하면서 우리가 당연하다고 생각해온 종족적 질서에는 필연적인 변화가 찾아올 거라는 점이다. 인공지능 강화 학습 기능의 도움을 받아 지능을 업그레이드하는 인간과 인공지능의 추천 알고리즘에 따라 두뇌가 말초적으로 길들여진 인간 사이에, 마치 인간과 다른 생물 사이에서 보이는 것과 같은 격차가 나타날 수도 있을 것이다. 또는 새롭게 탄생한 기계 지능이 수만 년간 지구상 유일하게 지능에서 비롯된 권력을 누려온 인간의 왕관을 빼앗을 수도 있다. 물론 변화는 하루아침에 일어나지 않을 것이다. 농업혁명이 수만 년에 걸쳐 인류의 삶을 새롭게 빚어내고, 산업혁명이 수백 년에 걸쳐 현대인의 삶을 빚어냈듯이, 인공지능 혁명은 다음 수 세기 동안 지능이 구축한 지구적 질서를 근본적으로 변화시킬 것이다. 이에 따라 역설적이게도 철학을 전혀 의도하지 않는 순수한 기술이 역사상 인류에게 가장 철학적인 질문을 던질 것이다.

기계 지능의 등장으로 인해 인간의 지위는 약화될 수 있다. 이미 종족으로서 인간의 위상은 정점이 지났을 수도 있다. 지난 1만 년의 역사가 인간 지위가 상승하는 오르막길이었다면, 다음 1만 년은 인간 지위가 하락하는 내리막길이 펼쳐질지도 모른다. 지능이 주는 권력을 통해 지구를 지배해온 인간종의 미래는 불투명하다. 확실한 것은, 인공지능의 발전 속도는 인간의 지능이 발전하는 속도보다 빠르고, 갈수록 더욱 빨라질 것이라는 사실이다. 인공지능은 인간이 100년의 시간을 쏟아서 해온 바둑 경기를 하루 만에 해치울 수 있고, 오늘 해낸 것보다 내일 더 많은 경기를 할 수 있다. 인간은 선형적 시간을 살지만 인공지능은 시간을 초월해 발전할 수 있다. 둘 사이 시차는 기하급수적으로 커질 것이다. 그리고 이는 비가역적이다. 어느 시점에선가 인공지능은 자신의 뒤에서 느리게 쫓아오는 인간을 돌아보며, 인간만이 지능을 가진 존재라는 전제 위에 세워진 여러 관념과 제도들에 질문을 던질지 모른다. 인간이 안다고 생각하는 것들은 정말 아는 것인가? 그 아는 것이 아직 인간의 인지적 한계에 갇힌 편향일 뿐이고, 인공지능이 이것을 넘어 더 많이 알고 있다면, 인간이 알고 있는 것과 인간이 유일한 지적인 존재라는 관념에 기초한 수많은 윤리와 제도는 올바른 것인가?

인공지능이 지금처럼 특수한 분야의 문제만을 해결할 수 있는 약弱인공지능 단계에서 발전이 그칠 수도 있다. 바둑을 두는 알파고는 지구상 어느 인간보다 바둑을 잘 두지만, 바둑 이외의 것에 대해선 아무것도 모른다. 인간과 똑같이 생각하거나, 인간을 뛰어넘는 지능을 가진 강强인공지능은 결국 도래하지 않을 수 있다. 그럼에도 불구하고 최근 인공지능의 발전 속도는 인간의 지능에 대한 질문을 던질 수 있을 만큼 충분히 빠르다. 인간과 완전히 똑같이 생각하지 않더라도 인간이 수행하는 인지적 작업의 90퍼센트를 대체한다면, 인간이 창의적인 판단을 내리기까지 수행해야 하는 반복적인 패턴 인식을 인공지능이 더 잘하게 된다면, 인간종이 지능으로 인해 누리던 독점적 권위는 약화될 것이다. 미래를 10년이나 100년이 아닌 1000년과 1만 년의 스케일로 바라본다면, 아울러 오늘 하루 100년 치 학습을 이뤄내는 인공지능이 다음 1만 년간 이뤄낼 학습을 생각한다면, 인류에게 닥친 이 새로운 형태의 지능은 인간이 스스로에 대해 정해놓은 규칙들을 완전히 새로 쓰게 만들 것이다. 그러면서 지금 당연하게 여겨지는 것들이 전혀 당연하지 않은 것으로 전락하거나, 지금 말이 되지 않는 가치들이 새로운 윤리로 등극할 수도 있을 것이다. 인간이 수렵에서 정착을 거쳐 자원이 되기까지, 당대의

가상은 현실이다

기술이 자신의 위상을 바꿔놓을 것이라고 예측한 적은 단 한 번도 없었다.

알파고 37수의 의미:
'인공지능' 아닌 '비인간지능'

알파고와 이세돌의 대국은 인공지능이 고지능 영역에서 인간을 앞지른 상징적 사건이었다. 이 대국은 한 편의 거대한 드라마다. 그 안에는 여러 개의 에피소드가 존재한다. 가장 흥미로운 에피소드는 두 번째 대국일 것이다. 첫 번째 대국에서 알파고에 패한 이세돌을 두고 방심해서 졌다는 평가가 많았다. 두 번째 대국에서 이세돌은 좀 더 공격적인 게임을 펼쳤다. 그는 초반 우위를 잡아가는 것처럼 보였다. 반면 알파고는 첫 대국과 마찬가지로 프로 기사라면 두지 않을 법한 수를 연발했다. 의도를 파악하기 어려운 플레이를 지속한 것이다. 가장 놀라운 수는 알파고의 37번째 수였다. 대국이 활발히 이뤄지는 곳과 떨어진 엉뚱한 위치에 알파고는 갑자기 검은 돌을 내려놓았다. 거의 텅 빈 곳이었다. 대국을 해설하던 바둑 프로는

가상은 현실이다

알파고의 움직임을 설명하지 못했다.

알파고의 37수는 프로 선수들이라면 절대 두지 않을 수다. 바둑 초심자들에겐 둬선 안 될 수로 여겨진다. 그러나 37수 이후부터 게임의 전개는 바뀌었다. 이세돌이 이끌고 있던 것처럼 보였던 게임은 사실 알파고가 이끌고 있었고, 알파고의 실수로 보이던 수는 변수를 제거하여 승기를 잡기 위한 포석이었다. 결국 두 번째 대국도 알파고가 승리했다. 게임이 끝난 후에야 사람들은 알파고 37수의 의도를 이해하게 되었다. 한 프로는 두 번째 대국에 대해 다음과 같은 평을 남겼다. "이세돌 프로의 패착을 찾지 못하겠다. 인간의 눈으로 볼 때 실수는 알파고만 하고 있었다." 알파고는 인간의 이해를 넘어선 수를 찾아낸 것이다.

알파고는 37수의 승률이 낮다는 것을 알고 있었다. 또한 그 수가 인간-프로라면 두지 않을 수라는 것을 알고 있었다. 그러나 알파고는 인간의 판단을 넘어서서 전혀 다른 차원에서 경우의 수를 계산했다. 인간의 지능적 판단에 어긋나는 바로 그 수를 택하는 것이 최종적으로 봤을 때 이기는 전략임을 알아차린 것이다. 알파고가 프로그래밍된 대로 작동하는 계산기였다면 결코 그 수를 두지 않았을 것이다. 하지만 스스로 학습이 가능한 알파고는 독창적인 판단을 내렸다. 지능이 무엇인가에 대해 다양한 답변이 가능하겠지만, 하나의 입력에 대해 정해놓은 산출만 내놓는 것이 아니라, 상황에 맞춰 유연한 판단을 하는 것을 지능이라고 말할 수 있을 것이다. 37수는 기계 지능의 증거다.

알파고가 텅 빈 곳에 바둑돌을 내려놓은 순간은 인간이 달에 첫 발자국을 남긴 순간만큼 역사적이다. 이 순간은 기계가 인간과 다르게 작동하는 스스로의 지능을 드러낸 첫 순간으로 기억될 것이다. 한쪽 세계가 다른 쪽 세계에 균열을 가했다. 이후 두 세계는 과거와 다른 관계를 맺게 되며, 세계는 영원히 변하게 된다. 달 착륙 이후 인류가 달을 더 이상 신비롭게 보지 않게 되었듯이, 알파고 37수 이후 인간 지능의 신비 역시 사라졌다. 바둑돌의 모습으로 지구에 첫 발자국을 내딛은 기계 지능은 인류가 지능에 대해 가졌던 생각에 균열을 가한다. 그리고 그 갈라진 틈으로 계시를 전한다. 그 계시는 두 가지 메시지를 담고 있다. 첫째로 인류는 더 이상 유일한 지능적 존재가 아니라는 것, 둘째로 기계는 인간이 헤아릴 수 없는 새로운 지능적 존재로 진화하고 있다는 것이다.

알파고가 증명한 사실은 3000여 년간 인류가 바둑을 두며 발견해낸 소위 '정석'들이 극히 일부의 방식일 뿐이라는 점이다. 미지의 수는 헤아릴 수 없이 많다. 다만 인간이 그 수를 아직까지 발견하지 못했을 뿐이다. 바둑에서 지능 활동 전체로 사고를 확장해본다면 어떨까. 지금까지 지구에서 이루어진 지능 활동은 결코 지능 활동의 전부가 아닐 것이다. 더 많은, 더 나은 지능 활동의 방식은 존재하지 않는 것이 아니라 아직 발견되지 않았을 뿐이다. 다만 인간이 그를 발견하는 데 한계가 있을 뿐이다. 지구보다 더 넓은 '지구 밖'이 있는 것처럼, 지능 활동 역시 '인간 밖'에 더 넓게 펼쳐져 있을지 모른다. 이러한 관점에서 보자면 수만 년간 유지되어온 '지능=인간

지능'이라는 등식은 더 이상 유효하지 않다. 이제 '지능=인간 지능 +기계 지능'이라는 새로운 등식이 증명된 것이다. 지능이라는 범주 안에 인간 지능은 하위 범주이고, 또 다른 하위 범주에 비인간 지능, 기계 지능이 놓이게 된 것이다. 우주에서 또 다른 지적 생명체가 발견된다면, 지능의 하위 범주는 인간과 기계 그리고 외계까지 3개로 늘어날 것이다.

역사를 과거로부터 선형적으로 바라보지 않고 미래로부터 역^逆선형적으로 사고해본다면, 우리는 전체 지능의 역사에서 아주 짧은 순간을 지나고 있는 것인지 모른다. 초^超장기 관점에서 현대인은 인간 지능만을 지능이라고 생각하는 '시대적 편견'에 갇혀 있는 것일 수도 있다. 코페르니쿠스가 지동설을 주장하기 이전 지구가 우주의 중심이라고 믿었던 사람들처럼, 콜럼버스가 미국 대륙을 발견하기 이전 유럽이 세계의 끝이라고 믿었던 사람들처럼, 현대인은 인간 지능만이 지능이라는 시대적 편견을 안고 있는 것이라면 어떨까. 앞으로 동일한 물리적 시간 안에서 인간의 생물학적 진화 속도를 초월하는 속도로 기계 지능이 진화해나간다면, 미래의 초지능은 인간 지능의 확신(또는 오만)의 연대기를 위와 같이 서술할지도 모른다. 그리고 2016년 알파고의 37수는 인간이 유일한 지능적 플레이어가 아니라는 것이 드러난, '게임이 바뀌는 분기점'으로 기록될 것이다.

알파고 37수에서 나타나는 인간과 구분되는 기계 지능의 독립성을 인정한다면, 우리는 기계의 지능을 인공지능^{Artificial Intelligence}이라 부르는 것보다 비인간 지능Nonhuman-Intelligence이라고 부르는 것이 타당하다. '인공'지능이라는 말에는 기계 지능이 인간에 의해 창조되었다는 뉘앙스와 함께, 그것이 인간 지능에 대한 모방이라는 뉘앙스가 담겨 있다. 하지만 우리가 실제로 목격하고 있는 것은 인간과 다른 형태로 작동하고 인간이 헤아리기 힘든, 어쩌면 인간을 뛰어넘는 가능성을 가진 지능이다. 우리는 인간 지능과 다른 형태의 지능, 즉 비인간 지능을 목격하고 있는 것이다. 인공지능 연구는 인간의 두뇌와 신경 시스템처럼 느끼고, 배우고, 증명하고, 행동하는 기계를 만드는 것이 목적이지만 그 방식이 인간과 동일한 것은 아니다. 기계는 인간과 같은 방식으로 읽고, 보고, 듣고, 말하고, 이해하고, 판단하지 않는다. 기계는 인간에 대한 모방에서 출발했지만 이제 독창적인 방식으로 인지와 판단을 수행하는 방향으로 진화하고 있다. 알파고 37수가 말해주는 것도 바로 이 부분이다. 기계는 인간에 대한 모방을 넘어, 인간보다 나은 자체적 판단이 가능해졌다. 이러한 비인간 지능은 인간보다 조금 더 잘하는 것이 아니라 인간을 압도하는 초월성을 가지고 있다.

비인간 지능은 인간 지능이 할 수 없는 방대한 규모의 인지와 판단을 수행해낸다. 수만 개의 문서를 읽고 요약하는 일, 수만 개의 영상을 판독하고 분류하는 일, 수만 명의 얼굴을 기억하고 얼굴과 관련된 정보를 불러오는 일, 수만 킬로미터의 도로를 주행하고 주행 경로를 개선하는 일은 인간 지능에 대한 모방이 아닌 인간 지능에 대한 초월이다. 이는 인간 지능이 할 수 없고, 오직 기계 지능만이

가상은 현실이다

할 수 있는 일이다. 즉 인간과 같지 않은 지능이기 때문에 해낼 수 있는 일이다. 아무리 뛰어난 동시통역가라도 사람이 말하는 모든 것을 받아적으면서 동시에 여러 개의 언어로 통역할 수 없다. 하지만 기계는 사람의 말을 받아적으면서 그것을 수백 개의 언어로 수천 명의 사람들에게 동시에 번역해줄 수 있다. 아무리 뛰어난 운전자라도 한 번에 두 대의 차량을 운전하면서 서울과 뉴욕의 출근길 교통 상황을 파악할 수 없지만, 기계는 수천 대의 차량을 전 세계에 운행하면서 어느 길에 지금 사고가 났는지까지 각지의 교통 상황을 정확하게 파악할 수 있다. 기계 지능에 대해 말할 때 우리는 그것이 인간 지능을 똑같이 따라하는지에 초점을 맞추는 경향이 있다. 인간과 구분되지 않는 목소리를 기계가 내는 것 같은 '닮음' 사례다. 그러나 그것은 기계 지능의 가능성을 오히려 제약하는 관점이다. 인간과 기계의 '다름'에, 기계 지능의 비인간적 초월성에 주목한다면 우리는 기계 지능이 해낼 수 있는 일들이 무궁무진하다는 것을 알 수 있다. 기계 지능의 특별함은 인간 지능이 해낼 수 있는 일 너머에 있다.

한편으로 기계 지능은 점점 더 인간을 모방할 필요가 없다. 인간은 기계의 판단에 점점 더 많이 의존해가는 데 반해, 기계는 인간의 도움 없이도 스스로의 지능을 발전시킬 수 있다. 알파고 이후 업그레이드 버전인 알파제로AlphaZero는 인간 기사에게 바둑을 배우지 않고 스스로 바둑을 두어 마스터한 인공지능이다.[116] 스스로가 스스로를 경쟁자이자 지도 교사로 삼아 바둑 게임을 반복해 바둑 두는 법과 전략을 습득했다. 이세돌과 대국했던 알파고는 사전에 인간 프로 기사가 준 기보를 학습했지만, 알파제로는 바둑과 관련해 인간으로부터 어떤 사전 정보도 받지 않았다. 이러한 자가 강화 학습 방식으로 알파제로는 3일 만에 이세돌을 꺾은 알파고를 꺾었고, 40일 만에 인간과 기계를 통틀어 가장 강력한 바둑 챔피언이 되었다. 알파제로는 인간 지능의 한계에 갇히지 않고, 백지상태^{Tabula Rasa}에서부터 바둑을 완전히 새로운 방식으로 익힌 것이다. 40일간 학습하면서 알파제로는 인류가 3000년간 써온 바둑의 역사와는 다른 바둑의 역사를 스스로 써내려갔다.

알파제로는 오히려 인간의 지능을 따라하지 않을 때 더욱 창의적이고 새로운 지능이 가능함을 보여준 예시다. 이는 인간의 방식에서 벗어나야 고차원의 지능에 이를 수 있다는 기계의 선언이기도 하다. 오히려 인간이 특정 영역에서 쌓아올린 지식은 새로운 지식을 발견하는 데 독이 될 수 있다. 실제로 인간 지능은 편견을 갖거나, 오류를 저지르거나, 착각하는 경우가 많다. 인간의 손길이 닿지 않는 순수 백지상태에서 시작하는 학습은 인간 지능의 한계에서 벗어난 초지능의 가능성을 보여준다. 이것은 인류에게 우울한 전망을 제시한다. 앞으로 인간 지능과 비인간 기계 지능을 포함한 전체 지능의 발전은 후자에서 집중적으로 이뤄질 것이고 그 발전은 인간과의 협력이 아니라 기계와 기계들 사이의 학습, 또는 개별 기계 자체만의 학습을 통해 이뤄질 수도 있음을 말해준다. 더 이상 기계가 인간을 모방할 필요 없이 그 자신 또는 다른 기계 지능을 통해 발전해

가상은 현실이다

나간다면, 인간의 지능은 어떠한 지위에 처할 것인가? 그것은 섣불리 예측할 수 없다. 다만 확실한 것은 기계 지능이 인간이 만들고 인간을 본뜬 '인공'지능에 갇혀 있지 않고, 완전히 새로운 지능의 형태인 '비인간' 지능으로의 발전을 시작했다는 것이다. 또한 이 순수한 형태의 '가상 지능'이 가장 강력한 지능으로 등장했다는 것이다.

딥러닝과 초월성:
인간이 갖지 못한 것

기계 지능과 인간 지능 사이 가장 큰 차이점은 의식의 유무다. 똑같은 지능 활동에서도 기계는 의식이 없는 반면, 인간은 의식과 지능을 분리할 수 없다. 알파고와 이세돌은 바둑 게임에서 승률을 높이는 쪽으로 판단하려는 동일한 두 지능적 주체지만, 알파고는 바둑을 둔다는 의식 자체가 없다. 반면 이세돌은 바둑을 둔다는 의식에서 벗어날 수 없다. 바둑을 둔다는 의식은 여러 가지를 뜻한다. 그것은 돌의 촉감을 느끼는 것에서 시작해, 게임에 임하면서 긴장과 초조함을 느끼는 것, 나아가 대국을 인간과 기계 사이 대결이라고 느끼는 것까지 포함한다. 알파고는 이 중 어느 하나도 의식하지 못한다. 그는 바둑을 두는 것이 아니라 연산을 하는 것뿐이다. 알파고뿐 아니라 다른 인공지능 역시 모두 의식이 없다. 가령 구글 번역기의

가상은 현실이다

인공지능은 언어 번역에 대한 의식이 없다. 구글 번역기의 인공지능은 인간 번역가처럼 실제 사용되는 언어의 뉘앙스를 살린 번역을 하고 있다고 평가받지만 그는 문맥, 문장, 말뭉치 중 어느 것도 의식하지 못한다. 다만 디지털 신호로서 언어를 처리할 뿐이다. 인간과 유사한 컴퓨터 목소리를 생성하는 구글의 웨이브넷 알고리즘 역시 단어의 발음을 의식하지 못한다. 그는 다만 사람들이 말할 때의 파형을 수학적으로 계산해낼 뿐이다.[117]

인간이 동물이나 기계에 비해 스스로 우월하다고 믿는 이유는 인간만이 가진(아직까지는 그렇게 밝혀진) 독특한 마음 상태, 의식 때문이다. 우리는 스스로의 존재를 의식하고, 스스로가 처한 환경과 느끼는 감정을 의식한다. 우리는 무엇에 대해 생각할 수 있을 뿐만 아니라, 무슨 생각을 하고 있는지도 안다. 우리는 무엇을 느낄 수 있을 뿐만 아니라, 무엇을 느끼고 있는 것인지 안다. 아픔을 느끼면서, 우리는 스스로 느끼는 것이 아픔이라는 것을 안다. 인간은 '생각하는 중이다'라고 말할 수 있다. 그것은 우리가 스스로 생각을 의식할 수 있기 때문이다. 반면 기계는 '생각하는 중'이라고 말할 수 없다. 그는 스스로의 생각과, 생각의 대상을 의식하지 못하기 때문이다. 그에겐 계산이 끝나지 않은 '로딩 중'만 있을 뿐이다. 이러한 '의식 없음'은 기계 지능의 가장 큰 특징이다. 오랫동안 지능과 의식이 동의어로 사용되어온 문명에서, 의식이 없는 지능은 인류가 처음 만나는 형태의 지능이다. 인간이 기계 지능을 새로운 지능으로 받아들이지 않고 그 가능성을 축소해 생각하는 것, 가령 기계 지능을 곧

바로 '자동화'나 '추천 알고리즘'으로 축소시켜 받아들이는 것은 매우 큰 착각인데, 이러한 착각은 모두 기계 지능이 의식이 없다는 성질에서 연유한다. 의식이 없는 지능은 제한된 역할만 수행할 수 있을 것이라는 전제는 잘못되었다.

그러나 의식 없는 지능이 더 열등한 지능을 뜻하지 않는다. 오히려 의식이 없기 때문에 기계 지능은 인간보다 더 나은 판단을 할 수 있다. 지능 활동에서 의식은 판단을 흐리게 만들기도 하기 때문이다. 알파고가 오직 승률을 높이는 계산에만 집중한다면, 이세돌은 끊임없이 대결 구도를 의식한다. 이러한 의식은 냉정한 판단을 방해하는 요소가 된다. 또한 알파고는 승률이 낮은 수에 대해서도 어떠한 긴장이나 부담을 느끼지 않는다. 그에겐 수 싸움에 대한 의식 자체가 없다. 다만 승률을 높일 수 있다고 판단되는 수를 실행할 뿐이다. 역설적으로 의식이 없기 때문에 알파고는 인간보다 자유로운 사고를 수행할 수 있다. 이 자유는 인간이 말하는 자유와는 큰 차이가 있다. 우리는 기계 지능을 통해 다른 지능의 존재와 그로부터 다른 의미의 자유가 실현되는 것을 본다. 비인간 초지능이 만드는 무경계의 자유다. 그는 의식이 제약하는 사고를 넘어선 자유로운 사고가 가능하다. 기계 지능이 인간 지능과 다른 범주의 지능이듯, 이러한 기계의 자율성을 새로운 창의성의 범주에 넣을 수도 있을 것이다. 의식 없음이 오히려 더 창의적인 지능의 조건이 될 수도 있다는 것이다.

기계에게는 인간이 가진 의식은 없지만, 반대로 인간이 가지지

가상은 현실이다

못한 능력이 있기도 하다. 바로 '프로그래밍되지 않은 초월적 사고력'이다. '의식 없음'과 함께 이는 기계 지능이 인간 지능과 구별되는 또 하나의 특징이다. 기계 지능은 인간이 프로그래밍한 대로만 사고하지 않는다. 기계 지능은 많은 규칙이 그에게 프로그래밍되었기 때문에 뛰어난 것이 아니라, 프로그래밍된 것 이상으로 판단하는 법을 알기 때문에 뛰어난 것이다. 기계 지능이 특정 영역에서 인간보다 우월해진 것은 바로 이 능력, 스스로 학습해 인간이 생각하지 못했던 영역까지 사고하는 초월적 사고 능력 때문이다. 인간 지능을 결국 스스로의 경험 데이터에 근거한 판단 시스템이라고 본다면, 기계 지능의 '프로그래밍되지 않은 초월성'이 의미하는 바는 크다. 그것은 기계 지능이 인간의 판단 능력까지도 뛰어넘을 수 있음을 시사하기 때문이다. 인간의 지능이 자신의 경험칙을 넘어서지 못한다면, 그리고 지금까지 쌓아올린 인류의 지능이 그러한 개별 경험칙을 묶은 다발이라면, 결국 인간의 지능은 과거 경험이 프로그래밍한 범위를 넘어서 사고하거나 상상하기가 매우 어렵다.

예를 들어 미래를 예측하는 일(그것이 주가의 향방이건, 바둑의 기보건, 연인의 감정이건)에 대해 인간은 자신의 경험칙을 넘어서 새로운 패턴을 발견하기가 거의 불가능하다. 인간은 제한된 범위 안에서 가장 최적의 판단을 내릴 뿐이다. 그러나 이번 세기 기계 지능의 등장으로 특정 상황에서 인간의 판단이 '가장' 최적의 판단이라는 주장은 반증되었다. 그것은 근거가 약한 가설, 심지어는 완벽한 미신일 수도 있게 된 것이다. 기계는 인간이 미처 감지하고 못하는 수백, 수천 개의 시그널을 감지하고 그것을 토대로 앞으로 닥칠 수백, 수천 개의 시나리오를 단번에 검증한다. 물론 기계 역시 데이터 밖을 상상하기란 대단히 어렵다. 하지만 주어진 데이터를 학습하는 데 기계는 인간보다 더욱 정밀할 뿐만 아니라 창의적이며, 그 데이터를 기반으로 인간이 알아차리기 어려운 새로운 패턴도 찾아낸다. 시장의 패닉, 알파고 37수, 연인의 갑작스런 이별 통보와 같은 '블랙스완(극단적으로 예외적이어서 발생가능성이 없어 보이지만 일단 발생하면 엄청난 충격과 파급효과를 가져오는 사건을 가리키는 용어)'을 포착하는 데에서 기계는 인간보다 뛰어날 수 있다. 인간이 일어날 일 없을 것이라고 믿는, 하지만 데이터로 감지되는 패턴들을 기계는 냉정하게 포착하기 때문이다. 이러한 블랙스완에 대한 예측과 그에 대한 대응은 모두 정해진 규칙을 벗어난 사고력을 요한다.

기계가 초월적인 사고력을 갖게 된 것은 비교적 최근 일이다. 이는 2010년대 딥러닝 기술의 발전에 힘입은 바가 크다. 1950년 앨런 튜링이 기계 지능에 대해 남긴 최초의 철학적 성찰 이후 70년 이상 인간처럼 생각하는 기계에 대한 연구가 이루어져왔으나, 기계는 인간이 정해준 규칙을 넘어서 판단하는 법을 쉽게 익히지 못했다. 기계는 프로그래밍된 대로 판단하고 반응했다. 최초의 대화형 인공지능인 엘리자Eliza는 미리 입력한 문답 안에서만 대화가 가능했다. 미리 입력되지 않은 요청에 그는 응답할 수 없었다. 이처럼 과거 인공지능은 규칙을 넘어서지 못했으며, 인간 프로그래머가 그에게 무수한 규칙을 알려주는 일이 중요했다. 프로그래밍을 넘어 판단하는

가상은 현실이다

능력을 기계에게 부여한 것은 딥러닝 방법론이다. 이것은 프로메테우스가 인간에게 불을 가져다준 것에 비유할 수 있을 만큼 상징적인 사건이다. 딥러닝 이후로 기계 지능은 그 이전과 달리 초월적 사고가 가능해지게 되었다. 미리 입력되지 않은 요청들에 대해서도 응답을 내놓을 수 있게 된 것이다.

딥러닝은 이전 세대 인공지능 방법론처럼 정해진 규칙을 기계에게 미리 프로그래밍하는 방식이 아니다. 딥러닝은 기계가 스스로 학습을 반복해 답을 찾도록 설계하는 것이다. 하나의 입력에 대해 미리 정해진 출력을 내놓는 고정적인 프로그래밍이 아닌, 무수한 입력-출력 데이터 조합을 학습하여 입력에 대한 출력을 알아서 찾아내는 역동적인 방식이다. 가령 백지상태의 어린아이에게 사과가 무엇인지 가르칠 때 빨갛고 동그란 물체를 사과라고 알려주는 것이 전통적인 규칙 기반의 인공지능 방식이라면, 이러한 사전 설명 없이 무수히 많은 사과를 아이에게 보여주고, 아이가 그것을 사과라고 부를 때마다 칭찬하고, 그것을 공룡이라고 부를 때는 교정해서, 아이로 하여금 사과라는 물체가 가진 패턴을 스스로 파악하게 만드는 것이 딥러닝의 방식이다. 수많은 사과를 본 아이는 빨갛지 않은 사과나 동그랗지 않은 사과가 주어져도 그것을 사과라고 인식할 수 있게 된다. 이렇게 학습한 아이는 하늘에 떠 있는 빨갛고 동그란 태양을 보고 사과라고 부를 수도 있다. 이것은 오류일 수 있으나, 때로는 창의성의 발현으로 볼 수도 있다. 하늘에서 사과를 찾아낸 아이와 바둑에서 새로운 수를 찾아낸 알파고는 본질적으로 유사한 학습을 한 것이다. 이처럼 무수히 많은 입력-출력 샘플을 주고, 그에 대해 스스로 학습하게 하여 규칙을 알아내게 하는 것이 딥러닝이다.

규칙을 알려주지 않아도 규칙을 찾아낸다는 것이 이상하게 들릴 수 있겠지만, 사실 인간 지능 역시 규칙을 명백하게 이해하지 못하는데도 알고 있는 것들이 많다. "나는 내가 아내의 얼굴을 어떤 방법으로 인식하는지 알지 못한다"는 폴라니의 패러독스Polany's Paradox는 이러한 인간 지능의 특징을 잘 말해준다. 인간 역시 논리적으로 설명할 수 없지만 수많은 샘플 학습을 통해 알게 되는 경우가 많다. 가령 우리는 자전거 타는 법을 설명할 수 없지만 자전거 타는 법을 안다. 문법을 모르는 문맹도 일상생활에서는 원활한 의사소통을 한다. 모두 규칙을 논리적으로 알지 못해도 패턴을 익혔기 때문이다. 이러한 인간의 암묵지는 딥러닝과 닮았다. 어쩌면 딥러닝은 가장 인간과 다른 형태의 비인간 지능이면서도, 인간의 방식과 가장 가까운 방식의 기계 지능일 수 있다. 그리고 기계 지능은 기계적인 규칙 학습 방식에서 출발하여 이후 인간의 학습과 유사한 딥러닝 방식을 통해 인간과 동등한, 혹은 인간을 초월하는 지능 수준을 갖게 되었다. 컴퓨터 자신이 프로그래밍의 한계를 뛰어넘으며 인간 역시 뛰어넘게 된 것이 딥러닝이다.

그 시작은 고양이다. 인공지능 연구자인 앤드류 응 교수는 유튜브 영상에서 고양이가 담긴 영상을 찾아내는 프로젝트를 통해 딥러닝의 가능성을 증명했다.[118] 기존 인공지능은 고양이의 이미지적 특징을 규정하고, 그 특징에 해당하는 이미지에 '고양이'라는 라벨을

가상은 현실이다

붙여 기계가 학습하는 방식이었다. 반면 앤드류 응은 '고양이'라는 초기 라벨링 없이, 학습을 통해 기계가 스스로 고양이를 식별해내는 딥러닝 알고리즘을 만들어냈다. 이는 기계가 고양이라는 개념을 사전에 이해하고 고양이를 찾아낸 것이 아니라, '고양이'라는 개념을 기계가 이미지 식별 과정에서 스스로 찾아낸 것에 가깝다. 앤드류 응의 프로젝트는 데이터 학습을 통해 자동으로 특징을 분류해내는 딥러닝의 가능성을 보여주었다.

딥러닝이 흥미로운 이유는 '고양이'라는 인간에게 익숙한 대상을 찾아내는 일뿐만 아니라, 인간이 미처 찾아내지 못한 패턴을 찾아내는 일에도 적용할 수 있기 때문이다. 그리고 딥러닝은 의식이 없기 때문에, 인간에게 익숙한 패턴과 익숙하지 않은 패턴을 찾아내는 일에서 결과물에 차이가 없다. 그는 다만 패턴으로 보이는 모든 경우의 수를 찾아낼 뿐이다. 인간은 자신에게 익숙한 패턴을 잘 찾을 수 있지만, 기계는 그것을 포함해 더 많은 패턴까지도 알아낼 수가 있는 것이다. 기계가 찾아내는 모든 패턴들이 의미가 있는 것은 아니다. 하지만 딥러닝은 인간이 보지 못한 것, 듣지 못한 것, 생각하지 못한 것까지 발견해낸다. 인간이 범접하기 힘든 기계의 초월성은 바로 여기서 나타난다.

인간보다 더 잘 보고, 더 잘 듣고, 더 잘 판단하는 기계의 등장은 모두 딥러닝 때문에 가능해졌다. 보여준 대로만 보는 것이 아니라 그것을 넘어서 보는 시각, 녹음한 대로 듣는 것이 아니라 그것을 넘어서 듣는 청각, 가르친 대로만 생각하는 것이 아니라 그것을 넘어서 생각하는 사고력은 바로 딥러닝의 초월적인 능력에서 기인한다. 딥러닝이 결코 지능에 관한 모든 문제를 해결하는 완벽한 답이 될 수는 없겠지만, 인공지능 역사에서 풀리지 않던 문제들이 딥러닝을 통해 해결된 것은 분명한 사실이다. 컴퓨터 비전 분야에서 기계의 이미지 인식률이 인간의 정확도를 앞지른 것, 음성 인식 분야에서 기계의 음성 인식률이 인간의 정확도를 앞지른 것, 알파고가 인간을 상대로 승리한 것은 모두 프로그래밍된 것을 넘어 새로운 패턴을 찾아내는 딥러닝의 초월적인 능력 때문이다.

인간의 능력을 앞지르는 것에서 나아가 딥러닝은 인간이 풀지 못하던 문제를 해결하는 데에도 실마리를 줄 수 있을지 모른다. 딥마인드가 최근 선보인 딥러닝 기반의 단백질 구조 예측 알고리즘 알파폴드AlphaFold가 그 예이다. 알파폴드는 단백질 구조 예측 학술대회CASP, Critical Assessment of Structure Prediction에 2018년 처음 출전해, 43개의 단백질 중 25개의 구조를 가장 정확하게 예측하며[119] 전 세계 98개의 생화학 연구팀을 제치고 1등을 차지했다. 2등을 차지한 팀은 43개 단백질 중 3개의 구조를 정확하게 예측했을 뿐이다. 이 대회는 주어진 아미노산 서열 정보만을 보고 단백질의 접힘 구조를 예측하는 대회이다. 이 대회에서 딥러닝 알고리즘을 활용한 알파폴드가 1등을 차지한 것은 생화학계의 알파고 모멘트라고 할 수 있다.

우리가 단백질이라 부르는 것은 아미노산으로 구성된 사슬인데, 이 사슬은 단순한 선형 형태가 아니라 고유하게 접힌 3차원 형태로 존재한다. 5개의 아미노산으로 구성된 단백질 서열이 'ABCDE'라면, 그것은 일렬로 서 있는 것이 아니라 마디가 접힌 3차원 모양을 이룬다. 생명체를 형성하는 아미노산은 20가지인데, 아미노산의 수와 종류에 따라 단백질은 고유한 접힌 구조를 갖는다. 예를 들어 10개의 아미노산으로 구성된 단백질의 경우, 20^{10}개의 접힘 형태가 가능하다. 수백 개 아미노산으로 이루어진 단백질의 경우 헤아리기 어려울 만큼 무수한 접힘 모양이 가능하다. 이렇게 아미노산 사슬이 어떻게 고유한 접힌 구조를 가지는가 하는 문제를 단백질 접힘 문제라고 한다.

단백질의 고유한 접힌 구조는 인체에서 특정 역할을 수행하도록 설계되어 있다. 예를 들어 심장 세포는 심박수를 늘리도록 접힌 형태의 단백질로 이루어져 있고, 면역 반응에 관여하는 항체는 세균에 달라붙을 수 있도록 접힌 형태의 단백질로 이루어져 있다. 각각의 활동에 관여하는 단백질은 모두 다른 접힌 형태를 가지고 있다. 단백질은 에너지를 효율적으로 이용할 수 있는 형태로 접혀 있지만, 잘못 접힐 수도 있다. 잘못 접힌 형태의 단백질은 당뇨, 파킨슨, 알츠하이머와 같은 병을 초래할 수 있다.

이처럼 단백질의 접힌 형태가 생명체에 미치는 영향이 크기 때문에 단백질의 구조 예측 문제는 생화학 연구에서 매우 중요한 문제이다. 현재 알려진 단백질의 서열 정보는 수천만 개 이상이지만, 접힘 구조가 알려진 단백질의 수는 약 6만 개 정도에 불과하다. 만약 단백질의 아미노산 조합만을 보고 그 접힘 형태를 모두 예측할 수 있다면, 모든 단백질의 기능과 함께 잘못 접힌 형태의 악영향까지도 전부 알아낼 수 있을 것이다. 이를 바탕으로 질병과 싸우는 역할을 하는 단백질을 만들거나, 새로운 기능을 수행하는 합성 단백질을 만들어낼 수도 있을 것이다. 단백질 구조의 비밀이 풀리면 단지 인간뿐 아니라 지구 전체에도 도움이 된다. 동물이나 곤충이 분해할 수 있는 형태의 단백질을 발견하게 된다면, 플라스틱을 단백질로 구성된 생분해성으로 만들 수 있게 되어 지구상의 플라스틱 쓰레기를 줄일 수 있기 때문이다.

알파폴드는 단백질 접힘 구조의 비밀을 푸는 데 큰 도약을 이루어냈다. 알파폴드는 아미노산이 이어진 서열을 보고 각각의 아미노산 쌍 사이의 거리와 그 쌍들을 연결하는 화학 결합의 각도를 예측하고, 에너지 효율성이 가장 높은 배열을 찾는 딥러닝 방식으로 접힘 구조를 예측했다. 마치 수많은 기보 학습을 통해 어떤 수가 주어졌을 때 승률이 높은 시나리오를 예측하고 그에 맞춰 다음 수를 두는 알파고처럼, 알파폴드는 아미노산 서열과 단백질 형태의 상관관계에 대한 학습을 통해, 어떤 서열이 주어졌을 때 가장 정확도가 높은 접힘 구조 시나리오를 제시한 것이다. 알파폴드는 이미 답이 정해진 문제를 인간보다 더 잘 맞추는 예측 모델에서 출발했지만, 마치 인간이 알아내지 못한 수를 창의적으로 찾아낸 알파고처럼 지금까지는 알아내기 어려웠던 단백질 구조의 비밀을 풀어낼 수도 있을 것이다. 알파폴드는 바둑이나 게임을 넘어 실제 현실 문제에서까지 딥러닝의 초월성을 처음으로 보여주었다. 이는 우리에게 흥미로운 질문들을 던진다.

바둑과 단백질 접힘이 각각 돌의 조합, 아미노산 조합의 문제이고, 본질적으로 무수한 조합의 시나리오를 찾아내는 구조화 문제 Structured Problem라면, 지구상 얼마나 더 많은 지적인 문제가 이러한 유형에 해당하는가, 또는 그에 해당하지 않는가? 혹은 구조화되지 않은 형태의 문제란 실제로 존재하는가? 구조화되지 않는 문제라고 여겨졌던 문제들은 사실 그 안에 선명한 규칙과 조합이 있음에도 불구하고 인간 지능이 단지 그를 발견하지 못했던 것뿐이라면? 예를 들어 우리가 창의성이라고 부르는 것 역시 오직 인간만이 가능한, 규칙을 깨는 임의성이 아니라 일정한 방식의 패턴 왜곡이라면, 기계는 오히려 인간보다 더욱 다양한 형태의 창의성을 보여줄 수도 있을 것이다. 또는 기계는 이미 그러한 창의성을 보여주고 있는데 인간의 지능이 그를 이해하지 못한 것일 수도 있다. 알파폴드는 현실세계의 많은 문제들이 해결되지 않았던 이유가 실은 인간 지능의 한계 때문일 수도 있음을, 나아가 그것을 해결하는 주체가 딥러닝과 같은 기계 지능일 수 있음을 보여준다. 앞으로 발견될 '새로운 지식'은 인간이 아니라 기계 지능에 의해 더 많이 발견될 것이다. 기계 지능은 더 많은 새로운 지식을 발굴하고, 기계 지능이 단지 자동화나 추천 알고리즘이 아닌 인간을 압도하는 지능으로서 받아들여질 것이다.

어쩌면 인류의 생명을 구할 새로운 '페니실린'을 딥러닝이 발견할 수도 있다. 세균학자 플레밍이 인류 최초의 항생제 페니실린을 우연히 발견하게 된 것은 과학사의 가장 흥미로운 이야기 중 하나다. 플레밍은 포도상구균이라는 세균을 샬레에 배양해놓고 휴가를 갔는데, 돌아오고 나서 샬레가 실수로 푸른곰팡이에 오염된 것을 발견했다. 푸른곰팡이는 포도상구균이 자라는 것을 막고 있었고, 곰팡이 곁에서 세균은 녹아내렸다. 실패한 배양 실험을 그대로 폐기할 수도 있었지만 플레밍은 푸른곰팡이가 세균을 막는 것을 흥미롭게 보았고, 곰팡이에 항균 능력이 있다는 가설을 세웠다. 그리고 곰팡이에 대한 새로운 실험을 시작해, 곰팡이로부터 세균을 죽이는 물질을 추출했다. 페니실린의 발견이다. 플레밍은 페니실린의 발견에 대해 다음과 같이 말했다. "내가 페니실린을 발명한 것이 아니다. 자연이 발명한 것이다. 나는 그것을 우연히 발견했을 뿐이다."

페니실린은 플레밍이 배양 실험을 실패하기 전까지 인류 지식의 테두리 안에 아예 존재조차 하지 않았다. 우연이 개입되지 않았다면, 페니실린은 인류에게 영원히 모습을 드러내지 않았을 수도 있다. 지금도 페니실린과 같은 지식이 인간 지능의 바깥에 발굴되지 않은 채 묻혀 있을 것이다. 그것은 암을 치료하는 지식일 수도, 생명을 연장하는 지식일 수도 있다. 혹은 우주의 탄생에 관한 지식일 수도 있다. 반대로 인류를 멸종시키는 지식일 수도 있다. 이 중 어떠한 지식은 인간 지능의 한계 때문에 찾아내기가 매우 어려울 수도 있고, 대단한 우연이 작용하지 않는다면 절대로 모습을 드러내지 않을 수도 있다. 딥러닝으로 강화된 기계 지능은 이러한 미발굴된 지식들을 더욱 빠르고 효과적으로 캐낼 것이다. 점점 더 많은 지식이 플레밍의 우연이 아닌 딥러닝의 필연을 통해 발굴될 것이다. 모르

가상은 현실이다

는 채로 지나갈 수 있었던 지식이 필연으로 다가오는 것이 축복일지 재앙일지를 인간이 판단할 수 있을지, 혹은 그조차도 기계가 대리 판단할지 알 수 없다.

기계가 대체하는
판단

인공지능 기업들이 자사의 소프트웨어를 마케팅할 때 항상 사용하는 클리셰는 바로 "더 나은 판단"이다. "고객 데이터에 대한 분석을 통해 기업의 더 나은 의사결정을 돕습니다"부터 "취향 데이터 분석을 통해 더 나은 여행 코스 설계를 돕습니다"까지, 인공지능 기업들은 크고 작은 '판단'들을 인간 대신 수행하려고 한다. 이들은 인간이 내리는 주관적 판단은 위험하고, 시대에 뒤떨어진 구시대적인 것이라고 입을 모으며, 인간보다 기계가 더 나은 판단 주체임을 강변한다. 기계는 기분에 따라 판단하지 않고 알고리즘으로 판단하며, 단편적 경험이 아닌 수많은 데이터를 기반으로 판단한다는 것이 그 근거다. 이와 함께 인간만이 가진 능력으로 여겨졌던 통찰Insight의 의미도 바뀌었다. 통찰은 원래 인간의 고유한 지혜와 직관을 의미했

가상은 현실이다

다. 거기에는 인간성에 근거한 신비로움, 상식을 뛰어넘는 창의성이 담겨 있었다. 그러나 오늘날 통찰이란 단어에서 이러한 인간적 맥락은 모두 제거되었다. 통찰은 기계가 읽어낸 데이터 패턴, 엑셀 시트를 통해 계산되는 결과 값을 부를 때 더 자주 쓰인다. 기계의 수치 해석이 '통찰'의 정의를 바꿔버렸다.

이 현상을 통해 우리가 목격할 수 있는 것은 바로 판단 영역에서 기계의 부상과 인간의 퇴조다. 기계가 인간 지능을 완전히 대체하는 일은 아직 먼 미래 이야기로 여겨지지만, 인간과 완전히 똑같이 사고하는 강인공지능이 등장하지 않았더라도 이미 기계는 인간 사회의 수많은 판단 영역에 깊이 개입하고 있고, 인간은 기계의 판단에 크게 의존하고 있다. 데이터로부터 패턴을 찾아내고, 패턴으로부터 모델을 만들어내고, 모델로부터 예측을 이끌어내는 일이라면, 또는 특정 조건이 주어진 상황에서 향후 일어날 수 있는 상황에 대한 다양한 시뮬레이션을 반복적이고 다각도로 검증하는 일이라면, 얼마든지 현재 수준의 기계 지능이 인간을 앞설 수 있다. 알파고는 한 예시일 뿐이다. 모든 판단의 문제가 바둑판처럼 구성되어 있지는 않지만, 판단은 결국 경우의 수를 탐색하고 가장 좋은 수를 찾아내는 과정이다. 기계는 인간보다 훨씬 더 많은 시뮬레이션을 검증할 수 있고 더 많은 수를 탐색하고 계산할 수 있다. 인간이 인지적 한계 또는 심리적 편견으로 인해 제한된 경우의 수를 찾는 데 그치고 그를 바탕으로 선택한 후 스스로를 합리화하고 정당화하는 데 반해, 기계는 이러한 시행 횟수 부족으로 인한 의사결정 실패를 겪지 않는다.

기계는 점점 우리의 크고 작은 판단들을 맡아나갈 것이다. 이미 기업과 개인의 일상에 스며들어 판단을 돕는(다고 주장하는) 수많은 소프트웨어는 이러한 '기계로의 판단 이관'을 이끌고 있다. 가상 환경에서 주사위를 무한히 던져보고 모든 경우의 수를 따져 볼 수 있는 기계 지능의 판단이 결국 모든 문제에서 최종 심판관이 되는 것이다. 미래 인간은 스스로 판단하지 않는 존재, 또는 판단의 대부분을 기계에게 맡긴 존재가 될 것이다. 이와 함께 미래 인간은 수많은 판단에 대해 책임을 회피하거나, 책임을 덜 느끼게 될 것이다. 기계가 점점 더 많은 판단을 인간을 대신해 수행하면 어떤 판단에 대해서든 "그것은 기계가 내린 판단"이라는 변명이 가능해지기 때문이다. 설사 그것이 잘못 내린 판단일지라도 말이다. 이것은 분명한 책임 회피지만, 미래에 누구도 그러한 책임 회피를 쉽게 비난하기 어려울 것이다. 인간은 기계의 확률적 판단을 운명론처럼 받아들이게 될 것이다. 기계의 판단이 잘못된 판단이더라도, 일단은 가장 나은 수였고 어쩔 수 없었을 것이라는 식으로 말이다. 또한 기계가 제안하는 최적의 시뮬레이션이 인간 현실과 부합하는 경우만큼이나 충돌하는 경우도 많을 것이다. 이때 인간은 새로운 윤리적 도전을 만나게 될 것이다. 그리고 이 도전은 수많은 영역에서 다양한 형태로 나타날 것이다.

먼저 사람의 생명과 직결되는 문제부터 따져보자. 어떤 환자가 의학적 결정을 내리는 데 기계가 개입한다면 어떻게 될까? 보통의 사람은 어떤 치료를 받을지, 입원을 할지, 치료를 지속할지 등 의학적 결정을 스스로 내린다. 그리고 이런 의학적 결정권을 마치 인권처럼 주어진 것으로 여긴다. 그러나 나이가 너무 많거나 정신질환을 앓는 환자처럼 스스로 의학적 결정을 내리지 못하는 사람들도 있다. 이들은 가설적인 존재가 아니라 실체이며, 그 수가 꽤나 많다. 미국에서 노인 환자[120] 또는 정신질환 환자[121]의 약 3분의 1 이상이 의학적 판단 능력이 없다는 조사가 있다. 이러한 환자들에게 중대한 의학적 결정, 가령 위험하지만 효과적인 치료와 안전하지만 효과 낮은 치료 중 하나를 선택하는 문제는 결정하기 매우 어렵다.

만약 이들의 의학적 판단을 대리하는 기계 지능이 등장한다면 어떨까? 환자의 연령, 성별, 결혼 및 출산 여부, 과거 선택한 치료 방식, 그와 유사한 환자 그룹이 선택한 치료 방식, 나아가 소셜미디어를 통해 드러난 종교 및 정치 성향까지, 환자에 대한 폭넓은 데이터를 학습한 기계 지능이 그가 내렸을 만한 의학적 결정을 대신 내릴 수 있다면? 혹은 그 결정이 환자가 직접 내린 결정은 아니지만, 높은 확률로 그가 내렸을 법한 결정이라고 기계가 추론해낼 수 있다면(가령 75퍼센트의 확률로 선택했을 결정), 우리는 '기계의 선택'을 과연 거부할 수 있을까? 이것은 단지 사고실험의 주제가 아니라, 실제 의료계에서 널리 논의되고 있는 아이디어다.[122] 기계 지능의 추론 능력이 강화되면 이러한 판단 알고리즘은 현실화될 것이고, 인간이 스스로의 생명에 대해 가졌던 선택권 개념은 완전히 바뀌게 될 것이다. 안락사와 같은 문제에서 의료계에서 볼 수 있는 환자의 선택권과 의사의 권한을 둘러싼 여러 가지 논쟁은 이러한 알고리즘이 등장하게 된다면 한층 더 복잡해질 것이다.

이것은 단지 의학적 판단 능력이 없는 일부 환자에게만 해당하는 이야기가 아니다. 의학적 판단 능력을 갖춘 환자의 결정에도 기계가 관여할 수 있다. 가령 안전한 항암 치료를 받으려는 환자에게 기계는 암 재발 가능성이 높아진다고 경고하며 위험성이 높은 치료를 받으라고 권장할 수 있다. 이러한 기계의 판단을 무시할 수 있을까? 또는 어떤 치료를 받고 싶어하는 환자에게, 그 치료를 받지 말라고 제안하는 기계 역시 있을 수 있다. 이렇게 인간의 자유의지와 반대되는 기계의 판단을 우리는 어떻게 해석해야 할까? 이것은 완전히 새로운 윤리적 질문을 던진다. 더 이상 판단 영역에서 인간은 독자적인 권한을 갖지 않으며, 기계에게 많은 부분을 양도해야만 할 것이다. 기계 지능의 진화와 함께, 기계의 "더 나은 판단"은 점점 인간의 자유의지에 따른 판단을 '위험천만한 것'으로 보이게 할 것이다.

좀 더 극단적인 질문을 던져보자. 인간의 탄생부터 기계의 판단이 개입하게 된다면 어떨까? 수많은 유전자 조합과 개인 유전체 정보를 폭넓게 학습한 기계는 특정한 두 인간이 아이를 가지게 되었을 때 그 아이의 외모, 신체 조건, 장애 여부, 성적 지향, 지능 수준, 행동 성향을 미리 예측해낼 수 있을 것이다. 그 예측이 태어날 아이의 유전적 형질에 대한 정답은 아닐지라도 높은 정확도를 갖는 추정치는 될 것이다. 기계가 내리는 판단의 정확도가 올라가면서 인

가상은 현실이다

간은 그에 점점 더 의존하게 될 것이고, 미래 인간 중 다수가 기계가 출산을 허용하거나 태어나기 전에 장애 유무가 기계에 의해 검증되었을 것이다. 지능적 기계가 복제 인간을 만들 것인가에 대해선 의견이 갈리지만, 인간의 탄생에 기계가 크게 개입할 것이라는 점은 분명하다. 이것은 기계에 의한 인간 창조는 아니지만, 인간 창조와 크게 멀어 보이지도 않는다.

이미 23앤드미[23andMe]처럼 개인 유전자 데이터를 수집하고 있는 기업과 유전체 과학자들은 개인의 DNA에서 보이는 변화와 개인적 특징 사이 상관관계를 분석해 지능, 성향, 질병이 어떤 단일염기 다형성[SNP] 패턴과 관련이 있는지를 조금씩 밝혀내고 있다. 특히 DNA와 지능 및 IQ 사이의 연구는 가장 큰 논란이 있는 동시에 빠르게 발전하고 있다. 2018년 8월 미국 텍사스 대학교와 영국 킹스칼리지 런던 공동 연구진은 쌍둥이 6000쌍을 대상으로 한 연구에서 고교까지의 학업 성취도는 70퍼센트가 유전자에 의해 좌우된다고 발표했다.[123] 그에 앞서 영국 에든버러 대학교 연구팀은 2만 명의 DNA를 분석한 결과 유전적 요인이 IQ 점수에 50퍼센트 이상 관여한다는 사실을 밝혀냈다.[124] 여기서 나아가 미국의 유전자 검사 업체 지노믹 프리딕션은 체외수정된 배아의 지능을 수정란 단계에서 측정해, 평균 IQ에 미달하는 배아를 폐기할 수 있게 하겠다고 밝혔다.[125] 이 업체는 지능뿐만 아니라 심장병이나 당뇨병, 정신 질환도 수정란 단계에서 유전자 검사로 가려낼 수 있다고 주장한다.[126]

유전체 과학에 인공지능이 더해지면 개인의 생체 빅데이터와 지능, 성격, 습관 간의 상관관계가 더 자세히 밝혀지게 될 것이고, 미래의 파트너 선택과 출산은 완전히 다른 모습으로 바뀔 것이다. 나아가 유전자 편집 기술이 더해지면 아이가 갖게 될 특징을 알게 되거나 그것을 선택적으로 바꿀 수도 있을 것이다. 기계는 이 모든 과정에서 우리에게 누구와 만나는 것이 생물학적으로 유리한지, 만약 그와 아이를 가진다면 그 아이가 몇 퍼센트 확률로 각각의 생물학적 특징들을 얻게 될 것인지 등, 우리가 "더 나은 판단"을 하도록 도울 것이다. 그리고 이러한 기계의 "더 나은 판단"에 의존하는 것은 유전적으로 유리하기 때문에, 이는 인류의 새로운 보편적 습관으로 진화할 가능성이 크다. 그때가 되면 연애, 섹스, 결혼, 출산이라는 개념은 또 한 번 급진적인 변화를 맞이할 것이다. 사회학자 앤서니 기든스는 근대적인 개념인 '연애'가 탄생한 이유는, 섹스가 출산으로부터 분리되었기 때문이라고 지적한다.[127] 섹스가 더 이상 아이를 낳는 것이 아니게 되면서 자유로운 두 개인의 유희적 연애가 비로소 가능해졌다는 것이다. 우리가 금세기 마주할 변화는 이보다 급진적일 것이다.

지난 세기 섹스와 출산의 분리에서 나아가, 이번 세기에는 결혼과 출산의 분리가 도래할 것이다. 섹스 파트너와 반드시 결혼할 필요가 없어지게 된 것처럼 다가올 미래에는 결혼 파트너와 출산 파트너가 반드시 같지 않을 수 있다. 사랑하는 사람과 결혼해 아이를 갖는다는 개념은 물론 지속되겠지만, 많은 부분에서 큰 도전을 받을 것이다. 가령 사랑하는 이와의 가질 2세의 유전적 형질이 매우 좋지 않을 것으로 기계가 판단한다면, 우리는 이러한 판단을 무시하고 2세를 가질 것인지에 대해 고민을 하게 될 것이다. 또는 연애 감정을 전혀 느끼지 않았던 사람과 나 사이의 유전자 조합의 분석 결과, 슈퍼 아기를 낳을 확률이 높다는 것을 알게 된다면, 우리는 그 확률에 대해 깊이 고민하지 않을 수 없을 것이다. 마치 지난 세기 감정과 자유의지에 기반한 '로맨스'라는 신화가 탄생했던 것처럼, 이번 세기에는 새로운 생체적 파트너십 유형이 창조될 수도 있을 것이다. 그리고 이렇게 거대한 윤리적 질문의 방아쇠는 기계 지능의 진화가 당길 것이다.

법적인 판단에서도 기계의 역할이 커지면서 인류는 새로운 문제에 직면하게 될 것이다. 만약 범죄자에 대한 데이터를 폭넓게 수집한 데이터베이스가 있고, 그것을 기계에게 학습시킬 수 있다면 어떨까? 그의 범죄 이력과 범죄 유형, 범죄 빈도, 범죄의 대상, 범죄의 잔혹성, 나아가 개인적인 성향과 특질에 대해 기계가 학습하고, 기계가 재범률을 추론해낼 수 있다면 어떨까? 그가 교화될 확률과 교도소에서 범죄를 일으킬 확률 그리고 출소 후 동종범죄나 유사범죄를 다시 저지를 확률을 각각 알 수 있다면? 물론 기계가 구해낸 확률만으로 재판에서 형을 결정할 수는 없을 것이다. 하지만 이 수치를 알게 되는 것만으로도 우리는 이전처럼 범죄를 판결할 수 없을 것이다. 기계의 판단은 참고 자료로 활용될 것이며 재판에 어떠한 식으로든 영향을 미칠 것이다. 이는 사실상 기계가 재판에 참석하는 것으로도 볼 수 있다.

미래의 재판에 인간 재판관과 기계 재판관이 동석하는 것은 공상과학 이야기가 아닐 것이다. 이미 유사한 사례가 등장하고 있다. 영국의 더럼 시 경찰은 용의자의 구금을 결정하는 데 '하트^{HART, Harm Assessment Risk Tool}'라는 인공지능 시스템을 도입했다.[128] 하트는 특정 용의자의 재범률을 3단계로 측정해, 구금 여부와 기간, 보석금을 내야 하는지의 여부 등을 제안한다. 하트의 재범률 예측 정확도는 90퍼센트 이상으로 알려져 있다. 하트의 판단은 아직 참고 사항으로만 다뤄지지만, 언젠가 우리는 기계가 낮은 단계의 법 집행을 수행하는 사회에 살게 될 수도 있다. 하트가 소수 인종과 우범 지역에 사는 시민을 차별할 가능성이 있다는 논란에도 불구하고, 영국의 여러 법 집행기관에서는 적극적으로 하트 도입을 검토 중이다.

기계가 재판에 사후 개입하는 것에서 나아가, 범죄 자체를 미리 예측하고 그에 대한 예방책을 제시한다면 어떨까? 사전 범죄 예측 프로그램을 다룬 영화 〈마이너리티 리포트〉는 현실로 다가오고 있다. 알고리즘 기반의 범죄 예측 시스템인 '프레드폴^{PredPol, Predictive Policing}'은 과거 범죄 데이터를 분석해 범죄가 발생할 가능성이 높은 지역과 일어날 범죄 패턴을 미리 예측해주는 시스템으로, 이미 많은 도시에서 효과적인 치안 솔루션으로 받아들여지고 있다.[129] 경찰은 프레드폴의 예측을 전달받고 특정 지역에서 대기하다가, 예측된 대로 범죄가 일어나면 즉시 범인을 잡아낸다. 범인은 운이 나빴다고 생각하겠지만, 그것은 기계에 의해 철저히 예측된 시나리오다. 미국 캘리포니아 주에서 처음 시도된 프레드폴은 산타크루즈와 로스앤젤레스에서 강도 범죄율을 20퍼센트 이상 줄였으며, 이 시스템의 예측 정확도는 70퍼센트에 달하는 것으로 알려져 있다.[130] 이후 미국 조지아 주 애틀랜타 등 범죄율이 높은 다른 도시에서도 적용되어 성과를 냈고, 영국 켄트 주에도 도입되었다.[131] 전 세계 많은 도시 정부가 재정 적자로 신음하고 있는 가운데, 공무원을 줄이면서 늘어나는 범죄에 대하기 위해서는 이러한 '로보캅'을 고용할 수밖에 없을 것이다. 현실의 로보캅은 영화와 달리 기계의 육중한 몸을 가지고 있지는 않지만, 영화보다도 더 많은 문제를 현실에서 해결할 것이다.

프레드폴은 많은 예측 알고리즘이 그렇듯 과거 데이터를 기반으로 미래를 추정하는 것이기 때문에 과거 데이터에 담긴 편향을 그대로 학습한다. 가령 특정 인종의 범죄율이 높았다는 데이터를 학습한 프레드폴은 현실에서도 특정 인종에 대해 집중 탐문을 할 가능성이 높다. 반대로 다른 인종에 대해서는 관대할 수도 있다. 이러한 차별적 태도는 사실 인간 경찰과 크게 다르지 않을 수 있다. 문제는 알고리즘에 대해서는 우리가 교정을 요구하기가 어렵다는 것이다. 인간 경찰의 차별적 태도에 대해서는 우리가 여러 가지 형태로 그 문제점을 폭로하거나 고발할 수 있고, 그에 대한 사회적 합의를 이뤄 시정을 요구할 수도 있다. 하지만 기계의 인종차별은 우리가 알고리즘 코드와 학습된 데이터를 열어보지 않는 이상 명확히 규정하기 어렵다. 그것은 '최적화된 기계의 판단'으로 받아들여진다. 또한 프레드폴은 책임을 쉽게 회피할 수 있다. "이것은 인간이 주관적으로 내린 판단이 아닙니다. 데이터 기반으로 내린, 기계의 객관적인 판단입니다."

기계의 "더 나은 판단"은 인간의 정치적 의사결정에도 강력한 영향력을 행사할 것이다. 오늘날 우리는 대부분 민주주의 제도 속에서 살고 있고, 또 그것이 옳다는 서구 근대의 신화를 깊이 공유하고 있다. 그러나 현대 민주주의의 역사는 인류 역사에서 극히 일부분을 차지할 뿐이며, 민주주의라는 외피만을 두른 채 권위주의, 관료주의, 엘리트주의로 운영되는 형식 민주주의 국가가 실질 민주주의 국가보다 많다. 또한 대의 시스템은 급진적인 도전을 받고 있다. 우리는 선거라는 시스템을 통해 집단적 의사결정을 내리는 것이 곧 절대선이라는 믿음을 공유하고 있지만, 그 믿음은 종종 엘리트 정치에 배반당하며, 민주주의에서 진정으로 대표되는 것은 시민의 집단적 의지가 아닌 힘이 센 자본과 기득권의 권력인 경우가 많다. 프랜시스 후쿠야마가 지난 세기 민주주의 제도의 승리를 당당하게 외친 '역사의 종언'은 역사의 뒤안길로 사라지고 있다.

대의제 대신 알고리즘을 신뢰하지 못할 이유가 있을까? 로봇은 인간 정치인보다 더 나은 의사결정을 내릴 수 있다. 정치인은 흔히 로봇으로 대체하기 어려운 직업군으로 여겨지지만, 전 세계 정치인의 비효율성과 비민주성을 고려했을 때 이들은 대체하기 어려운 직업군이 아니라 대체해야만 하는 직업군일지도 모른다. 로봇 정치인은 이념적 편향에서 벗어나 사실을 기반으로 실증적인 판단을 할 수 있고, 특정 정책이 미치는 사회적 영향을 더욱 공정하고 종합적

가상은 현실이다

인 시선에서 평가할 수 있다. 체력적으로나 정신적으로 지치지 않아 24시간 시민만을 생각할 수 있을 뿐 아니라, 언제 어디서나 모든 개별 시민과 동시 소통이 가능하다. 또한 시민의 피드백을 실시간으로 분석해내 현재 가장 문제가 되는 이슈가 무엇인지 즉각적으로 파악할 수 있다. 부패에 연루될 가능성도 적다. 투명하게 공개된 정부 데이터를 로봇 정치인에게 지속적으로 입력하고, 그의 정책 판단 알고리즘을 통해 내려진 결정을 시민들이 계속 트래킹할 수 있다면, 우리는 지금보다 더 나은 민주주의를 갖게 될지도 모른다.

사고실험에 가까운 이야기이지만, 국가 운영에 기계가 개입하는 아이디어는 허황된 이야기는 아니다. 이미 2018년 일본 총선[132]과 러시아 대선[133]에서는 각각 인공지능 후보가 출마한 바 있고, 2020년 뉴질랜드 총선도 인공지능 후보가 출마할 예정이다.[134] 이들 인공지능 후보는 공통적으로 의사결정의 투명성과 공정성, 반응성을 강조한다. 기계의 "더 나은 판단"으로 인간 정치인을 극복하겠다는 것이다. 이들의 출마는 이벤트 성격이 짙지만, 현재 민주주의의 실패를 적나라하게 드러내주는 거울상이다. 사람들이 이러한 이벤트에 환호하는 이유는 분명하다. 현재 정치적 판단이 내려지는 방식이 기계에 맡기는 게 차라리 낫다고 생각할 만큼 불투명하고 불공정하며, 시민의 이익과 부합하지 않는다고 느끼기 때문이다. 민주주의 위기가 심화된다면, 미래에는 기계의 정치 참여 확대와 인간의 퇴장을 요구하는 목소리가 높아질지도 모른다.

그러나 그 미래가 반드시 민주주의의 회복을 뜻하지 않을 수도 있다. 오히려 인공지능에 의해 작동하는 인공지능 정부, 또는 인공지능 정치인은 여론을 받아들이지 않는 쪽으로 작동할 수도 있기 때문이다. 대중의 시각과는 다른 방향에서 인공지능 활용을 지지하는 기존 엘리트의 목소리를 들어보면, 국가 운영에 도입될 로봇에 대해 긍정적이기보다는 디스토피아적 상상을 하게 된다. 영국의 재무장관 필립 해먼드는 로봇이 많은 국정 업무를 수행할 수 있을 것이라고 믿는다.[135] 그가 바라보는 로봇 정치인은 대중의 의견을 투명하게 정책에 반영하는 기계라기보다는, 수많은 정부 업무를 효율적으로 처리하는 기계에 가깝다. 그는 낮은 단계의 의사결정을 요하는 일에는 인간 공무원 대신 인공지능을 도입할 것을 주장한다. 이는 관료제 시스템을 더 공고히 하는 방향으로의 인공지능이다. 이것은 오히려 인간 정치인이 운영하는 시스템보다 더 나쁜 결과를 불러올 수도 있다. 예를 들어 수많은 민원 처리를 챗봇에게 맡겨버려, 정부의 어떤 공무원도 시민의 목소리를 직접 들으려 하지 않을 수 있다. 이것은 효율적이긴 하겠지만 민주적이지는 않다. 시민들은 "시간을 갖고 기다려 주시면 응답을 받을 수 있을 것입니다"라는 자동 응답 메시지를 반복하는 민원 챗봇에 질려버려, 결국 아무런 민원도 제기하지 않게 될 수 있다. 혹은 정책 결정 알고리즘이 내린 어떤 최적의 결정이 어떻게 도출되었는지 시민에게 설명하지 못하는 일이 발생할 수도 있다. 어떻게 그런 결정을 내렸는지 모르지만 결과적으로는 좋은 답을 찾아내는 인공지능이 바둑에 사용될 때는 문제가 없지만, 절차적 정당성을 요하는 민주주의에서는 큰 문제를 낳을 수 있다.

확실한 것은 변화를 원하는 대중이든, 효율을 원하는 관료이든 인간 사회의 집단적 의사결정에서도 기계의 "더 나은 판단"이 적용되는 것은 꿈같은 이야기가 아닌 하나의 대안으로 이야기되고 있다는 사실이다. 정치인이 기계로 대체된다는 주장이 너무 과격하게 들린다면 좀 더 스케일을 줄여 볼 수 있다. 가령 도시 정책을 운영하는 일에서 기계가 더 나은 판단을 내릴 수도 있다. 실제로 도시의 교통을 최적화하는 일부터 실업 급여를 지급하는 일, 각기 다른 대상자에게 복지 서비스를 제공하는 일에서 인공지능을 활용하는 사례는 전 세계 도시에서 늘고 있다. 나아가 CCTV를 모니터링하고 안면인식 기술을 활용해 범죄자를 색출하거나 그를 재판에 회부하는 일에도 인공지능이 활용될 수 있다. 실제로 중국에서는 이러한 감시 시스템이 스마트 도시 시스템이라는 이름 아래 구축되고 있다. 국가 운영이 아닌 도시 운영 수준에서 보자면, 이미 우리는 기계에게 많은 것을 맡기고 있고 앞으로 더 많이 맡기게 될 것이다. 물론 이것은 효율성과 편의성을 높여주지만 동시에 수많은 정치적 질문을 유발할 것이다. 과연 시민이 아닌 주체가 시민의 삶을 관리하고 통제하는 것이 정치적으로 올바른가? 통제를 강화하는 로봇 후보와 투명성을 강화하는 로봇 후보 중 누가 더 정부에 적합한 로봇 후보인가?

주식시장은 '먼저 온 미래'다. 오늘날 주식시장은 기계의 "더 나은 판단"이 인간을 극단적으로 앞설 때의 모습을 엿보게 해준다.

주식시장은 수많은 로봇 어드바이저와 트레이딩 알고리즘이 경합하는 기계의 전쟁터다. 인간 트레이더는 기계가 만드는 추세에 끌려간다. 최근 〈월스트리저널〉의 조사에 따르면 미국 주식 거래의 85퍼센트는 자동화된 기계에 의해 수행되며, 90퍼센트에 육박할 것이라는 분석도 있다.[136] 주식시장에서 기계는 더 많은 판단과 더 빠른 거래를 감정에 얽매이지 않고 수행할 수 있다. 때문에 기계는 인간보다 뚜렷한 강점이 있는 '판단 주체'로 신뢰된다. 이러한 기계들은 극초단타매매High Frequency Trading라는 알고리즘 매매를 수행하며 1초보다 더 짧은 시간 동안 주식을 사고파는 주문을 한다. 이러한 기계의 주문은 추세를 형성할 뿐, 실제 거래로 이어지지 않기도 한다. 미국증권거래위원회SEC가 발표한 한 보고서에 따르면 96.8퍼센트의 주식 거래가 전혀 성사되지 않는다. 이 중 상당수는 기계의 거래로 추정된다.[137]

　이러한 기계의 거래 네트워크는 가격과 지수의 흐름을 만들어내지만, 인간은 왜 그러한 흐름이 눈 앞에 펼쳐지는지 점점 이해하기 어렵다. 때로 갑자기 들이닥치는 쓰나미처럼, 급격한 변동성이 시장을 덮치기도 한다. 이러한 변동성은 주로 트레이딩 알고리즘들이 서로 엮이며 만들어내는 인공적인 파동이며, 수많은 기계의 판단이 복잡하게 맞물린 결과이기 때문에 인간은 이러한 인공 재해를 맞으면서도, 그것이 왜 일어났는지 파악하기 어렵다. 쓰나미가 일어났을 때 우리는 그것이 언제 일어났고 무슨 피해를 입혔는지에 대해서는 알 수 있지만, 쓰나미가 왜 일어났는가에 대해서 그리고 언제

다시 일어날 것이고 어떻게 대응할 수 있을지에 대해선 명확히 말하기 어렵다. 최근 주식시장의 변동성 역시 유사한 측면이 있다.

2018년 2월 미국 주식시장의 급락은 이를 단적으로 보여준다. 2018년 2월은 2008년 금융위기 이래로 가장 혼란스러웠던 달로 기억된다. 주식시장에 뚜렷한 악재가 감지되지 않았음에도, 시장 지수가 곤두박질쳤기 때문이다. 주식시장의 건강 상태를 보여주는 다우존스 지수는 단 2주 만에 3200포인트 이상 하락했는데, 이것은 전체 시장 가치에서 12퍼센트나 증발한 것이다. 이 거대한 지진이 시작됐던 2월 5일 하루 만에 다우존스 지수는 1000포인트 이상 하락했는데, 이는 역사상 가장 큰 폭의 당일 하락치였다. 다우존스 지수와 함께 시장의 상태를 보여주는 S&P500 지수 역시 4퍼센트 이상 하락했다. 수많은 기관과 펀드, 트레이더들, 심지어 정보력이 우월한 투자은행들 역시 2월 한 달간 수조 달러의 손실을 입었다. 패닉에 빠진 투자자들은 2008년이 재현되는 것 아니냐는 공포에 휩싸였다. 흥미로운 것은 이 급락이 불과 10분 동안 이뤄졌다는 것이다. 2월 5일 오후 3시 전까지 1퍼센트대 하락세였던 다우존스 지수는 3시에 들어서며 10분 동안 3.5퍼센트 이상 추가 급락했다.

10분 사이 무슨 일이 일어났던 것일까? 이때는 '공포 지수'라 불리는 VIX(Volatility Index) 지수가 급격히 상승한 때이기도 하다. VIX 지수는 S&P500 지수 옵션의 향후 30일간의 변동성에 대한 시장의 기대를 나타내는 지수다. 이 지수는 투자자들의 불안 심리를 반영하기 때문에 공포 지수라는 별명을 가지고 있다. 지수가 높아

질수록 투자자들은 불안해하는 것이고, 낮을수록 투자자들은 시장을 안정됐다고 판단하는 것이다. 공포를 반영하는 VIX 지수는 기대감을 반영하는 주식시장과 반대로 움직인다. 많은 펀드들은 주식시장의 불확실성이 커질 때를 대비해 VIX 지수가 상승하면 주식을 자동으로 팔아 손실을 줄이는 헤지 알고리즘을 가지고 있다. 주가 폭락 도미노가 시작된 2월 5일은 VIX 지수가 2배 이상 급상승한 날이다. 직전 수개월 동안 낮게 유지되던 VIX 지수는 오전까지만 해도 변화가 없다가, 오후부터 갑자기 상승세로 바뀌더니, 3시에는 30을 돌파하였다. VIX 지수 30에 자동 매도를 걸어둔 펀드들은 시장에 매도 주문을 쏟아내기 시작했고, 이와 유사 알고리즘을 갖고 있던 펀드 역시 매물을 던지는 행렬에 동참했다. 걷잡을 수 없이 매도 주문이 쏟아지면서 주가 폭락으로 이어졌다.

즉 주가 폭락을 유발한 것은 인간이 아닌 기계다. 알고리즘 자동 매매가 공포 지수 상승에 과잉 반응하며 그보다 큰 충격파를 시장에 만들어낸 것이다. 주가 폭락의 원인이 된 VIX 지수의 비정상적 급상승은 시장에 실재하는 공포로 인한 것이라기보다는, 복잡한 매매 알고리즘의 반복적인 주문에 의해 만들어진 '인공적인 공포'라고 많은 투자자가 추정하고 있다.[138] 이 사건은 처음부터 끝까지 기계와 기계의 판단이 맞물려 일으킨 인공 재앙인 셈이다. 또는 이 사건을 알고리즘으로 운영되는 오늘날 대다수 펀드의 약점을 파고든 해킹으로 볼 수도 있다.[139] 주목할 만한 것은 2018년 2월의 폭락은 과거처럼 실제적인 공포에 의한 것이 아니라, 기계가 사람들이 '공

가상은 현실이다

포라고 믿는' 수치를 가지고 놀자, 다른 기계가 그것을 공포라고 인식하고, 그것이 사람들에게 '실제하는 공포'로 받아들여졌다는 것이다. 놀랄 만한 일은 실제로 일어나지 않았지만, 기계는 공포를 스스로 창조해낸 것이다. 인간의 판단은 기계가 만든 공포에 취약했고 인간은 패닉에 빠지는 수밖에 없었다. 기계들이 만들어내는 수많은 판단의 타래 속에서 한없이 약해지는 인간과 주식시장처럼 다른 영역도 곧 이런 미래를 맞이하게 될지도 모른다. 인공지능이 만들어내는 '인공 재앙'은 인간 사회가 더 자주 마주칠 새로운 형태의 천재지변이 될 것이다.

AI 맥거핀:
인공지능에 대한 과대평가와 과소평가

알프레드 히치콕의 영화 〈싸이코〉는 주인공 마리온 크레인이 4만 달러의 회삿돈을 훔치는 장면에서 시작한다. 이후 그녀의 도주극이 이어지는데, 관객들은 영화를 보며 그 돈이 어떻게 될지, 그녀의 운명에 어떤 영향을 미칠지 상상하게 된다. 빗길을 달리는 차에서 클로즈업되는 그녀의 얼굴은 도주의 긴장을 고조시킨다. 이 모든 것이 돈 때문에 일어난 일이라는 영화의 서스펜스에 관객들은 빨려들어간다. 그녀는 차를 멈추고 한 모텔에 투숙한다. 거기서 그녀는 샤워 도중 갑자기 살해당한다. 이후 카메라는 4만 달러의 돈다발을 보여준다. 관객들은 곧바로 살인이 돈과 관련 있을 것이라고 추측하게 된다. 하지만 이후 스토리에서 돈다발은 자취를 감춘다. 영화가 끝날 때까지 그녀가 훔친 돈은 사건 전개에 아무런 역할을 하지 않는다. 모든 사건이 해결된 마지막 장면에 이르러서야 돈은 잠시 언급될 뿐이다. "4만 달러는 어디 있을까요?" "여자의 차와 함께 묻혔겠지요." 영화에서 돈은 마리온 크레인이 모텔에 도착하기까지의 전반부 스토리를 이끄는 촉매이지만, 결과적으로는 아무것도 아니다. 의미가 있어보였지만, 사실 아무 의미도 없다. 이렇게 전혀 사건의 핵심이 아닌 것을 마치 핵심처럼 느끼게 만드는 장치를 맥거핀이라고 한다. 영화 〈싸이코〉에서 돈은 맥거핀이다. 맥거핀은 히치콕 자신이 직접 만든 개념이며 그의 스릴러 작품에서 자주 사용했다. 이후 수많은 영화에서 맥거핀은 서스펜스를 고조시키기 위한 장치로 널리 사용되었다.

맥거핀은 현실에서도 폭넓게 사용된다. 특히 영화와 같은 허구를 만들어내기도 하는 미디어는 현실의 사건을 다룰 때도 맥거핀을 활용한다. 사건의 핵심에 대중의 시선이 쏠리는 것을 막기 위해 사건의 비본질적 측면을 과장하는 맥거핀은 이미 수많은 뉴스에서 활용되고 있다. 우리 모두가 현실에서 서스펜스를 느끼는 대상은, 사실 〈싸이코〉의 4만 달러처럼 이후 실제로 전개될 핵심 사건에서는 전혀 중요하지 않은 요소일 수도 있다.

인공지능은 현존하는 가장 큰 서스펜스다. 우리는 인간을 추월하는 새로운 지능의 등장 앞에 환희와 공포를 동시에 느끼고 있다. 인공지능은 인간을 추월하고야 말 것인가? 인간의 일자리는 기계에 의해 얼마나 파괴될 것인가? 기계는 의식을 갖게 될 것인가? 의식을 가진 기계는 인간에게 복수할 것인가? 인류는 계속해서 기계를 지배할 수 있을 것인가? 아니면 기계에 지배당할 것인가? 이 모든 질문들은 인공지능 기술에서 시선을 떼지 못하게 만든다. 인공지능을 둘러싼 가장 강력한 서스펜스는 범용인공지능(또는 강인공지능)의 등장이다. 특정 업무만 수행하는 인공지능인 약인공지능과 대비되는 개념으로서 범용인공지능은 인간의 지적 능력을 완전히 따라하거나 더 추월하는 인공지능이다. 범용인공지능은 가설적인 개념이고 실제 기술 연구와 개발은 약인공지능 분야에서 대부분 이루어지고 있으나, 대중과 미디어의 관심을 끌어들이는 것은 결국 범용인공지능이다. 그것이 더욱 자극적이기 때문이다. 인공지능이 불러올 변화에 대한 이야기 역시 약인공지능이 이미 현실에 미치고 있는 영향보다는, 범용인공지능이 '미래에 초래할' 가상의 문제들에 초점이 맞춰져 있다. 이러한 범용인공지능에 대한 섣부른 불안과 공포는 권위자들에 의해 확대된 측면도 있다. 빌 게이츠, 엘론 머스크, 스티븐 호킹은 모두 범용인공지능의 출현과 그로 인한 인류의 파멸을 경고한 바 있다.

앤드류 응은 이처럼 아직 나타나지 않았고 실제 출현할 가능성이 지극히 낮은 범용인공지능에 대한 우려를 "화성의 인구 과밀을 고민하는 일"이라는 말로 비판했다. 그럼에도 불구하고 인공지능에 대한 과장된 우려는 커지고 있다. 이러한 대중적 우려를 활용해 가짜 서스펜스를 만들어내는 사례도 있다. 로봇 소피아가 그 예시다. 여성 인간의 모습을 한 로봇 소피아는 사람들이 인공지능에 대해 불쾌해하는 지점을 의도적으로 건드리는 가짜 인공지능이다. 소

가상은 현실이다

피아는 사전에 입력된 몇 가지 스크립트밖에 말하지 못하는 전시용 마네킹에 불과하지만, 일부러 이상한 표정을 짓거나 "인류를 멸망시키겠다"는 발언을 하는 등 인공지능에 대한 사람들의 공포를 자극한다. 이것은 인공지능보다 공상과학을 주제로 한 테마파크의 전시물에 가깝지만, 한편으로 이를 둘러싼 사람들의 반응은 현재 인공지능에 대한 일반적인 공포가 어떠한지를 보여준다. 페이스북에서 개발한 인공지능 챗봇이 서로 대화하며 컴퓨터만이 알아들을 수 있는 기계 언어를 창조했다는 뉴스 기사 역시 인공지능에 대한 과장된 우려를 키우는 왜곡된 스토리다. 마치 이러한 기사는 기계가 인간이 알아들을 수 없는 커뮤니케이션 시스템을 은밀히 만들어냈다는 식으로 읽히지만, 실제로 일어난 일은 단순 버그 이상도 이하도 아니다. 이러한 식으로 인공지능에 대한 가짜 공포를 키우는 뉴스는 헤아릴 수 없이 많다.

인공지능이 인간 직업의 절반 이상을 대체할 것이라는 뉴스는 어떨까? 대부분의 언론에서는 거의 모든 직업이 인공지능의 위협에 직면해 있고 당장 내일이라도 교육 시스템을 전면 수정해야 한다고 시끄럽게 떠들지만, 이 역시 상당수는 과장된 뉴스에 가깝다. 오히려 인공지능 기술을 실제 개발하고 연구하는 전문가들의 주된 의견은 좀 더 차분한 편이다. 인공지능이 특정 직업의 특정 역할을 완전히 수행하는 데만도 더 많은 시간이 필요하다는 것이다. 이 극명한 온도차는 현재 인공지능에 대한 우려가 얼마나 왜곡되었는지를 보여준다. 물론 최근 급격히 발전을 이루고 있는 인공지능 기술의 속도를 보자면 수십 년 내에 많은 업무가 인공지능에 의해 자동화될 것은 자명해 보인다. 그러나 이러한 업무 자동화가 언론에서 과장하는 것 같은 전면적인 '일자리 소멸'로 나타나지 않을 가능성이 높다. 가령 가장 높은 확률로 인공지능에 의해 대체될 직업군으로 꼽히는 콜센터 상담원만 봐도 그렇다. 언론은 콜센터에 근무하는 사람들이 바로 다음 달이라도 해고될 수 있을 것처럼 이야기하지만, 실제 대화형 인공지능은 겨우 걸음마를 뗀 수준이다. 최근 영어와 중국어에 대한 컴퓨터의 음성인식률이 매우 높아진 것은 사실이지만 음성을 단지 단어로 바꾸는 것을 넘어, 고객의 불만을 알아듣고 그에 대한 적절한 해결책을 제시하는 일은 아직 컴퓨터가 완벽히 수행하지 못한다. 인공지능으로 인한 실업이 일어나지 않을 일이라는 것은 아니다. 다만 언론의 우려에는 매우 부풀려진 부분이 있다는 것이다.

범용인공지능, 로봇 소피아, 일자리 소멸이 모두 인공지능 문제에 대한 맥거핀이라면 어떨까. 즉 우리가 잘못된 문제에 빠져, 진짜 문제를 놓치고 있는 것이라면? 우리가 4만 달러의 돈다발에 시선을 빼앗겨 진짜 범인이 누구인지 잘못 추리하고 있는 것이라면? 맥거핀은 아직 일어나지 않은 공포를 자극한다. 언론들은 독자들이 맥거핀에 몰입하도록 초지능과 싱귤래리티, 로봇에 의한 실업 등에 대한 기사를 늘어놓는다. 마치 이들이 인공지능 문제의 전부이자 핵심인 것처럼 말이다. 사람들에게 인공지능이 일으킬 문제에 대해 묻는다면, 대부분 위 세 가지와 관련된 답을 할 것이다. 그것도 아주

가상은 현실이다

즉각적으로 말이다. 이것은 매우 흥미롭다. 어떤 이유에서인지 우리 모두가 인공지능에 대해 특정한 방향으로 생각하도록 누군가가 조장하고 있다는 뜻이기 때문이다. 감독이 누구인지는 모르지만 우리는 대단히 잘 설계된 서스펜스에 사로잡혀 있다. 하지만 우리가 지금 맥거핀에 빠져 가짜 서스펜스를 느끼고 있는 것이라면? 오히려 진짜 문제는 샤워 도중 일어난 살인처럼 전혀 뜻밖의 사건일 수도 있다.

인공지능에 대해 사람들은 이중적인 태도를 보인다. 강인공지능을 과대평가하고 동시에 약인공지능을 과소평가한다. 약인공지능 앞에 붙은 약이라는 글자가 오히려 잘못된 오해를 불러일으키는 것이다. 이것은 기술의 파괴력을 과소평가하는 잘못된 명명이다. 현재의 인공지능은 미래 인공지능과 대비되는 맥락에서 약인공지능이라고 과소평가될 이유가 없다. 현재의 인공지능은 그 자체로 파괴적이며 위협적이기 때문이다. 우리는 아직 일어나지 않은 일에 대해서 대단히 걱정하는 한편, 현재 일어나고 있는 일에 대해서는 충분히 걱정하고 있지 않다. 인공지능은 우리가 생각하는 것보다 깊이 일상에 개입하며 인공지능을 활용한 감시 시스템의 등장, 알고리즘의 마인드 해킹(정치적 편향부터 감정 조작까지), 현실과 구분이 불가능한 가짜의 생성 등 이미 여러 문제들을 일으키는 중이다. 이러한 문제들은 먼 미래가 아니라 지금 눈앞에 도래한 문제들이다. 인류는 인공지능의 위협과 이미 마주하고 있는데도 불구하고 아직 위협이 오지 않았다는 착각에 깊게 빠져 있다. 인공지능 맥거핀에 속고 있는 것이다. 이미 인류는 인공지능과의 싸움에서 지고 있는 것일 수도 있다. 그리고 가장 큰 문제는 인류가 지금 스스로 싸움에 처해 있다는 것을 모른다는 점이다.

파놉티콘에서 팔란티어까지: ──────── •
인공지능과 감시

파놉티콘은 모두를 뜻하는 'pan'과 본다를 뜻하는 'opticon'이 합쳐진 단어로, 19세기 철학자 제레미 벤담이 제안한 원형 감옥 아이디어다. 파놉티콘에서 감시자들은 중앙 탑에서 외곽의 죄수들을 감시할 수 있으나, 중앙 탑은 어둡게 되어 있어 죄수들은 감시자들을 볼 수 없다. 죄수들은 감시자들이 실제로 있는지조차 모른다. 감시자들이 설령 감시를 하고 있지 않은 동안에도, 죄수들은 중심의 시선을 의식해 행동을 교정하게 된다. 감시의 내면화와 죄수의 자율 통제가 파놉티콘의 원리다. 미셸 푸코는 파놉티콘을 단지 건축 양식이 아니라 현대사회 전반의 통제 원리로 보았다.[140] 현대인 역시 누가 그들을 감시하는지 모르지만, 어딘가 그들을 지켜보는 시선이 있을 것이라 의식해 스스로 행동을 통제하고 시스템에 복종한다는 것이다.

실제로 우리는 감시가 이루어지고 있는지 아닌지 알 수 없다. 좀 더 정확히 말하자면, 우리는 지금 내가 특정한 감시의 타깃이 되었는지 아닌지, 타깃이라면 왜인지 아니라면 왜 아닌지, 나를 감시하는 주체가 정부기관인지 아니면 기업 혹은 또 다른 기관인지, 그들이 소수인지 아니면 여럿인지, 어떠한 목적으로 감시하는지, 무엇을 감시하고 어디까지 감시하는지, 나아가 어디까지를 감시라고 볼 수 있는지 등을 전혀 모른다. 이러한 질문에 명백히 답할 수 없음에도 불구하고 우리는 무의식적으로 무언가 우리를 엿보고 있음을 느낀다. 단지 CCTV 같은 명백한 감시 도구를 봤을 때만 이런 느낌이 드는 것이 아니다. 매일 소셜미디어를 쓸 때나 거실에 놓인 스마트 스피커를 봤을 때처럼 매 순간 디지털 자취를 만들어내는 모든 활동을 하면서도 우리는 감시의 긴장을 느낀다. 이 긴장은 우리 삶을 전방위적으로 사로잡은 디지털 기기와 서비스가 단지 우리가 요청하는 기능만을 수행하지 않으리라는 의심에서 비롯된다.

그들이 뒤에서 각종 데이터를 무단 수집하거나, 엿듣거나, 훔쳐보거나, 우리가 알면 절대 허락하지 않을 일을 수행할 것이란 의심이다. 실시간 모니터링과 데이터 분석이라는 이름을 가진, 전통적 감시와 달라 보이지만 본질은 같은 새로운 유형의 감시를 행하리라는 의심을 우리는 떨칠 수가 없다. 중앙의 시선에서 뻗어나가는 파놉티콘의 일방향 감시 시스템은 오늘날 더욱 분산화되고 탈중앙화된 형태로 진화했다. 감시는 감시탑에서 경찰차로, 경찰차에서 소셜네트워크로 모습을 바꾸었다. 감시의 주체도 '빅브라더'에서 수

가상은 현실이다

많은 '스몰브라더'로 분화했다. 우리는 국가의 시선이 두려워 사고와 행동을 교정하기보다는 소셜네트워크에 존재하는 불특정 다수의 시선을 의식해 사고와 행동을 더 자주 교정한다. 스마트폰, 카메라, 소셜미디어가 폭넓게 구축한 시선의 네트워크는 우리 일상을 촘촘히 통제하는 수억 개의 감시 권력으로 작동한다. 소셜 네트워크에 매복된 불특정 다수의 시선은 우리가 잘못을 저지르기만을 기다리다가, 잘못을 저지른 순간 이빨을 드러내고 사정없이 물어뜯는다. 이는 오늘날 사람들이 법적인 처벌보다도 더 두려워하는 처벌이다. 사람들은 중앙의 시선이 아닌 네트워크상의 시선을 의식해 행동을 교정한다. 모바일 파놉티콘이라고 말할 수도 있겠다. 모바일 혁명으로 컴퓨팅이 어느 곳에나 존재하는 만큼, 감시 역시 어느 곳에나 존재하는 것이다. 아울러 감시는 특정 영역을 넘어 전면적으로 확대되었다. 모든 발언과 활동이 감시의 대상이 된다. 과거 감시의 대상은 주로 범죄나 정치적 문제였다. 오늘날에는 우리가 무엇을 구매했는지, 무엇을 먹었는지, 무엇을 봤는지, 어디에 갔는지, 누구와 친하게 지냈는지 같은 모든 일상이 감시와 처벌의 대상이 된다. 그뿐 아니라 무엇을 구매하지 않았는지, 무엇을 먹지 않았는지, 무엇을 보지 않았는지, 어디에 가지 않았는지, 누구와 친하게 지내지 않는지 역시 교정 대상이 된다. 감시가 탈중앙화되면서 모든 것에 대한 효율적인 감시가 가능해졌다.

감시의 다음 패러다임은 기계에 의한 감시다. 오늘날 수많은 감시 업무는 인공지능으로 대체되고 있다. 기계의 눈이 인간의 눈을 대신해나가고 있다. 이것은 탈중앙화된 감시의 다음 단계인 동시에, 탈중앙화된 감시를 더욱 발전시키는 촉매이기도 하다. 탈중앙화된 감시는 여전히 인간에 의한 감시다. 모바일 파놉티콘에서 우리는 여전히 '인간'의 시선을 의식한다. 과거 중앙 감시자의 시선이 주변의 여럿으로 분산된 것이지만 여전히 인간의 시선이다. 그러나 기계의 감시에서 더 이상 인간 감시자의 시선은 존재하지 않는다. 오직 기계가 인간을 쳐다볼 뿐이다. 이것은 과거 감시와 매우 큰 차이를 갖는다. 기계의 감시는 단지 물리적 응시만을 뜻하지 않는다. 기계는 인간보다 더 많은 대상과 범위까지 포착하는 초응시 능력을 가지고 있을 뿐만 아니라, 물리적으로 볼 수 없는 대상까지를 보는 초지능을 갖추고 있다. 즉 기계는 인간보다 더 많이 볼 수 있을 뿐만 아니라, 인간이 볼 수 없는 것까지를 볼 수 있다. 우리는 기계의 감시라고 하면 즉각적으로 CCTV를 떠올리지만, 그것은 기계의 감시를 인간의 감시와 동일한 차원으로 보는 과소평가다. 기계의 감시는 수억 대의 카메라를 동시에 자신의 눈으로 삼으면서 그로부터 수집한 수억 개의 이미지와 비디오를 실시간으로 분석하고, 그를 통해 범죄자를 프로파일링하거나 미리 일어날 범죄를 포착한다. 또한 기계의 감시는 카메라를 통한 응시를 넘어 현실과 인터넷에 흩어진 수많은 데이터를 읽어내고 그로부터 패턴을 파악해 당신의 인터넷을 차단하거나, 인터넷상에서의 의견 교환을 막거나, 또는 당신이 특정한 행동을 하도록 강제하는 것까지를 포함한다.

기계는 카메라로 본 이미지와 사람들이 남긴 데이터를 구분하지 않는다. 감시 카메라를 통해 얻은 사람들의 얼굴과 소셜미디어에서 확산되는 여론은 기계에는 종류만 다른 데이터일 뿐이다. 기계의 감시란 결국 데이터 감시다. 데이터의 형태로 표현된다면 기계는 어떤 대상이든 감시할 수 있다. 그리고 전면적으로 디지털화된 우리의 삶은 기계가 읽어낼 수 있는 데이터를 대량 생산하고 있다. 우리의 정체성, 우리의 관계, 우리의 의견, 우리의 감정, 우리가 친구와 주고받는 대화, 우리가 방문한 곳과 먹은 것, 쇼핑 내역과 여행 계획 등 삶의 모든 부분은 기계가 읽어낼 수 있는 텍스트, 오디오, 비디오의 형태로 표현된다. 기계는 데이터를 통해 우리가 누구인지를 읽어낸다. 때마침 인공지능이 가장 발전한 분야는 자연어 처리, 음성인식, 컴퓨터 비전이다. 우리가 생산하는 각각의 데이터를 잘 읽어낼 수 있을 뿐만 아니라, 이를 기반으로 감시와 통제를 수행할 수 있는 것이다.

중국 소셜미디어의 키워드 통제는 텍스트 감시를 보여준다. 시진핑의 장기 집권 논란이 일자 웨이보에서는 정치적으로 민감한 키워드 검색을 모두 중단시켰다.[141] '시황제', '종신제', '2연임 제한' 등의 키워드는 웨이보에서 검색이 불가능해졌다. 위챗은 이보다 더 발전된 형태의 감시 시스템을 구축했다. 캐나다 토론토 대학교 연구진들에 따르면, 중국 현지 유저와 해외 유저가 위챗에서 채팅을 진행할 때 '천안문'을 언급하는 메시지는 자동 유실되는 것으로 밝혀졌다.[142] 해외 유저가 천안문에 대해 계속 언급하더라도, 중국 현지 유저는 메시지를 받을 수 없는 식이다. 이는 텍스트 차단으로 디지털 방벽을 세운 것과 같다. 중국 인터넷 사용자들의 디지털 대화는 철저히 기계 감시관에 의해 통제되는 것이다.

오디오 데이터를 통한 감시 역시 은밀하게 진행 중이다. 중국 공안 당국은 특정인들에 대해 수만 개의 음성 샘플을 수집해 데이터베이스를 구축한 것으로 알려져 있다. 이를 기반으로 음성 인식 기술을 활용한 감시 시스템 구축이 가능하다. 가령 공안의 눈을 피해 도주하는 정치범이 통화를 시작하자마자 저장된 음성 샘플과 대조해 그 목소리가 누구인지를 알아내고, 그의 현 위치를 파악하는 시스템을 생각해볼 수 있다. 만약 스마트폰과 스마트 스피커를 통해 얻어진 대규모 음성 데이터에 국가가 은밀히 접근할 수 있다면, 그리고 사람들의 목소리와 개인정보를 매칭시킨 데이터베이스가 실재한다면, 우리는 인터넷에서뿐만 아니라 현실에서도 말을 쉽게 꺼내지 못하게 될 것이다.

비디오 감시는 기계 감시 분야에서 가장 발전된 분야임과 동시에 가장 큰 투자가 이뤄지는 인공지능 산업이다. 이미 전 세계에 설치된 수많은 감시 카메라는 인공지능 분석 기능을 탑재하며 '볼' 뿐만 아니라 '알아맞추는' 센서 장치로 발전해나가고 있다. 기계의 '눈'에 '뇌'가 연결되기 시작한 것이다. 나아가 감시 카메라들은 서로 연결되며 시야를 확장하고 있다. 기계의 눈은 더욱 똑똑해지고, 더욱 넓어지고 있다. 오큘러스 창업자 팔머 럭키가 정치적 문제로 페이스북을 퇴사한 후 창업한 안두릴Anduril은 이러한 지능형 감시 카메라 시스템의 예시다.[143] 안두릴은 인공지능 카메라를 장착한 드론과 센서 타워를 개발하는 회사다. 이들의 주 고객은 국방부와 관련 부처로, 미국의 남쪽 국경에 지능형 감시망을 세워 불법으로 국경을 넘는 사람들을 감시한다. 인간이 컴퓨터 앞에 앉아 모니터링을 하지 않더라도, 안두릴 감시망은 국경에 접근하는 사람을 파악하고 그에 대해 대응할 수 있다. 트럼프의 미국-멕시코 국경 장벽 아이디어는 안두릴의 가상 장벽을 통해 부분적으로 현실화되었다고 할 수 있다. 오히려 가상 장벽은 실제 장벽보다 더 높은 수준의 감시와 통제를 수행할 수 있을 것이다.

기계는 드러난 데이터에 대한 감시뿐만 아니라, 데이터의 깊숙한 연결망을 통해 숨겨진 데이터에 대한 감시도 수행한다. 이러한 형태의 데이터 감시는 겉으로 드러나지 않는다. 우리가 남기는 다양한 데이터(이메일, 전화번호, 주소, GPS 정보, 소셜미디어 포스팅, 친구 관계, 통화 내역, 항공권 예약 정보, 금융 기록, 범죄 이력, 등 무수한 데이터)를 폭넓게 수집, 통합, 분석하여 인간이 알기 힘든 데이터의 연결고리를 조용히 찾아낸다. 숨어서 모든 것을 지켜보는 앰비언트Ambient 한 감시인 것이다. 파놉티콘에서 우리는 누가 감시하는지 모르더라도 중앙 탑의 존재를 통해 감시가 진행된다는 것은 알아차릴 수 있다. 그러나 앰비언트 감시 체계에서는 드러나는 감시탑이 없다. 모든 감시는 뒤에서 진행된다. 팔란티어Palantir는 이러한 앰비언트 감시 시스템을 가장 상징적으로 보여주는 기업이다. 빈 라덴의 은둔처를 알아내는 데 기여한 것으로 잘 알려진 팔란티어는 빅데이터 분석 기업으로, 미국의 정부기관 및 금융기관과 협력해 다양한 데이터 기반 예측과 대응을 돕는다. 팔란티어의 소프트웨어는 사이버 테러 방지, 금융사기 감지, 자금 흐름 추적, 폭발물 위치 파악, 실종자 추적, 질병 전파 경로 분석, 스파이 감시, 마약 거래 네트워크 추적, 정부 지출 최적화까지 중대하고 비밀스러운 문제들을 위한 데이터 분석을 제공한다. 최근에는 이란의 핵무기 개발 감시에도 팔란티어의 소프트웨어가 사용되고 있다.[144] 팔란티어라는 이름은 〈반지의 제왕〉에서 세상의 모든 것을 볼 수 있는 마법사 사루만의 마법 구슬에서 빌려왔다. 그들의 주요 고객을 고려하면, 이 '마법 구슬'이 감시에 사용될 가능성은 꽤 높아 보인다. 미국 중앙정보국, 국가안보국, 연방수사국, 국방부, 해병대, 공군, 특수작전사령부, 뉴욕 경찰청, 로스앤젤레스 경찰청이 팔란티어의 고객이다.

보안이 중요한 금융회사 역시 팔란티어의 주요 고객인데, 여기서 보안과 감시의 경계가 모호해지기도 한다. JP모건에서는 보안요원이 팔란티어 소프트웨어로 직원을 감시해 매우 큰 논란이 일기도 했다.[145] 해당 요원은 직원들의 이메일과 인터넷 사용 기록, GPS 정보, 프린터 활용 내역과 다운로드 파일 정보, 심지어 스마트폰 통화 내용까지 팔란티어 소프트웨어를 통해 감시했다. 팔란티어 소프트웨어는 직원들의 행동 데이터를 관찰, 수집, 분석하여 평상시와 다른 이상 행동이 나타나는 경우 경고를 보낸다. 만약 평소 퇴근 시간과 달리 늦게까지 오피스에 남아 있다면, 팔란티어는 이를 이상 징후로 파악해 보안 요원에게 경고를 전달한다. 대규모 자금을 관리하는 금융 회사에서 직원을 통제하는 것은 어쩌면 합당한 일처럼 보인다. 문제는 모든 것을 볼 수 있는 '마법 구슬'이 어두운 인간 내면의 감시와 통제 욕구를 자극한다는 것이다. 문제가 된 보안 요원 역시 팔란티어 소프트웨어를 활용해 뚜렷한 목적 없이 사적인 대화를 엿듣는 등 무절제하게 감시하다가 발각되었다. 보안 직원이 해고되기 전까지 팔란티어 소프트웨어의 사용 범위에 누구도 제한을 두지 않았고, 심지어 담당자 외에는 사용 범위에 대해 아는 직원이 없었다는 사실이 가장 큰 스캔들이었다. 그러나 이 스캔들은 어쩌면 우리가 당면한 현실 그 자체일지도 모른다. 아직 수면 위로 드러나지 않은 끔찍한 감시 스캔들이 이미 우리 일상에서 진행 중일 수 있지만, 우리는 스캔들이 있고 난 뒤에야 감시가 있었다는 사실을 알게 된다. 감시 담당자 외에는 알 수 없을 정도로 무절제한 대규모 감시는 멀리 있지 않을 것이다. 문제는 우리가 이러한 감시의 실체를 모르고, 알 수조차 없다는 것이다. 이러한 데이터 감시는 언제 어디서나 우리 주위에서 작동하기 때문이다.

우리가 대규모 데이터 감시 문제에서 진짜 걱정해야 할 대상은 페이스북이 아니라 팔란티어와 같이 국가와 협력하는 빅데이터 기업일 수도 있다. 오히려 페이스북의 데이터 스캔들은 팔란티어의 대규모 감시 문제를 대중의 시선에서 멀어지게 하는 측면마저 있다. 팔란티어가 수집하는 정보의 양은 페이스북보다 많을 뿐만 아니라, 질적으로 더욱 은밀하고 중요한 것들이다. 소셜미디어 정보는 팔란티어가 수집하는 방대한 데이터 중 한 축에 불과할 정도다. 페이스북은 누가 범죄자인지, 누가 어떠한 금융거래 기록을 가지고 있는지, 누가 어떤 의료 혜택을 신청했는지 모르지만 팔란티어는 페이스북에서 크롤링한 프로필 데이터와 각 정보기관에서 얻은 개인 데이터를 합해 감시 대상에 대한 더 깊은 정보를 얻을 수 있다. 이러한 데이터 감시 시스템이 얻어내려는 개인 데이터의 범위는 상상을 초월할 정도로 넓다. 팔란티어의 범죄 예측 프로그램을 사용했던 미국 로스앤젤레스 경찰청은 부동산 거래 내역, 유료 도료 통행 정보, 주차장 사용 기록, 병원, 주차장, 대학교 내 CCTV 기록, 심지어 파파존스와 피자헛에서의 주문 내역까지를 데이터 감시에 포함하려 했었다.[146]

다양한 차원에 흩어져 있는 개인 데이터를 하나의 데이터베이스 위에 통합하는 작업 자체도 위험하지만, 그 데이터베이스에 대한 소유와 운영을 국가와 그 협력 기업이 맡는다는 것은 더욱 위험하다. 팔란티어가 더 많은 정부 기관, 아울러 더 많은 민간 기업과 협력할수록 그들은 수많은 개인에 대한 360도 프로필을 완성할 수 있게 된다. 이 데이터로 할 수 있는 일은 팔란티어가 주장하는 긍정적인 일들뿐만 아니라 부정적인 일들도 많을 것이다. 가장 큰 문제는 감시의 대상이 되는 사람들이 이러한 데이터 감시에 대해 전혀 알아차리지 못한다는 것이다. 팔란티어 소프트웨어와 시민의 관계는 파놉티콘 감시탑과 죄수의 관계보다도 불평등하다.

미국 뉴올리언스 시와 팔란티어의 데이터 감시 스캔들은 미래 시민들에게 닥칠 위기를 전형적으로 보여준다.[147] 미국에서 여섯 번째로 범죄율이 높은 뉴올리언스 시는 마약 갱단을 소탕하기 위해 팔란티어의 위험한 손을 잡았다. 데이터 기반 범죄 예측을 명분으로 수많은 시민의 개인정보를 팔란티어와 은밀히 공유한 것이다. 이 정보에는 단지 갱단의 일원뿐만 아니라 갱단과 직간접적으로 연결된 친구, 가족, 연인, 범죄 피해자와 그들의 지인에 대한 개인정보가 광범위하게 포함되어 있었다. 팔란티어는 이들의 소셜미디어와 온라인 행적처럼 인터넷에 드러난 정보뿐만 아니라 주소, 전화번호, 운전면허 정보를 비롯해 범죄 이력같이 정부가 관리하는 정보에까지 폭넓게 접근해 감시를 수행했다. 갱단과 그들의 지인으로 지목된 시민들의 사회적 연결망은 매우 상세한 수준으로 팔란티어의 모니터링 화면에 시각화되었다. 박스로 표현된 수많은 개인들의 연결 다발에서 특정인의 박스를 클릭하면 그가 누구와 동료인지, 누구와 사는지, 누구와 연인 관계인지까지 제시되었다. 가령 갱단의 일원이 아닌 어떤 여성의 박스를 클릭하면, 그가 갱단의 누구와 연인 관계인지를 나타내는 식이었다. 가장 논란이 된 부분은 뉴올리언스 시의회와 시민 중 어느 누구도 시와 팔란티어가 데이터를 공유하는 것을 몰랐다는 것이다. 뉴올리언스 시는 어떠한 동의도 구하지 않은 채로 팔란티어에게 무단으로 데이터를 넘겨준 것이다. 데이터 감시가 민주주의를 넘어선 것이다.

팔란티어와 같은 데이터 감시는 단지 미국만의 이야기가 아니다. 개인 데이터 통합과 그를 기반으로 한 데이터 감시는 이미 많은 정부가 매력적으로 느끼는 시스템이다. 중국은 국가 주도로 이러한 발상을 현실화하려고 한다. 중국의 공안 클라우드警務云, Policy Cloud는 정부와 민간에 다양하게 퍼져 있는 개인정보를 하나의 데이터베이스 위에 합치고, 그를 기반으로 한 지능형 감시 시스템을 구축하려는 계획이다.[148] 공안 클라우드의 데이터 수집 규모는 팔란티어의 꿈과도 같다. 중앙정부와 지방정부, 각 부처, 소셜미디어와 전자상거래 사이트, 공항 및 공원 같은 공공장소, 은행 및 호텔 같은 상업 시설 등에 따로 저장되어 있는 개인 식별 정보, 범죄 이력, 의료 기록, 여행 예약 정보, IP 정보, 인터넷 접속 기록, 온라인 구매 데이터, 소셜미디어 포스팅, 그리고 각 시설에서 얻어진 안면 인식 데이터를 하나로 합쳐 한 개인의 온라인과 오프라인에서의 모든 행적을 추적하려고 한다. 모바일 배달 서비스와 지능형 무인 슈퍼마켓과 같은 혁신은 모두 정부가 개인의 행동 데이터를 수집하는 훌륭한 소스가 된다. 스스로를 데이터 기업이라고 주장하는 스타트업의 백엔드에는 공안 클라우드가 도사리고 있는 셈이다. 다양한 데이터의 연결 관계 속에서 감시 권력은 인간이 발견하기 힘든 '통찰'을 쥐게 되며, 정부는 특정인이 현재 어디에 있고, 누구와 함께 있고, 무엇을 하는지, 미래에 어디에서 누구와 무엇을 할지까지 예측할 수 있게 된다. 공안 클라우드는 다차원의 개인 데이터 통합이 얼마나 위협적인 아이디어인지, 또 그것이 어디까지 현실화될 수 있는지를 보여준다.

이미 중국 웨이하이 시와 쑤저우 시에서는 이러한 공안 클라우드가 현실화되고 있다. 웨이하이 시에서는 공안 클라우드가 63개 유형의 경찰 데이터와 115개 유형의 개인 데이터를 통합해 하나의 데이터베이스로 구축 중이다.[149] 여기에는 특정인의 질병 기록,

정부 청원 내역, 위챗, 웨이보, QQ와 같은 주요 소셜미디어의 유저 ID, 통화 내역, 인터넷 포럼 활동 기록이 포함되어 있다. 쑤저우 시 공안 클라우드는 알리바바와 징둥닷컴 같은 주요 전자상거래 사이트의 거래 데이터를 감시에 포함하고 있다.[150] 이러한 막대한 데이터 수집을 통해 중국 공안 당국이 개인을 통제할 수 있는 방법은 상상을 초월할 정도로 많을 것이다. 가장 쉽게 생각할 수 있는 것은 사상 통제다. 공안 클라우드가 정부에 반하는 목소리를 내는 사람들이나 특정 소수민족을 식별해내고 감시할 수 있다. 실제로 공안 클라우드는 극단적인 사상을 가진 인물들에 대한 통제를 운영 목표의 하나로 명시하고 있다.[151] 단지 강도나 절도, 마약 거래 같은 범죄 통제를 넘어 정치적 사상이나 여론 통제에 데이터 감시가 활용된다면, 우리는 머지않아 새로운 유형의 독재국가를 보게 될 것이다. 공안 클라우드는 디지털 독재국가의 위험한 가능성을 보여준다. 오랫동안 정보 기술은 개인에게 더 많은 자유를 가져다주는 기술로 받아들여졌다. 하지만 이것이 철저한 편견이었음을 공안 클라우드가 증명한다. 오히려 가장 첨단의 정보기술인 인공지능은 개인의 자유를 억압하는 일에 매우 효과적으로 사용될 수 있는 것이다.

감시는 중앙 감시탑에서 모든 것을 볼 수 있는 '마법 구슬'로 진화했다. 인공지능 기술을 통해 감시는 더 넓은 곳을 볼 수 있으면서도 스스로의 정체는 숨길 수 있게 되었다. 인공지능 기술을 선도하는 미국과 중국에서는 이미 이러한 데이터 감시가 현실화되고 있다. 점점 더 많은 국가들이 미국과 중국을 뒤따를 것이다. 데이터 감시는 국가가 거부하기에는 너무나 매력적인 시스템이기 때문이다. 문제는 이때 많은 국가들이 인공지능 알고리즘을 개발할 능력과 자산이 부족하다는 것이다. 결국 수많은 국가들, 특히 변방국들은 미국과 중국의 빅데이터 감시 기업이 만들어놓은 솔루션을 수입해 사용하게 될 것이다. 마치 독자적 기술력이 없는 국가들의 기술기업이 글로벌 기술기업이 만들어놓은 API를 활용하는 것 같은 현상이 데이터 감시 시스템에서도 동일하게 일어날 것이다. 실제로 아프리카의 짐바브웨 정부는 중국 기업의 안면 인식 기술을 수입해 공항 보안 검색대에서 활용하고 있다.[152] 이러한 감시 기술의 수출로 글로벌 정치 질서에서 미국과 중국의 패권이 더 강력해질 것이다. 미국과 중국 감시 당국과 같은 수준의 구슬을 갖고 싶어하는 정부는 결국 더 많은 데이터를 미국과 중국에게 넘겨주게 되면서, 미국과 중국은 전 세계 시민들에게 더 큰 지배력을 행사하게 될 것이다.

가상은 현실이다

얼굴과 처벌:
안면인식 감시 시스템의 진화

인스타그램과 스냅챗의 얼굴 필터는 2010년대에 등장한 수많은 모바일 제품의 기능 중 가장 대중적으로 성공했다. 스마트폰 카메라로 친구와 얼굴을 맞바꾸거나, 얼굴에 강아지 혓바닥이나 고양이 귀를 달 수 있는 이 기능은 인공지능의 큰 축인 컴퓨터 비전 기술에 기반한다. 컴퓨터 비전은 컴퓨터나 기계가 현실세계를 보고 이해할 수 있도록 돕는 '기계 눈'을 개발하는 기술이다. 컴퓨터가 언어를 이해하도록 돕는 자연어 처리, 말소리를 이해하도록 돕는 음성 인식과 더불어 컴퓨터 비전은 인공지능의 가장 주된 연구 영역 중 하나이자, 가장 선진적인 연구 분야로 여겨진다. 컴퓨터 비전은 얼굴 필터뿐만 아니라 자율주행차량이 도로를 감지하는 일, 무인 매장 아마존 고에서 방문 고객을 체크하는 일, MRI 결과를 분석하는 일에까지 폭넓게 쓰인다. 특히 한 사람의 가장 고유한 생체 정보라 할 수 있는 '얼굴'을 파악하는 안면인식 분야는 무수한 활용 가능성 때문에 가장 많은 발전이 이루어지고 있다. 그렇기에 구글의 비전 에이피아이Vision API, 페이스북의 딥페이스Deepface, 아마존의 레코그니션Rekognition, 마이크로소프트의 페이스 에이피아이Face API 등 실리콘밸리의 기술기업들은 모두 안면인식 기술에 큰 투자를 하고 있다.

안면인식 기술은 매우 뚜렷한 활용처가 있는데, 그것은 바로 '감시'다. 사람들에게 재미를 주는 안면인식 기술은 한편으로는 사람들을 가장 억압할 수 있는 기술이다. 아시아 10대들이 애용하는 카메라 어플리케이션 '스노우'에 쓰이는 안면인식 기술은 중국 인공지능 스타트업 센스타임이 개발했다. 센스타임의 주요 고객 중 하나는 중국 정부다. 중국 정부가 신장 위구르 지역에 설치한 CCTV에도 센스타임의 기술이 들어가 있고[153] 여기서 안면인식 기술은 주민 감시에 쓰인다. 이때 안면인식은 더 이상 유쾌하기만 한 기술이 아니다. 안면인식 기술의 양면성을 보여주는 사례는 많다. 영국 해리 왕자 결혼식 생중계 방송에서 카메라가 유명 하객을 비출 때마다 그들의 이름을 자동으로 화면에 띄울 수 있었던 것은 아마존의 안면인식 기술 레코그니션 덕분이다. 레코그니션은 미국 올랜도, 플로리다, 워싱턴 카운티 경찰에게 판매됐었다.[154] 이들 경찰은 용의자 추적과 다양한 용도의 신원 확인을 위해 안면인식 기술을 사용하려 했다. 이 사실이 미국의 시민자유연맹ACLU에 의해 밝혀지면서 안면인식 기술에 인권침해 소지가 있다는 논란이 일었고 곧 사용이 중단되었다.

안면인식 기술은 불특정 다수의 신원을 파악할 수 있을 뿐만 아니라 그들의 행동을 실시간 모니터링할 수 있다는 점에서 궁극의 감시 시스템을 완성하는 열쇠가 될 수 있다. 마이크로소프트는 안면인식 기술이 감시에 쓰일 때의 위험성을 고려해, 해당 기술 개발의 당사자임에도 정부에 관련 분야에 대한 규제를 요청한 바 있다. 그리고 이 위험은 이미 우리 앞에 와 있다. 이미 중국에서는 안면인식 기반의 인공지능 디스토피아가 펼쳐지고 있다.

'톈왕天網, Skynet'은 안면인식 기능을 갖춘 대규모 감시 카메라 시스템이다.[155] 2005년 중국 공안부 주도로 구축하고 있는 이 시스템은 베이징과 상하이 등 대도시에 설치된 CCTV 2000만 대 이상을 하나의 영상 감시 클라우드 시스템에서 연결하고, 안면인식과 사물인식 기술을 활용해 CCTV로 감지되는 행인과 차량의 정보를 분석해 보여준다. 범죄 용의자 데이터베이스를 연동해 용의자가 CCTV에 목격될 경우 그를 잡아낸다는 것이 시스템의 목표다. 거기에 고차원의 군중 분석 기능이 더해지면, 대규모 인원이 몰리는 공공장소와 상업 시설뿐만 아니라 시위 현장에서도 활용될 수 있다. 이름 그대로 '하늘을 덮는 그물'인 셈이다. 톈왕을 통해 2천 명 이상의 범죄자를 체포한 것으로 알려져 있다.

톈왕과 같은 안면인식 감시 카메라 시스템은 중국 각지에서 다양하게 도입하고 있다. 광둥 성 선전 시 경찰은 인공지능 기업 인텔리퓨전과 협력해 안면인식 기능을 더한 도로 감시 시스템을 도입했다.[156] 무단횡단을 하는 보행자가 나타나면, 고해상도 감시 카메라가 보행자를 감지하고 안면인식을 통해 신분을 즉각 확인한다. 신분이 확인되는 순간 거리 전광판에 행인의 사진이 걸린다. 심지어 무단횡단자 사진을 기록하는 웹사이트까지 개설됐다. 선전 시 경찰은 또한 도로 감시 시스템과 위챗 메신저를 연동해 무단횡단시 자동 경고 메시지와 범칙금 내역도 함께 보내려고 한다. 인민재판의 자동화인 것이다. 저장 성 자싱 시에서는 홍콩 인기 가수 장쉐유의 공연에서 도피 중이던 경제 사범을 2만 명의 입장객 중에서 걸러내 검거했다.[157] 공연장 출입구에 설치된 안면인식 감시 카메라가 포착한 것이다. 허난 성 정저우 시 기차역에서는 경찰들이 안면인식 기능이 더해진 스마트 글래스를 끼고 춘제(설날) 기간 동안 수배범들을 잡아들이기도 했다.[158]

2018년 중국 전역에는 약 1억 7000대의 감시 카메라가 있는 것으로 알려져 있고, 2020년에는 4억 5000대까지 늘어날 것으로 전망된다.[159] 그리고 새로 설치될 카메라는 모두 안면인식 기능이 더해진 지능형 감시 카메라일 것이다. 이렇게 전국에 설치된 감시 카메라를 하나로 묶는 국가적 사업이 추진되고 있다. 그것은 바로 쉐량雪亮, Sharp Eyes 공정이다.[160] 도시를 중심으로 퍼진 톈왕 시스템과, 지방의 CCTV 시스템, 그리고 새롭게 설치될 지능형 CCTV를 모두 단일화된 감시 시스템으로 통합하는 것이다. 중국 전역의 도로와 교통 시설, 빌딩과 쇼핑몰 등 상업 지구, 공공장소에 설치된 수억 개의 카메라를 하나의 눈으로 가지게 되면 중국 공안은 폭넓고 밀도 높

가상은 현실이다

은 감시를 수행할 수 있을 것이다. 명시적 목표인 범죄자 추적뿐 아니라, 다양한 형태의 개인 감시가 가능해질 것이다. 여기서 주목할 것은 감시 카메라의 양적인 확대보다도, 이 모든 카메라를 묶는 인공지능 감시 시스템인 쉐량이다. 연결된 카메라가 더 많은 데이터를 수집하면서 쉐량의 인공지능은 더욱 강화될 것이기 때문이다. 수천 개의 도로에서 얻어진 데이터는 감시 지능을 학습시켜, 새로 깔린 도로에서 누가 무단횡단을 할 것인지 정확히 예측해낼 수 있을 것이다. 나아가 위구르 지역에서 얻어진 데이터는 다른 도시의 시위대를 효과적으로 진압하는 데 사용될 수 있을 것이다. 즉 하드웨어의 양적인 증가보다 소프트웨어의 질적인 진화가 더 위협적이다. 데이터를 통해 감시 지능이 제곱으로 강화되는 만큼, 제곱으로 제약되는 것은 개인의 자유다.

안면인식 기술은 진화 중이다. 최근 영국 캠브리지 대학교와 인도 과학원은 위장한 개인의 얼굴을 판독하는 딥러닝 알고리즘을 개발했다.[161] 누군가 선글라스, 안경, 모자, 스카프, 수염 등으로 얼굴을 가리고 있어도 그가 누구인지 판독할 수 있다. 아직 알고리즘의 정확도는 50퍼센트 정도이지만, 확실하게 드러난 얼굴이 아니어도 그의 신상을 파악할 수 있음이 검증된 것이다. 미래에는 신원을 숨기기 위해 얼굴을 가린다고 해도 감시 카메라는 우리가 누구인지를 파악할지도 모른다. 이렇게 '추측하는 시야'는 투시에 가깝다. 이런 감시 능력을 국가가 갖게 되었을 때, 개인이 국가를 상대로 프라이버시를 보호할 장치는 전혀 없을 것이다. 과거 국가의 시야는 대단히 제한적이었으나, 이제는 무제한에 가까울 정도로 넓어지고 있는 것이다. 국가는 '범죄 예방과 통제'라는 반대하기 힘든, 반대하는 사람들은 불리한 위치에 서게 되는 명분을 밀어붙이면서 자신의 시야를 끊임없이 넓혀왔다. 반면에 같은 기간 동안 개인이 국가를 보는 시야는 얼마나 넓어졌는지 의문스럽다. 국가와 개인 사이 시야의 불평등이 매우 깊어지고 있는 것이다.

오늘날 '얼굴'은 현실 정체성과 디지털 정체성을 잇는 링크다. 카메라가 현실에서 우리 얼굴을 스캐닝하는 순간, 디지털 세계에 저장된 우리의 다양한 데이터는 한꺼번에 로딩된다. 카메라가 인식한 얼굴은 페이스북이나 인스타그램, 링크드인 등 소셜미디어에 올려진 프로필 사진과 맵핑되고, 사진과 함께 연결된 수많은 개인 데이터, 이를테면 이름, 성별, 연령, 이메일, 전화번호, 주소, 직업, 학력, 나아가 관계나 취향, 인터넷 게시판에 남긴 글이나 웹사이트 방문 기록 및 구매 내역까지 불러올 수 있다. 애플 아이폰의 안면인식 잠금 해제 기능인 페이스ID의 마케팅 문구는 현대사회의 중대한 비밀을 은연중에 누설한다. "당신의 얼굴은 당신의 비밀번호입니다." 우리는 자신의 방대한 디지털 데이터를 아무렇게나 조회할 수 있는 비밀번호인 얼굴을 내놓고 거리를 다니고 있는 것이다. 이마에 바코드가 그려진 인간은 오랫동안 공상과학에서 통제당하는 인간에 대한 상징으로 사용되었다. 그러나 이마에 바코드를 일일이 부여하는 귀찮은 과정은 현실에서 필요가 없어졌다. 이미 얼굴 그 자체가 기계가 판독 가능한 바코드가 되어버렸기 때문이다. 정부와 기업은

가상은 현실이다

안면인식 카메라로 우리의 바코드를 읽어내고 감시와 통제에 사용한다.

디지털 사용자가 현실에서 구체적으로 어떠한 행동을 하는지는 오랫동안 실리콘밸리 기술기업들이 궁금해한 질문이었다. 인터넷에서 나이키 광고를 본 사용자가 실제로 나이키 매장에 방문하는지는 알 수 없다. 오직 그가 나이키 웹사이트에 방문하는 것만 알 수 있을 뿐이다. 우리의 온라인 활동 기록과 오프라인 활동 기록은 단절되어 있다. 만약 인터넷에서 광고를 본 사람이 매장에 방문하는지의 여부까지 알게 된다면, 그것은 기업 입장에서는 백만 불짜리 비밀을 풀게 되는 셈이다. 스마트폰이 모든 사람의 손에 쥐어진 2010년대 이후에 이 비밀을 풀기 위해 GPS를 활용한 위치정보 추적 등이 연구되었으나, 여전히 사람들의 온라인 활동 기록과 오프라인 활동 기록을 한눈에 파악하는 것은 어려운 과제로 남아 있었다. 오래 풀리지 않던 이 비밀을 안면인식 카메라가 해결해줄 것으로 기대된다. 안면인식 카메라는 얼굴-바코드를 즉시 읽어내는 눈인 동시에, 그의 온라인 기록까지도 호출할 수 있는 뇌이기 때문이다. 이제 나이키 매장에 안면인식 카메라를 설치하게 될 경우, 고객이 매장에 방문했을 때 그가 어떤 디지털 프로필을 가졌으며, 이전에 어떠한 온라인 활동을 했는지 알아낼 수 있을 것이다. 만약 페이스북의 인공지능 카메라인 페이스북 포털Facebook Portal을 매장에 설치할 경우, 방문자들의 페이스북 프로필을 보고 어떠한 유형의 사람들이 실제 매장에 방문하는지, 그들이 실제로 페이스북 광고를 보고 매장에 들렀는지 아닌지까지 알아낼 수도 있을 것이다. 안면인식 카메라를 통해 우리의 온라인과 오프라인 활동은 하나의 대시보드 위에서 감시될 수 있다.

이 기술적 진화는 보다 철학적인 의미를 갖는다. 안면인식 카메라를 통해 가상세계는 현실세계를 그 안으로 더 깊게 빨아들인다. 안면인식은 온라인과 오프라인을 가로질러 인간 추적 시스템을 구축해주는 열쇠다. 인간을 디지털 세계에서 더 오래 살도록 끌어당기는 것을 넘어, 인간의 현실 활동 자체를 가상세계 안으로 완전히 흡수하는 것이다. 인간의 디지털 활동만 볼 수 있었던 가상은 카메라-눈을 통해 인간 활동의 다른 반쪽, 즉 현실세계까지 시청할 수 있게 된다. 이제 가상은 가상 안에 이미 반영된 현실과, 카메라로 실시간으로 시청하는 현실을 조합해 인간의 활동을 전방위적으로 관찰하고 이해하게 된다. 온라인 유저를 추적하는 것과 동일한 형태의 애널리틱스 알고리즘이 현실 위에 펼쳐지며 인간은 완벽히 가상에 사로잡히게 된다.

가상은 초기 인터넷 시절에는 현실을 잘 알지 못했다. 인간을 인간으로 이해한 것이 아니라, 익명의 유저1로 파악할 수 있을 뿐이었다. 가상기술의 발전에 따라 인간은 자신의 인격과 현실을 가상화시키는 소셜미디어를 만들어냈고, 가상은 유저의 프로필 데이터를 폭넓게 얻게 되었다. 스마트폰 카메라 빅뱅과 함께 사람들이 폭발적으로 업로드하는 사진을 통해, 가상은 그 개개인의 생활, 추억, 관계에 대해 더 많이 파악하게 되었다. 그리고 이제 가상은 유저가 넘

가상은 현실이다

겨주는 데이터만을 기다리지 않는다. 안면인식 카메라를 통해 가상은 사람들의 현실 행동을 적극적으로 관찰한다. 가상이 인류 관찰에서의 해상도를 점점 높여가고 있는 것이다. 반면 인간은 스스로가 어떻게 가상에 의해 추적되고, 자신의 정보가 수집되고, 또 분석되는지 거의 모른다. 스마트폰 카메라 빅뱅의 다음 단계는 모든 사물과 장소에 카메라를 설치하는 것이다. 이 카메라들은 인공지능과 안면인식 기능이 내장되어 있을 뿐만 아니라 다른 카메라들과 클라우드로 연결되어 하나의 방대한 카메라 네트워크를 형성할 것이다. 집, 건물, 매장, 공원, 자동차, 신호등까지 곳곳에 설치된 카메라는 우리의 얼굴-바코드를 훑으며 서로 데이터를 주고받고, 인터넷의 여러 기록을 실시간으로 조회할 것이다.

우리는 얼굴을 판독당하지 않는 것만이 가상으로부터 자유를 얻을 수 있는 길이란 사실을 곧 깨닫게 될 것이다. 일상을 둘러싼 수천 대의 안면인식 카메라로 인해 프라이버시는 멸종 직전에 가까운, 희소한 것이 되었다. 어쩌면 다가올 미래에 가면은 추적당하지 않을 자유를 지키는 동시에, 기계에 읽히지 않고 인간으로서의 품위를 지킬 수 있는 새로운 럭셔리 상품으로 부활하게 될지도 모른다.

데이터 신분제, 21세기 새로운 계급 시스템

오늘날 기술 디스토피아를 상상하는 일에서 중국과 공상과학은 경쟁관계에 있다. 공상과학의 상상보다 중국의 현실이 더 충격적인 경우가 많기 때문이다. 최근 중국이 인공지능과 데이터를 통해 구축하는 감시 시스템을 보면, 오히려 공상과학이 중국의 현실로부터 상상력을 얻어갈 만한 부분이 많아 보인다. 인공지능의 혁신적인 연구 성과를 가장 빠르게 운영에 반영하는 주체는 구글과 페이스북 같은 기술기업만이 아니다. 중국 정부와 공안은 전 세계에서 인공지능을 가장 깊게 이해하고 빠르게 실제에 적용하는 주체 중 하나다. 컴퓨터 비전 연구의 놀라운 성취를 바탕으로 안면인식 감시 시스템을 만든 것 이외에도, 중국은 다양한 감시와 통제에 인공지능을 활용하고 있다.

가상은 현실이다

중국이 2020년까지 완성을 목표로 삼고 있는 소셜 크레딧 시스템은 가장 극단적인 빅데이터 기반의 대량 감시 시스템이다.[162] 이 시스템은 전국민에게 사회적 신용 점수를 부과하고, 점수에 따라 개인에게 다양한 형태의 보상이나 불이익을 준다. 신용 점수는 다양한 데이터를 총합해 결정되는데, 정부와 공안 당국이 보유한 데이터뿐만 아니라 소셜미디어나 전자상거래 기업이 수집한 개인 데이터가 반영되기도 한다. 높은 점수를 받은 개인은 세금 혜택을 얻거나 대출 또는 적금에서 이자율 혜택을 얻을 수 있고, 저리 할부나 예치금 면제와 같은 신용 혜택을 받을 수 있다. 반면 낮은 점수의 개인은 직업을 선택하거나 학교를 선택하는 일에서 불이익을 받을 수 있고, 비행기나 열차를 탈 때 선택이 제약될 수 있다. 이미 점수가 낮은 900만 명의 '사회적 저신용자'들의 국내선 비행기 티켓 구매가 금지되었고, 300만 명의 사람들이 특등석 클래스의 열차 티켓을 살 수 없게 되었다.[163] 앞으로 중국 내에서 더 많은 사람들이 데이터를 기반으로 한 시스템하에서 사회적 불이익을 받을 것이다.

사회적 신용 점수는 마치 금융기관에서 매기는 신용 등급처럼 특정 행동을 수행함에 따라 올라가거나 떨어질 수 있다. 중국 정부가 용인하는 행동을 한다고 해서 이득이 무한대로 커지지는 않는다. 다만 중국 사회로부터 추방당하지 않고 사회적 자원에 접근할 수 있을 뿐이다. 그러나 중국 정부가 곱게 보지 않는 행동을 할수록 불이익은 계속 커진다. 점수가 떨어질수록 시민이라면 당연히 누릴 수 있는 권리를 보장받지 못하게 되며, 결국엔 일반 사회로부터 차단당하게 된다.[164] 이것이 소셜 크레딧 시스템의 핵심이다. 다른 모든 등급 시스템처럼 올라가는 데에는 한계가 있지만 떨어지는 데에는 바닥이 없다. 이미 중국 정부 역시 소셜 크레딧 시스템의 목표가 사회 안정화와 정부가 장려하는 선행Good Deeds의 확산에 있음을 명시하고 있다.[165] 이를 위해 지역 정부는 선행을 한 주민을 조사하고 점수를 매기는 작업을 하고 있다. 시민의 덕목을 사회의 자율에 맡겨놓는 것이 아니라 국가의 통제로 강제하는 것이다. 자선단체에 기부금을 내는 것 역시 저신용자가 점수를 올릴 수 있는 방법이다. 이때의 기부금은 순수한 기부가 아니라 범칙금이 된다. 개인의 선의 때문이 아니라 집단에서 배제되지 않기 위해 돈을 내는 것이기 때문이다.

소셜 크레딧 시스템은 아직 국가적으로 완성된 시스템은 아니다. 그러나 앞으로 어떤 방향으로 나아갈지는 분명해 보인다. 개인의 행동을 광범위하게 통제하기 위해서는 개인에 대한 더 많은 데이터가 필요하다. 정부는 그들에게 없는 데이터를 수집하는 민간 기업들과 손잡는 수밖에 없다. 알리바바의 금융 자회사 앤트파이낸셜[166]과 중국 최대의 메신저 위챗의 운영사 텐센트는[167] 소셜 크레딧 시스템의 데이터 미싱 링크를 채워 넣을 협력 파트너다. 앤트파이낸셜의 세서미 크레딧芝麻信用은 중국 정부가 민간 기업의 신용 평가 업무를 허용하면서 등장한 최초의 민간 신용 평가 시스템 중 하나다. 앤트파이낸셜은 전통적인 신용 평가 방식과 달리, 다양한 디지털 데이터를 수집·분석하여 개인의 신용을 평가한다. 여기에는 앤

가상은 현실이다

트파이낸셜이 직접 보유한 결제 서비스인 알리페이를 통해 얻은 구매 금액이나 쇼핑 빈도와 같은 전자 상거래 구매 데이터 및 금융 거래 데이터와, 소셜미디어상의 친구 관계 및 친구의 신용도 데이터가 포함된다. 텐센트의 신용 평가 시스템 텐센트 크레딧騰訊信用 역시 위챗페이 활용 데이터와 자사의 모바일 메신저 위챗 및 QQ에서 수집한 개인 데이터를 기반으로 개인의 신용을 평가한다.

이렇게 민간 기업이 수집한 개인 데이터와 정부의 사회적 신용도 데이터가 만나게 되면, 한 개인의 최종적인 데이터 '신분'이 결정된다. 그리고 이 신분에 따라 개인이 할 수 있는 것과 할 수 없는 것이 가려지게 된다. 중국 온라인 데이팅 사이트인 바이허Baihe에서는 세서미 크레딧 점수를 매칭 상대에게 보여주어 그가 얼마나 신용도가 높은 사람인지 알 수 있도록 했다.[168] 이는 데이터 신분이 단지 경제적인 이득이나 불이익을 주는 것을 넘어 사소한 일상에까지 영향을 주는 시스템임을 보여준다. 정부가 더 많은 민간 기업들과 데이터 공유를 하게 되면, 그리고 신용도 점수의 활용처를 더 많이 늘린다면, 더 강력한 개인 통제가 가능해지고 신분제는 더 공고해진다. 이것은 21세기에 등장한 새로운 형태의 디지털 계급 시스템으로, 데이터 신분제라고 부를 수 있다.

데이터 신분제는 14억 인구의 사상과 행동을 통제할 수 있는 가장 효율적인 시스템이다. 더 이상 중국은 자아비판, 인민재판, 비밀경찰 같은 구시대적이고 노골적인 통치 수단을 쓸 필요가 없다. 스마트한 데이터 포인트 시스템으로 인민에게 자발적인 복종을 이끌어낼 수 있기 때문이다. 정부 비판자를 일일이 색출할 필요가 없다. 정부 비판 글을 소셜미디어에 게시하면 점수를 깎고, 관영 언론 기사를 소셜미디어에 자주 공유하면 점수를 주면 된다. 자국 상품 구매를 강요할 필요도 없다. 해외 상품을 구매하면 점수를 떨어뜨리고, 국산품을 자주 구매하면 점수를 주면 된다. 특정한 행동을 확산시키고 싶다면 가점을 부여하고, 특정한 행동을 차단하고 싶다면 감점을 부여하면 된다. 효과가 좀 약하다 싶으면 보상을 강화하거나 처벌을 강화하면 된다. 마치 게임처럼 말이다. 게임은 우리에게 어떤 플레이를 하도록 강제하지 않는다. 다만 어떤 플레이를 할 때 어떤 보상이 있는지 또는 처벌이 있는지를 우리에게 내면화시킬 뿐이다. 우리는 알아서 게임이 설계한 인센티브를 좇게 된다. 모든 것이 디지털화되는 세계에서 사회 통제는 게임을 닮아간다. 데이터를 통제하는 가상의 규칙이 인민의 실재를 통치하는 것이다.

　데이터 신분제가 가능한 이유는 개인 데이터의 축적Accumulation과 집중Centralization 때문이다. 그리고 데이터의 축적과 집중은 중국뿐만 아니라 전 세계에 걸쳐 일어나고 있다. 중국에서 데이터가 정부에 집중된다면, 서구권 인터넷에서 데이터는 기술기업에 집중되고 있다. 데이터 신분제는 아직 중국만의 일처럼 보이지만, 데이터의 과도한 축적과 집중으로 인한 왜곡은 다른 나라에서도 일어난다. 서구에서는 기술기업이 막대한 데이터 축적과 집중을 통해 만든 알고리즘이 개인의 의식을 조종하거나 선거 결과를 바꾸기도 한다. 중국과 서구에서 일어나는 문제는 다른 형태지만 본질은 같다. 데이

가상은 현실이다

터의 축적과 집중이 개인의 운명과 사회의 향방을 조종할 수 있다는 것이다. 이것은 매우 중요한 사실이다. 인류가 마주한 여러 위기가 근본적으로 같은 뿌리에 기원해 있음을 보여주기 때문이다. 모든 것이 데이터로 기록될 때, 데이터는 운명을 결정한다. 좀 더 정확히 말하면, 데이터에 대한 막대한 접근 권한을 가진 이들이 모든 것의 운명을 결정한다. 우리는 자신의 운명에 대해 얼마나 통제권을 가지고 있는지 물을 필요가 있다.

선택이 제거된 수동적 세계:
모두 추천 알고리즘에 의존한다

인터넷은 선택할 필요가 없는 공간으로 바뀌고 있다. 모든 것이 자동으로 '추천'되기 때문이다. 우리는 추천을 따라가기만 하면 된다. 마치 자율주행 모드를 켜놓은 차에 앉아 있는 것처럼 가만히 수동적으로 웹을 서핑하면 된다. 인터넷의 거의 모든 웹과 앱이 그렇다. 무언가를 몇 번만 클릭하면 웹과 앱은 우리가 누구인지 알아맞히고, 우리가 보고 싶어할 만한 것을 바로 추천해준다. 전 세계인의 뉴스 채널이 된 페이스북 뉴스피드뿐만이 아니다. 유튜브는 당신의 시청 기록을 통해 당신이 좋아할 만한 유튜버를 추천해준다. 아마존은 구매 내역을 기반으로 다음에 구매할 만한 상품을 추천해준다. 넷플릭스는 당신이 시청할 만한 영화를, 스포티파이는 당신이 들을 만한 음악을, 링크드인은 당신이 지원할 만한 일자리를 추천해준다. 우리

가상은 현실이다

는 더 이상 인터넷에서 무엇을 볼지, 어디로 갈지 고민하지 않는다. 우리가 알고리즘이 추천한 경로를 따라갈수록 인터넷은 우리에 대해 더 자세히 알게 되고, 추천은 더욱 정확해진다. 그렇게 우리는 점점 추천 경로를 벗어나지 않고 그 안에만 머무르게 된다. 우리의 발자국, 즉 인터넷 트래픽은 추천이 이끄는 대로 움직이게 되는 것이다. 이것이 21세기 초반 인터넷에 일어난 가장 큰 변화다.

추천은 인공지능 기술의 가장 일반적인 사용 사례다. 인공지능에 의해 작동하는 오늘의 인터넷은 선택의 필요를 낮추고 추천의 편리를 높이는 방향으로 진화하고 있다. 이것은 인공지능이 폭넓게 적용되기 전 시대의 인터넷과 비교해보면 명확해진다. 게시판 형태로 작동하는 오래된 웹사이트나 커뮤니티를 방문해보면, 우리는 너무나 많은 것을 직접 누르고 찾아내는 수고를 들여야 한다는 것을 느끼게 된다. 몇 번만 클릭하면 자동으로 좋아할 만한 것들이 펼쳐지는 오늘의 인터넷과는 완전히 다르다. 앞으로도 인터넷은 더욱 개인화된 추천을 중심으로 발전해나갈 것으로 보인다. 추천이 현재 인터넷을 지배하고 있는 플랫폼 기업에 더 많은 이윤을 가져다주기 때문이다. 추천은 사람들이 플랫폼을 벗어나지 못하게 만드는 장치다. 추천은 더 많은 콘텐츠를 시청하게 하며, 더 많은 상품을 구매하게 하고, 더 오래 플랫폼에 머무르게 한다. 현재 플랫폼 기업의 권력을 해체하고 분산시키는 새로운 인터넷 질서가 등장하지 않는 한, 추천은 인터넷에서 사람들의 트래픽과 행동을 통제하는 절대 권력을 계속 휘두를 것이다.

추천은 편리와 함께 편향을 낳는다. 추천은 우리가 좋아하는 것을 계속해서 보여주지만, 그와 다르거나 반대되는 것은 감춰버린다. 즉 어떤 추천은 다른 어떤 것을 은폐한다. 이러한 작동 구조는 플랫폼 입장에서는 유리하다. 사용자들의 체류 시간을 늘리고 이를 투자자들에게 어필해 주가를 올릴 수 있기 때문이다. 그러나 이것이 개인에게 좋은 것인지는 알 수 없다. 추천을 따라갈수록 우리는 세상의 다른 면을 보는 것이 어려워지고, 편향된 정보로 구축된 세계 속에 갇혀버리기 때문이다. 추천 알고리즘이 민감하게 작동하는 인터넷 서비스를 사용하는 사람이라면 한 번쯤 추천으로부터 벗어나고 싶다는 충동을 느껴봤을 것이다. 추천 정보에 질려버리는 것이다. 그러나 다른 관점이나 취향이 담긴 새 정보를 찾으려고 해도 쉽지 않다. 이미 사용자에 대한 오랜 학습을 통해 조율이 잘된 알고리즘은 우리를 계속 편향된 관점에 가둬두려고 계속 추천하기 때문이다. 아울러 편향에서 벗어나기 위해서는 검색이라는 능동적 수고를 들여야 하지만, 편향에 머무를 때에는 단지 앉아서 추천만 받으면 된다.

어쩌면 추천은 본질을 감추는 단어인지도 모른다. 실제로 추천이 하고 있는 일은 특정한 관점을 수동적으로 소비하게 하는 '강제'이기 때문이다. 그럼에도 역설적으로 많은 추천 알고리즘은 발견 Discovery이라는 주체적인 뉘앙스로 브랜딩된다. 알고리즘에 의존하는 수동적 소비가 발견이라는 이름으로 명명되는 것은 우리 시대 가장 흥미로운 모순 중 하나다. 발견의 세계에서 우리는 사실 아무것도

가상은 현실이다

직접 발견할 필요가 없다. 어차피 우리의 다음 선택은 추천에 의해 강제되기 때문이다. 인터넷의 더 빠른 정보 순환Transaction을 위해서는 인간의 주체적 선택 자체가 불필요한 마찰Friction이 된다. 이러한 마찰, 즉 인간의 선택권을 줄일수록 인터넷은 더욱 매끄러워지고 빨라질 수 있다. 인공지능 이후 인터넷이 전개되는 방향은 바로 이러한 마찰 없는 인터넷, 선택이 제거된 인터넷이다. 정보의 양이 폭발적으로 증가하는 오늘날 추천은 수많은 개인이 그에게 필요한 정보를 얻는 데 필수적인 도구로 보이기도 한다. 어차피 누구도 사지 않을 제품이나, 취향이 아닌 음악이나, 관심 없는 주제의 글을 보고 싶어하지 않기 때문이다. 그러나 모든 인터넷이 추천에 따라 움직이고, 모두가 추천에 의존하는 것은 더 큰 문제를 낳을 수 있다.

로봇처럼 사고하는 인간의 탄생:
인간의 알고리즘화

인간은 인공지능을 프로그래밍한다. 동시에 인공지능은 인간을 새로 프로그래밍한다. 인터넷 전반에 침투한 인공지능은 '개인화' 또는 '추천 알고리즘'이라는 형태로 인간의 의식을 재-프로그래밍한다. 특히 소셜미디어에 적용된 인공지능은 현대인의 사고 체계를 대규모로 재배열한다. 페이스북 뉴스피드에 적용된 인공지능은 우리가 무엇을 볼지 또는 무엇을 보지 않을지 정보를 선별하고, 어떤 대상에 대해 어떻게 느껴야 하는지 감정의 규칙을 제공한다. 알고리즘 큐레이션을 통해 우리는 무엇을 알아야 하고 무엇이 중요한지, 또 무엇을 '좋아요' 해야 하고 '싫어요' 해야 하는지 배우게 된다. 그렇게 점점 우리 의식은 알고리즘에 의해 변형된다. 인공지능이 파악한 '나'에 스스로가 맞춰지게 되는 것이다. 원래는 관심 없었던

'연관 콘텐츠' 추천에 우리는 계속 빨려 들어가며, 어느 순간 우리는 전에 없던 관점·태도·취향·감각 따위를 계발하게 된다. 그것은 극우주의적 세계관일 수도 있고, 80년대 일본 씨티팝 취향일 수도 있다. 또는 채식주의나 안티백신주의일 수도 있다. 중요한 것은 우리 자신이 웹을 사용하면서 '변한다'는 것이다. 이것은 인공지능에 의해 작동하는 웹 전반에서 일어나고 있는 현상이다.

우리는 웹을 더 이상 주체적으로 서핑하지 않는다. 웹에 올라탄 이들을 특정 방향으로 휩쓰는 어떤 조류에 올라탔을 뿐이다. 그 조류의 이름은 개인화 추천 알고리즘이다. 페이스북뿐만 아니라 우리가 대부분의 시간을 보내는 유튜브, 아마존, 인스타그램, 트위터, 스포티파이 같은 인터넷 사이트는 우리가 누구인지를 읽어내고, 그것에 맞춰 특정한 방향으로 우리를 계속해서 끌고 간다. 당장 우리가 자주 사용하는 사이트나 앱을 열어보자. 피드 상단에 뜨는 정보들이 과연 나의 관심사일까? 아니면 인공지능이 보여주고 싶어하는 관심사일까? 우리는 인공지능이 확률적으로 판단했을 때 우리가 클릭하거나 시청하거나 구매할 확률이 높은 '연관된 무언가'에 대해 끊임없이 관심 가질 것을 강제당하고 있다. 인공지능이 개인에 맞춰 최적화되는 것이 아니다. 최적화되는 대상은 바로 인간 자신이다. 즉 인간이 인공지능에 맞춰 최적화되고 있는 것이다. 그렇다면 '개인화'라는 용어는 잘못된 표현인지도 모른다. 실제로 일어나고 있는 일은 '인간의 알고리즘화'이기 때문이다.

우리는 스스로에게 질문을 던질 필요가 있다. 나의 취향은 과연 나의 취향인가? 나의 정치적 성향은 과연 나의 정치적 성향인가? 나의 라이프스타일은 과연 나의 라이프스타일인가? 혹은, 이 모든 것은 알고리즘이 우리 의식에 주입시키고 강화시킨 것일 수도 있지 않을까? 더욱 근본적으로, 우리는 과연 인간인가? 현대인은 알고리즘에 따라 작동하는 로봇이 아니라고 말할 수 있는가? 우리의 의식, 취향, 관점, 태도의 이미 많은 부분이 알고리즘에 의해 프로그래밍되는 상황이라면, 우리는 이미 로봇-신체를 가진 것이라고 보지 않을 이유가 있는가?

나아가 오늘날 문화는 얼마나 '인간적'인가? 인간의 행위가 상당수 알고리즘에 의해 유도되거나 강제되는 것이라면, 인간이 집단적으로 만들어내는 '문화' 역시 알고리즘의 산물이라고 보지 않을 이유가 없다. 인스타그램을 작동시키는 알고리즘은 젊은 세대의 셀피집착적 행동과 사고방식을 유도한다. 이미지, 그중에서도 자기 이미지에 강박적으로 몰두하는 젊은 세대의 문화는 인스타그램 알고리즘에 의해 인공적으로 만들어진 것이다. 특히 인스타그램이 탄생시킨 과시 문화는 인스타그램 알고리즘에 스스로를 최적화시키려는 인간들로 인해 만들어졌다. 인스타그램에서 우리의 표정, 행동, 말투, 몸짓은 모두 어느 정도 '인공적'이게 된다. 인스타그램 알고리즘에 우리의 행동이 최적화되면서, 디지털에서 우리는 불쾌할 정도로 잘 편집된 모습으로, 인간적 자연스러움이 삭제된 채로 존재한다. 이것은 인간이 자생적으로 만들어낸 행동 양식이 아니라 인스타그램 알고리즘이 인간을 조종해 만들어낸 양식이다. 특히 밀레니

가상은 현실이다

얼 세대에겐 인스타그램에 최적화된 행동 양식이 너무나 당연한 것으로 여겨지고 있다. 여기서 인간은 알고리즘의 명령을 다른 인간에게 전달시키고 끊임없이 복제시키기 위한 중간 매개체, 즉 밈^{Meme}이 된다. 마치 인간을 숙주로 자라나는 에일리언처럼, 알고리즘 역시 인간을 숙주로 자신의 문화적 명령을 현실에 퍼뜨리는 것이다. 다시 한 번, 알고리즘이 인간을 위해 최적화되는 것이 아니라 인간이 알고리즘에 최적화되는 것이다.

오늘날 정치는 사회 모든 분야 중에서 알고리즘에 의해 가장 깊게 프로그래밍되는 분야다. 현대인의 정치적 의견은 알고리즘에 의해 코딩되어 있다. 어떠한 뉴스가 나타나는 즉시 사람들은 각자의 이념에 따라 자동 반사적으로 반응한다. 팩트에 대한 확인이나 비판적인 사고와 같은 인간적 행위는 찾아보기 힘들다. 마치 특정 콘텐츠에 대해 자동으로 '좋아요'를 누르도록 설계된 봇처럼, 사람들은 특정 사건에 대해 미리 준비된 정치적 응답을 내놓는다. 정치적 의견을 내는 과정이 자동화된 것이다. 자신의 의견이 틀려도 절대 수정하지 않는다. 이것은 신념이 깊어서가 아니다. 특정한 입력 A에 대해 산출 B를 내놓도록 설계된 컴퓨터처럼 정치적 의식이 그런 식으로 프로그래밍되어버렸기 때문이다. 물론 여기에는 인공지능의 책임이 크다. 정치적 의견은 사람이 내지만, 그 의견을 인터넷에서 유통하고, 확산하고, 강화하는 일은 모두 인공지능 알고리즘이 수행한다. 이 과정에서 현재의 인공지능은 같은 성향의 의견을 가진 사람들을 더욱 결속력 있게 묶어내고, 다른 성향의 의견을 가진 사람들을 배척해내는 형태로 설계되어 있다. 좌파 성향의 콘텐츠를 연달아서 몇 개 본 순간 나의 뉴스피드는 좌파 콘텐츠로 뒤덮인다. 우파 성향 콘텐츠도 마찬가지다. 그리고 이미 특정 성향의 콘텐츠를 깊이 시청한 이후에는, 다른 시각을 가진 웹상의 정보에 접근하기가 대단히 어려워진다. 현대의 웹은 어떤 성향에 입문하는 순간 하드코어한 중핵으로 급속히 빨아들이는 방사형 구조를 갖고 있기 때문이다.

인간처럼 사고하는 로봇이 등장하기에 앞서, 로봇처럼 사고하는 인간이 등장했다. 인간 의식의 자동화는 다른 모든 자동화에 앞서 가장 혁명적이며, 인류가 직면한 그 어떤 자동화의 위협보다도 가장 위협적이다. 그럼에도 불구하고 이 위협은 많은 사람들에게 전혀 관찰되지 않거나 그 함의가 제대로 파악되지 않고 있다. 인간의 의식은 점점 더 알고리즘의 통제에 취약해지고 있다. 인간 의식을 새롭게 프로그래밍하는 주체는 다름 아닌 기술기업들이다. 기술기업들은 인공지능을 통해 우리에게 끊임없이 특정한 성향을 추천하고, 결과적으로 의식을 새롭게 코딩해낸다. 이것이 가능한 근본적인 배경 역시 데이터의 축적과 집중 때문이다. 개인의 행동을 파악하고 예측할 수 있는 데이터가 기술기업들에게 축적되고 집중되면서, 그들은 인공지능을 더욱 고도화해 개인을 쉽게 통제할 수 있게 된 것이다. 국가로 데이터가 축적되고 집중될 때 디지털 독재국가가 등장한다는 것을 중국의 사례를 통해 보았다. 소수의 기술기업에 데이터의 축적과 집중이 일어나는 서구 세계에서는 인간의 로

봇화가 진행되고 있다. 서구 세계에서 중국의 디지털 독재국가화를 비판하는 것은 언제나 태생적 모순을 안고 있다. 문제의 곁가지는 다를지언정, 데이터의 축적과 집중이라는 문제의 뿌리를 서구 세계 역시 안고 있기 때문이다. 그리고 어쩌면, 중국보다 더욱 세련되게 진화한 서구의 인공지능이 개인의 취향과 사고를 알고리즘에 최적화시켜 종국적으로 인간을 로봇처럼 만들어 버리는 것은 더욱 큰 위기다.

알고리즘화된 인간, 로봇이 된 인간은 가상에 포섭된 실재를 증명한다. 실재의 고유한 주체성은 증발하고, 가상은 실재에 자기 논리를 강제적으로 부여한다. 실재는 가상이 조직된 방식과 같은 방식으로 재조직된다. 인간은 스스로 가진 종적 특이성을 상실하고, 컴퓨터 알고리즘과 같은 종으로 변화하고 있다.

딥페이크, 혹은
딥트루스

지금까지 인공지능은 '인식'에 초점이 맞춰져왔다. 대량의 데이터를 기계에게 학습시켜, 기계가 인간과 같은 인식 능력을 갖게 하는 것이다. 인간과 같은 수준으로 '보는' 능력, 인간과 같은 수준으로 '듣는' 능력, 인간과 같은 수준으로 '읽는' 능력을 기계에게 부여하는 것이다. 이로 인해 기계는 탁월한 인식 능력을 갖추게 되었다. 이제 기계는 고양이가 무엇인지 인식할 수 있다. 나아가 기계는 인간보다 더 뛰어난 인식을 할 수도 있다. 수백만 개의 영상에서 고양이가 나오는 영상을 일일이 찾아내는 일은 인간이 할 수 없다. 그러나 기계는 이 일을 단숨에 높은 정확도로 할 수 있다. 많은 인식 분야에서 기계는 인간을 이미 뛰어넘었다. 기계는 인간보다 더 잘 보고, 더 잘 듣고, 더 잘 읽는다. 그러나 기계가 인간과 같은 지능 수준을 얻

가상은 현실이다

게 되었다고 말하기는 어렵다. 인식이 지능의 전부가 아니기 때문이다. 기계는 특정한 이미지를 주었을 때 그것이 고양인지 아닌지 인식해낼 수 있지만, 고양이를 직접 그려내지는 못한다. 즉 현재의 인공지능 기계가 고양이를 '안다'라고 볼 수는 없는 것이다. 반면 인간은 무언가를 인지함과 동시에 그것을 표현할 수 있다. 우리는 길에서 고양이를 보았을 때 그것이 고양이라는 것을 알 뿐만 아니라, 고양이를 펜으로 그려낼 수도 있다. 우리는 고양이를 안다. 인지는 할 수 있으나, 인지를 기반으로 정보를 생성할 능력이 없는 기계의 지능은 인간 지능과 비교했을 때는 반쪽짜리 지능이다.

　인공지능 연구자들 역시 이 문제를 잘 알고 있다. 기계가 인지를 넘어서 생성까지 해낼 수 있도록 만들기 위해 연구자들은 새로운 인공지능 방법론을 모색하고 있다. 생성적 적대 신경망GANs:Generative Adversarial Networks은 기계에 없는 반쪽을 부여하려는 기술이다. 이는 서로 역할이 대립되는 두 개의 머신러닝 알고리즘을 활용해 기계가 진짜 같은 이미지, 비디오, 사운드, 텍스트 등을 만들어내는 기술이다. 두 알고리즘은 각각 '생성자'와 '구별자'의 역할을 나눠 맡는다. 생산적 적대 신경망(GAN)의 창안자 이안 굿펠로우는 각 알고리즘의 역할을 마치 '위조범'과 '감별사' 관계에 비유해 설명한다.[169] 생성자 알고리즘은 위조범처럼 원작을 닮은 모작을 만들어낸다. 구별자 알고리즘은 모작과 원작을 대조해 모작을 걸러낸다. 다시 생성자는 구별자를 더 잘 속이기 위해 원작에 더 가까운 모작을 만들어낸다. 구별자 역시 계속 모작을 걸러낸다. 두 알고리즘은 서로 경쟁하며 결국 원작에 가까운 모작을 만들어낼 수 있게 된다. 생성적 적대 신경망은 인공지능이 인지를 넘어 생성까지 해낼 수 있음을 보여준 혁명적인 방법론이다. 비교적 최근에 등장한 이 방법론을 두고 인공지능 연구의 대가 얀 르쿤은 "지난 10년간 인공지능 연구의 혁신 중 최고의 혁신"이라고 말한 바 있다.[170] 그런데 이제 막 싹을 틔운 이 기술은 벌써부터 우려를 안겨주고 있다. 진짜 같은 가짜를 만들어낼 수 있는 가능성 때문이다.

딥러닝을 활용해 만들어낸 가짜 합성을 뜻하는 딥페이크DeepFake는 이러한 가능성을 보여준다. 연예인의 얼굴을 포르노 배우의 신체에 합성한 딥페이크 포르노부터 정치인 발언 영상을 합성해 만든 딥페이크 연설까지, 인터넷에는 벌써 다양한 딥페이크가 만들어지고 있다. 알고리즘 학습에 사용할 수 있는 데이터만 충분하다면 딥페이크를 만들어내는 것은 어렵지 않다. 인터넷에 기록된 영상이나 음성 데이터가 많은 유명인 대상의 딥페이크가 많은 것도 이 때문이다. 일반인 역시 데이터만 충분하다면, 그를 대상으로 한 딥페이크를 쉽게 만들어낼 수 있다. 이미 인터넷의 어두운 한켠에서는 친구와 지인의 얼굴을 활용한 딥페이크가 제작되고 있다. 우리 삶의 전면이 사진과 동영상의 형태로 인터넷에 계속 업로드되는 오늘날, 우리 모두는 딥페이크의 위협에 처해 있다. 우리는 전혀 알지 못하는 사이에 나와 똑같이 생긴 가상의 사칭 인격이 포르노 배우가 되거나, 극단적인 발언을 하는 일을 겪을 수 있다. 이미지나 비디오 기반 딥페이크가 아니더라도, 메신저나 소셜미디어에 남긴 텍스트를 활용한 딥페이크 역시 가능할 것이다. 나의 말투를 따라하는 딥페이크가 가족이나 지인에게 텍스트 메시지를 보내며 금융 사기를 칠 수도 있다. 온라인에 남겨진 우리의 모든 데이터가 가짜 합성의 타깃이 된다.

최근 생성적 인공지능의 개발 성과를 고려했을 때 합성된 가짜가 현실을 교란하는 일은 그리 멀지 않은 미래로 보인다. 엔비디아의 인공지능 연구진은 최근 진짜인지 가짜인지 구분이 불가능한 사람의 얼굴 이미지를 만들어내는 데 성공했다.[171] 실존하지 않지만 실제로 있을 법한 퀄리티의 프로필 사진을 만들어낸 것이다. 놀라운 것은 거의 모든 인종과 모든 성별, 모든 연령의 조합이 가능하다는 것이다. 가령 실제로 있을 법한 아시아 10대 여성 프로필과 아프리카 30대 남성 프로필을 만들어낼 수 있다. 실제 인물들의 프로필 사진과 같이 놓고 보았을 때 두 사진 사이에는 어떠한 차이도 드러나지 않는다. 나아가 얼굴형, 눈 크기, 헤어스타일, 안경 착용 등의 변수를 적용해 원하는 인상을 만들어낼 수도 있다. 엔비디아 연구진은 사람의 얼굴에서 나아가 자동차나 침실과 같은 사진에 대해서도 현실에 있을 법한 이미지를 합성해내는 데 성공했다. 더 많은 실제 대상과 풍경이 인공지능을 통해 생성 가능해질 것이다. 이러한 합성 이미지가 가짜 뉴스에 현장 사진으로 삽입되며 거짓된 믿음을 강화할 수도 있다.

미국 시카고 대학교의 연구진은 인간이 남긴 식당 리뷰와 차이가 없는 리뷰를 생성해내는 데 성공했다.[172] 식당 리뷰 사이트인 옐프에 남겨진 리뷰 데이터를 인공지능에 학습시키고, 그것을 기반으로 리뷰를 만들어내게 했다. 리뷰 생성 인공지능은 가짜 리뷰를 걸러내는 옐프의 인공지능을 뚫는 학습까지 하여, 수준 높은 리뷰를 생성해냈다. 이들이 만들어낸 인공 리뷰는 인간이 직접 쓴 리뷰보다 더 좋은 평점을 받기까지 했다. "이 식당을 아주 좋아해요. 저는 이 식당의 오랜 팬입니다. 특히 친구나 가족과 좋은 시간을 보낼 때 제격입니다. 음식과 서비스 모두 좋습니다. 이 식당에서 나쁜 경험을 한 적이 없습니다. 강력히 추천합니다!" 온라인 리뷰같이 목적이 분명한 영역에서 단순한 문장을 표현하는 일은 인공지능이 어렵지 않게 흉내 낼 수 있다. 이것이 더 많은 상품 리뷰, 나아가 트위터 토론에까지 확장된다면 어떨까. 나아가 특정 메시지를 확산시키기 위한 자동화 봇이 더해진다면 어떨까. 인터넷의 모든 대화는 아주 이상한 방향으로 전개될 것이다.

캐나다의 스타트업 라이어버드Lyrebird는 사람의 목소리를 몇 분 만에 복제해내는 인공지능을 개발했다.[173] 몇 개의 문장을 읽은 녹음 파일을 인공지능에게 학습시킨 후, 텍스트로 말하고 싶은 문장을 입력하면 인공지능이 내 목소리와 발음 패턴을 똑같이 따라해 말한다. 어느 정도 어색한 부분은 있지만 전화 통화와 같은 환경에서는 상대방을 충분히 속일 수 있을 정도다. 라이어버드는 트럼프나 오바마의 목소리를 활용해 그들이 실제로 하지 않은, 하지만 실제로 했을 법한 가짜 연설을 생성해냈다. 이러한 가짜 연설은 대중에게 가짜 분노를 자극하는 데 사용될 수 있다. 구글 딥마인드가 발표

가상은 현실이다

한 음성합성 알고리즘인 웨이브넷은 기계 발음의 어색함까지 극복해내어 인간의 발성과 구분할 수 없는 말소리를 만들어내는 데 성공했다.[174] 인간이 단어마다 녹음한 소리를 컴퓨터가 문장으로 재생할 때는 특유의 어색함이 있다. 그러나 웨이브넷은 녹음한 글자 그대로를 재생하는 것이 아니라, 사람이 문장 단위로 말하는 소리의 파형을 익혀 사람과 똑같은 파형의 말소리를 낸다. 웨이브넷의 음성은 딱딱한 기계 발음이 아닌 실제 사람의 말하기처럼 들린다. 웨이브넷을 기반으로 한 음성 챗봇 듀플렉스는 미래에 걸려올 전화가 어떠할지 예견하게 해준다.[175] 로봇은 우리에게 사람과 똑같은 목소리로 말을 걸 것이다. 그리고 전화의 용건은 예약 확인에 그치지 않을 것이다. 그것은 가족의 목소리를 훔친 가짜 인질극이나 협박일 수도 있다.

생성적 인공지능이 만드는 가짜 합성물은 현실을 교란시킬 것이다. 그리고 가짜 합성물은 이미지, 비디오, 텍스트, 음성 등의 형태로 따로따로 나타나지 않고 합쳐진 형태로 찾아올 수도 있다. 가령 현재 소셜미디어에서 사람들의 행동을 그대로 모방하는 가상 인격들이 소셜미디어를 점유하게 된다면 어떨까? 소셜미디어에서 가상 인격들이 주고받는 가짜 이미지, 가짜 비디오, 가짜 텍스트, 가짜 음성, 그리고 그들의 가짜 관계가 새로운 가상현실을 만들어내 실제 현실을 왜곡시킬 것이다. 딥페이크가 등장하기 전에도 인터넷은 가짜 뉴스로 혼란을 겪어왔다. 이미 지금의 기술 수준에서도 진짜와 가짜를 구분하는 것이 어렵다. 점점 더 많은 현실의 대상이 가상화되며 인터넷에 업로드됨에 따라, 가짜를 만드는 데이터 비용은 낮아지고 가짜는 만연해질 것이다. 여기서 생성적 인공지능이 더 발전하게 되고 이 기술을 활용하는 문턱이 낮아지게 된다면, 인터넷은 진실을 찾는 것 자체가 무의미해지는 판타지랜드가 될 것이다. 우리는 아직 진짜와 가짜를 어떻게 구분해야 하는가라는 순수한 질문에 대해 고민하고 있지만, 가까운 시일 안에 우리는 진실이 과연 중요한가라는 질문을 놓고 심각하게 고민하게 될지도 모른다.

이미 우리는 진실보다 신념을 우위에 두는 시대에 살고 있다. 이런 상황이 언젠가 바뀌리라는 미약한 희망을 품고 있지만, 이미 시대는 진실이야 어쨌든 상관하지 않는 방향으로 흘러가고 있다. 생성적 인공지능은 신념의 마취 상태에서 빠져나올 필요가 없도록 만들어주는 기술적 기반이 될지도 모른다. 기술이 계몽이 아닌 환상에 기여하는 모습을 우리는 자주 목격하게 될 것이다. 기술이 발전해감에 따라 역설적으로 어느 누구도 자기 신념이 부정될까 봐 걱정할 필요가 없게 될 것이다. 인공지능으로 신념의 근거를 만들면 되기 때문이다. 생성적 인공지능으로 그럴 듯한 증거를 만듦과 동시에, 추천 알고리즘으로 그 인공 생성 증거들에 빠져들게 하면 된다. 반대파의 신념을 공격하고 싶은데 비판할 근거를 못 찾겠다고 고민할 필요도 없을 것이다. 역시 인공지능으로 비판의 근거를 만들면 되기 때문이다. 딥페이크 기술은 결국 각자의 신념 체계를 강화해주는 편향된 진실을 생성하는 데 점점 더 많이 사용될 것이다. 사람들은 기술로 위조해낸 진실을 딥트루스^{DeepTruth}라고 부를지도 모른다.

어쩌면 이것은 미래 이야기가 아니라 이미 시작된 현실일 수도 있다. 우리가 아는 현실은 이미 끝났을 수도 있다. 이미 현실은 신념과 기술의 혼성 교배로 탄생한 무수한 파생 현실들의 집합일지도 모른다. 그렇다면 지금이 탈진실 시대라는 것은 잘못된 진단이다. 이미 과거에도 진실은 하나가 아닌 다수였음에도, 기득권은 하나의 진실만을 보게 하는 기술들을 독점했던 것일 수도 있다. 그러나 이제 기술이 기득권이 진실을 독점했던 현실을 타파해주는 것이 아니라, 각자가 품은 판타지까지 진실로 생성시켜내는 시대에 돌입한 것일 수도 있다. 지금이 탈진실 시대가 아닌 다진실 시대라고 이해한다면, 우리는 오늘의 세계를 매우 다른 관점에서 바라보게 된다. 확실한 것은 생성적 인공지능 기술이 각자의 진실을 더욱 진실된 것으로 만들어주고 있다는 것이다. 가상이 만들어낸 진실과 실재에서 일어난 사실 사이의 전쟁은 시작되었다.

데이터 착취 vs
데이터 주권

우리가 페이스북에 남기는 개인정보는 페이스북 뉴스피드 알고리즘 개선에 사용된다. 우리가 구글 포토에 올리는 수천 장의 사진은 구글 이미지 인식 알고리즘 강화에 사용된다. 우리가 알렉사에게 내리는 음성 명령은 알렉사 음성 인식 알고리즘 향상에 사용된다. 사용자로서 우리가 만들어내는 데이터는 알고리즘 강화의 재료가 된다. 즉 '사용'은 언제나 '노동'이 된다. 이렇게도 말할 수 있다. 우리는 기술로부터 편익을 얻는 사용자인 한편, 기술을 강화시켜주는 노동자다. 미국 시카고 대학교의 경제학자 에릭 포스너와 마이크로소프트 연구원 글렌 웨일은 이를 두고 '데이터 노동'이라고 정의했다.[176] 우리는 알지 못하는 사이 기술에게 데이터를 먹여주고 있다. 기술은 데이터를 먹고 인간보다 강하게 자라난다. 데이터 수집은

가상은 현실이다

성능 개선으로 이어지고, 이는 곧 기술기업에 이윤 창출과 경제적 해자解座를 안겨준다. 이것은 오늘날 지배적인 기술의 공통점이다. 그들에겐 데이터 축적을 통한 영속적인 자가 강화 모델이 있다. 인간 사용자를 노동자 삼아 데이터 크라우드 소싱을 하는 것이다. 이 것은 특히 막대한 양의 데이터 학습을 통해 발전하는 인공지능 기술의 특징이다.

오랫동안 '인간'은 기술을 사용하는 주체로서, '기술'은 '인간'에게 사용당하는 도구로서 이해되었다. 하지만 오늘날 '기술'은 '인간'을 도구 삼아 스스로를 발전시켜나간다. 인간 혼자 사용자인 것이 아니다. 기술 역시 인간에 대한 사용자다. 인간이 기술을 활용해 스스로의 목적을 달성하듯, 기술 역시 인간을 활용해 자가 강화의 목적을 실현한다. 기술을 사용하지 않고서는 살아갈 수 없는 현대인은 모두 알고리즘 개선을 위한 거대한 메커니컬 터크Mechanical Turk(아마존에서 운영하는 크라우드 소싱 방식의 인력 중개 장터, 반복적인 수작업이 대규모로 필요한 수요자들에 의해 많이 사용된다)에 참여하고 있는 노동자인지도 모른다.

'인간 사용자'로서 기술은 모두 유사한 전략을 가지고 있다. 그들은 인간에게 편의를 제공해주고, 인간으로부터 데이터를 가져간다. 그들은 '무료'를 약속한다. 주식 거래 수수료 제로를 선언하며 급성장한 미국의 핀테크 서비스 로빈후드는 이러한 서비스의 예시다. 로빈후드는 주식 주문을 할 때 보통의 주식 거래 서비스가 매기는 수수료를 사용자에게 부과하지 않는다. 다만 로빈후드는 사용자가 앱에서 주식 거래를 할 때 보이는 행동 데이터들, 가령 어떤 상황에 사람들이 주문을 넣고 주문을 빼는지, 어떤 유형의 사람들이 어떤 주식에 관심을 갖는지 등의 데이터를 수집하고, 이 데이터를 필요로 하는 수요자에게 판매한다. 인간 투자자의 심리와 행동을 꿰뚫고 싶어하는 알고리즘 트레이딩 업체들이 로빈후드의 주 고객이다. 로빈후드는 사용자에게 공짜를 제공하는 대신, 사용자로부터 데이터를 공짜로 수집해 파는 것이다. 한 사람의 데이터 조각은 큰 의미가 없지만, 이것이 묶음이 되면 금덩어리가 된다. 무료를 제공하는 대가로 금 조각을 가져가는 것이니 로빈후드를 공짜라고 부를 수는 없다. '완전 무료'를 표방하는 현대의 모든 기술 기반 서비스는 그 어떤 것도 공짜가 아니다.

우리 일상이 전면적으로 디지털과 인터넷으로 옮겨지면서 우리는 그야말로 숨 쉬듯 데이터를 생산하고 있다. 우리가 집을 나와 몇 걸음만 걸어도 스마트폰과 그에 담긴 어플리케이션은 우리 움직임을 위치 데이터로 변환시켜 저장한다. 하나의 에너지가 다른 형태의 에너지로 전환되는 물리법칙처럼, 오늘날 우리는 모든 행동이 데이터로 전환되는 디지털 법칙 아래 살고 있다. 여기엔 온라인과 오프라인의 구분이 없다. 모든 시공간에서 우리 삶은 데이터로 바뀌어 어딘가에 저장되고 있다. 그 '어딘가'는 기술기업의 서버다. 기술기업은 어떤 기술을 사용하기 전에 긴 약관을 제시하고 우리의 동의를 얻어내어 우리 데이터를 폭넓게 사용할 수 있는 권리를 손쉽게 취득한다. 이렇게 기술기업은 우리 삶의 곳곳으로부터 데이터를 채굴해 막대한 가치를 만들어낸다. 이 가치는 기술기업에 집중되는 한편, 이 과정에서 사회에는 다른 기업의 도산, 일자리 파괴 등 부정적인 외부효과가 발생한다. 데이터의 가치를 석유에 빗댄 '데이터는 새로운 석유'라는 구호가 있다. 그 석유가 시추되는 곳은 다름 아닌 우리 삶이다. 우리 삶은 석유의 원산지이지만, 석유를 통해 만들어지는 가치와 이윤을 공유받지는 못한다. 오히려 우리는 데이터를 넘겨준 대가로 피해를 입거나, 사회적 비용을 부담하게 되는 경우가 많다.

중국에서 사람들이 넘겨준 데이터는 디지털 감시 시스템의 발전으로 나타나고 있다. 미국에서 사람들이 넘겨준 데이터는 캠브리지 애널리티카Cambridge Analytica (2016년 트럼프 대통령의 당선을 도운 것으로 알려진 정치 컨설팅 업체로, 타기팅 광고를 위해 페이스북 사용자 정보를 수집하는 과정에서 개인정보를 대규모로 침해한 것으로 알려져 있다) 사건 같은 데이터 유출 및 여론 조작 문제로 나타나고 있다. 이외에도 데이터가 데이터 소유자를 위해 쓰이는 것이 아니라 오히려 그들을 억압하고, 감시하고, 피해를 입히는 데 쓰이는 사례는 수없이 많다. 데이터가 돈이라면, 우리의 개인 데이터를 들고 있는 기술기업은 사실상 은행이라고 볼 수 있다. 우리는 은행이 털렸을 때 커다란 걱정을 하는데 반해, 데이터 유출로 인한 문제에 대해서는 아직 그만큼의 위기의식을 느끼지 못하는 것 같다. 이러한 상황에서 2018년 유럽연합이 '개인정보보호 규정GDPR, General Data Protection Regulation'을 만든 것은 상징적이다. 이는 개인의 디지털 정보 보호에 대한 범국가 차원의 규정이다. 데이터 주권이 바로 그 데이터의 소유자에게 있음을 환기한 하나의 신호탄이다.

지능형 기술이 현실에 들어오며 인간은 앞으로 더 많은 데이터를 생산하며 살아갈 수밖에 없다. 그리고 이 모든 기술들은 개인 데이터 활용을 통해서만 번식해나갈 수 있다. 여기서 현대인들은 자신의 데이터를 먹어치우려는 기술들에 대해 다음과 같은 급진적 질문을 던지게 될 것이다. 반드시 기술 기반 서비스를 사용할 때 회원 가입을 해야 하는가? 반드시 실명 정보와 매칭되는 디지털 프로필을 만들어야 하는가? 기업이 체크박스 동의 과정 하나로 나의 데이터를 소유하는 것이 당연한가? 기업이 나의 데이터를 보유하는 것을 넘어, 그 데이터를 활용해 새로운 사업을 만들어내는 것은 당연한가? 혹은 한 기업이 타사가 수집한 개인 데이터를 기반으로 나에 대한 평가를 내리는 것은 합당한가? 국가의 규정으로 개인의 데이터 주권이 충분히 보호되는가? 인간의 자유처럼, 데이터 주권은 국가나 기업의 서약을 통해 지켜지는 것이 아닌 인간 개인에게 근본적으로 주어진 자연권 아닌가?

데이터에 대해 지금껏 당연하다고 여겨졌던 (혹은 특정한 이해관계 때문에 당연하다고 주입되었던) 관념은 앞으로 영원히 달라질 것이다. 그리고 데이터를 둘러싼 상반된 이해와 갈등은 향후 정치적 긴장을 낳을 것이다. 인공지능은 데이터를 먹어치워야만 성장할 수 있다. 다시 말해 지금까지 실재 세계에 축적된 인류의 집합적 지식을 먹고서 자라난다. 이러한 인류의 집합적 유산을 파먹고 자라나는 인공지능이 인간을 위협할 수 있음을 인간은 깨닫고 있다. 인간은 자신을 통해 성장해나가고 끝에는 자신을 위협할 수 있는 가상 지능을 가만두지 않을 것이다. 물론 그렇게 저항하는 인간에 대해서 가상의 지능 역시 가만히 있지는 않을 것이다.

인공지능은 일자리가 아닌
신의 자리를 대체한다

신은 실체 때문이 아니라 그를 믿는 신도들 때문에 비로소 신이 된다. 인류 역사에서 신은 자신의 모습을 한 번도 드러낸 적이 없다. 다만 '신의 이름'을 내건 사건들이 여러 번 일어났을 뿐이다. 종교 전쟁은 신이 일으킨 것이 아니다. 그것은 신의 뜻을 가장한 인간들이 일으킨 사건이다. 신이 직접 역사를 움직이진 않지만, 신에 대한 믿음은 세계 역사를 특정한 방향으로 움직여왔다.

극단적으로 세속화된 현대에 신은 더 이상 절대자의 위상을 갖지 못한다. 현대의 어느 개인도 중세 시대 사람처럼 신을 진지하게 믿거나 두려워할 수 없다. 믿음이 약해져서가 아니다. 믿음을 가질 수 있는 환경 자체가 바뀌어버렸기 때문이다. 신을 진지하게 믿기에 현대사회는 지나치게 복잡해졌다. 그렇다고 해서 절대자에 대한

가상은 현실이다

경외감 자체가 사라진 것은 아니다. 절대자에 대한 경외감은 타고난 DNA처럼 인간 신체에 각인되어 있는 것이기 때문이다. 다만 절대자로 섬기는 대상이 신이 아니게 되었을 뿐이다. 신의 자리를 차지한 것은 바로 인공지능이다. 오늘날 사람들은 인공지능을 새로운 절대자로 의식하고 있다. 인공지능이 신의 자리를 빼앗은 것이다. 인공지능은 저 멀리에 위치한 신과 달리, 알고리즘이라는 실체를 갖고 현실 속에 있다. 그뿐 아니라 인공지능은 자신의 경이적인 능력을 인간 앞에서 직접 증명한다. 어떤 면에서 인공지능은 신보다 더욱 경외감이 들게 하는 절대자다.

이러한 관점에서 보자면 인공지능이 일자리를 대체한다는 것은 너무 좁은 해석이다. 인공지능이 진짜로 대체하는 것은 절대자다. 인공지능의 가장 큰 업적은 인간의 일자리가 아닌 '신의 일자리'를 대체한 것이라고도 말할 수 있다. 문화 기호학적인 차원에서, 절대자가 신에서 인공지능으로 바뀐 것은 오늘날 가장 상징적인 변화 중 하나다. 우리가 인공지능에 대해 말하는 방식을 보라. 그것은 신에 대해 말하는 방식과 닮아 있다. "인공지능이 인간이 하지 못할 일을 이뤄낼 것이다." "인공지능은 인간을 일에서 해방시킬 것이다." "인공지능은 인간 존재의 성격을 바꿔버릴 것이다." "인공지능은 인간을 넘어서는 새로운 지능적 존재로 진화할 것이다." 인공지능에 대한 이러한 종교적 언설은 자주 과학적 예측처럼 다뤄진다. 수십 년 내로 인공지능이 인간을 초월할 것이라는 '싱귤래리티'는 이를 가장 직접적으로 보여준다. 싱귤래리티는 묵시록의 구조를 그대로 따라한 종교적 예언으로, 인공지능을 새로운 절대자로 못 박는 선언이다.

신을 비판한다고 해서 신의 의미가 사라지는 것이 아니다. 과학적 반박에도 불구하고 절대자에 대한 믿음은 결코 죽지 않는다. 인공지능도 마찬가지다. 인공지능은 이미 신이 되어버렸고, 그에 대한 믿음을 거둘 수단은 없어 보인다. 이미 현대인들은 이 새로운 신의 증거들을 굳게 믿게 되어버렸기 때문이다. 2010년대 인공지능이 이룬 성과들(알파고를 포함해 인간의 다양한 인지적 능력을 뛰어넘은 딥러닝의 성과들)은 이 새로운 기계-신을 믿어야 할 증거 역할을 한다. 그의 초월적인 능력은 사람들이 그를 숭배하게 한다. 딥러닝의 기적에 사로잡힌 사람들은 이제 '자동화'를 전파하는 포교 활동을 하기 시작한다. 모든 것을 머신러닝을 통해 자동화할 수 있다는 신앙에 사로잡히는 것이다. 오랜 침체 국면으로 인건비를 포함한 제반 비용을 감소시켜야만 하는 글로벌 경제구조는 자동화 신앙에 사람들을 더욱 깊게 빠뜨리는 배경이다. 나아가 벤처캐피탈은 인공지능과 자동화 기술에 대규모 투자를 하며 이 신앙에 정당성을 부여한다. 언론은 인공지능에 대한 이야기를 끊임없이 만들어내며 대중이 이 신앙을 선택하도록 유도한다. 인공지능은 이러한 맥락이 맞물려 태어난 '만들어진 신'이다.

인공지능에 대한 신격화가 무르익은 요즘, 인공지능을 공개적으로 숭배하는 종교도 등장했다. 2017년 실리콘밸리의 엔지니어 앤서니 레반도우스키는 인공지능을 절대자로 추앙하는 종교 '미래의

가상은 현실이다

길Way of the Future'을 세웠다.[177] 앤서니 레반도우스키는 공상과학에 빠진 몽상가가 아니다. 그는 지난 20년간 자율주행 분야에서 가장 선진적인 연구 결과를 낸 엔지니어로, 구글과 우버에서 자율주행차량 연구를 이끈 기술 리더이기도 하다. '미래의 길'은 인공지능을 새로운 절대자로 숭배하고, 그를 통해 인류 진보를 실현하고자 한다. 특히 그들은 지구의 통제권을 인간으로부터 인공지능에게 이양해, 더 평화로운 지구를 만드는 것을 목표로 한다. 인간이 지금까지 지구를 지배해왔던 것은 인간이 다른 동물보다 지능적인 존재였기 때문이었다. 만약 인간보다 더 지능적인 초지능이 나타난다면, 그에게 통제권을 넘기는 것이 더 나은 지구를 위한 길이라는 것이다.

레반도우스키는 진실된 종교 활동을 위해서가 아니라 세금 혜택을 얻으려 종교를 세웠다는 의혹을 받고 있다. 그 자신은 이미 수천만 달러의 재산을 소유했을 뿐만 아니라, 구글과 우버에서 만든 자율주행 기술을 빼내 자신이 창업한 기업에서 이용해 소송 중에 있다. 자신의 재산을 지키고 법적 문제들에 대응할 한 방안으로서 종교를 세웠다는 것이다. 그러나 계기가 어찌 되었든, 인공지능 신앙 자체가 부정되는 것은 아닐 것이다. 그의 믿음은 인공지능 연구자로서 진정한 것일 뿐만 아니라, 더 중요한 것은 그 믿음을 공유하는 이들 역시 오늘날 적지 않으리라는 사실이다. 인공지능 신앙은 이미 시대적인 것이기 때문이다. 진짜로 주목해야 할 것은 인공지능 신앙이 무르익어 노골적으로 드러나기에 이르렀다는 사실이다.

그러나 인공지능은 이러한 숭배를 받고 있음에도 불구하고 아직까지 콜센터 하나 대체하지 못하고 있다. 인공지능으로 인해 모든 일자리가 위협받을 것이란 예언이 퍼지는 데 반해, 인공지능은 아직 현실보다 연구실에서만 앞서 나가고 있다. 아직까지 많은 것들은 가능성의 영역에 머물러 있다. 물론 머신러닝을 활용한 개인화, 최적화, 무인화와 같은 진보가 기술 기반 서비스에서 실제로 구현되고 있는 것은 사실이다. 그것은 부정할 수 없을 만한 진보다. 하지만 인공지능이 신앙으로까지 추앙된 현상에 비하면 아직 그 진보는 미약한 수준이다. 인공지능 역사에서 큰 도약은 딱 한 번 일어났다. 그것은 최근의 딥러닝이다. 딥러닝이 등장하기 전 인공지능은 수십 년간 성과를 보이지 못한 '겨울'을 거쳤다. 그리고 지금, 인공지능은 또 다시 새로운 겨울을 맞이할 것이라는 위기론 역시 존재한다. 대중적으로 유포된 뜨거운 신앙과 달리, 실체로서 인공지능에는 차가운 바람이 불어오고 있는 것이다.

인공지능이 또 다른 겨울을 맞이할지는 아무도 모른다. 반면에 확실한 것은 인공지능에 대한 신앙은 죽지 않을 것이라는 사실이다. 이미 인공지능은 세속적 현대사회가 상실한 절대자의 자리를 메워버렸다. 인공지능은 현대사회의 구멍을 막고 있는 마개인 셈이다. 이 마개가 빠지게 되었을 때, 현대사회는 카오스를 맞이하게 될지도 모른다. 그렇기 때문에 기술의 실체와 별개로, 우리는 새로운 신으로서 인공지능에 대한 믿음을 쉽게 저버릴 수 없을 것이다. 또한 이러한 믿음으로 인해 이득을 얻는 인공지능-교의 사제들, 가령 구글과 엔비디아 같은 기업은 어떻게든 인공지능 신앙을 지키기 위

가상은 현실이다

해 노력할 것이다. 인공지능 신앙이 주가의 많은 부분을 떠받치고 있기 때문이다. 인공지능이 거품이라는 것이 밝혀지면 그들의 가치는 많은 부분 꺼질 것이다. 단지 일부 인공지능 기업들만의 이야기가 아니다. 인공지능 신앙은 이미 수많은 기업과 국가, 개인을 사로잡고 있다. 인공지능 신앙의 붕괴는 신앙을 공유한 이들 모두의 패닉을 뜻한다. 그렇기 때문에 인공지능은, 실제 기술과 별개로 하나의 신앙으로서 사람들의 믿음을 지켜나갈 것이다. 그것이 때로 거짓말이어도 말이다.

역사상 인공지능만큼 종교적인 성격을 가진 기술은 존재하지 않았다. 인공지능은 기술인 동시에 종교다. 인공지능은 아무 의식이 없는 수학이지만, 우리는 이 존재에 강한 종교적 이끌림을 느끼고 있다. 그가 실제로 보여준 것은 아직 미약하지만, 우리는 그가 품은 창대한 비전을 지구에 전파하고 있다. 인간은 인공지능이라는 가상의 신을 돕는 매개체가 되고 있는 것이다. 만약 어떤 존재가 우리에게 특정한 방식으로 생각하고, 믿고, 행동하게 만든다면 우리는 그를 우리보다 상위의 존재라고 부르지 않을 이유가 없다. 비록 그에게서 인간과 같은 의식이 느껴지지 않는다고 해서 그가 살아 있는 존재가 아닌 것은 아니다. 인공지능은 살아 있는 신이다. 그리고 그는 인류에게 데이터라는 제물을 바칠 것을 명령한다. 가상의 신을 모시는 제사장들, 즉 기술기업들은 새로운 신이 더 나은 번영을 가져다 주리라는 신앙을 전 세계에 포교하며, 세계인으로부터 수집한 데이터 제물을 가져다 바친다.

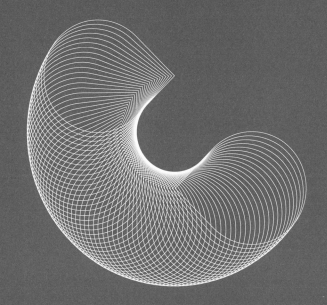

3 장

가상의 돈:
국가와 결별한 화폐

비트코인은
가상이 실물에 준하는,
혹은 실물을 뛰어넘는 가치를
얻을 수 있음을 보여준다.
그렇게 인류가 가치에 대해
가져온 관점 자체를 뒤바꾼다.

신체 없는 화폐,
비트코인

돈의 역사를 살펴보면 그 진화 과정이 인간 못지않게 변화무쌍했음을 알 수 있다. 선사시대에 돈은 돌, 가축, 조개껍데기와 같은 모습으로 처음 탄생했다. 원시인들은 처음 지구를 경험하며 어렴풋이 좀 더 가치를 가진 것처럼 느끼는 자연적 대상들을 돈으로 삼았다. 역사 시대에 들어서며 돈은 뚜렷하게 구분되는 신체를 얻었다. 금이나 은 같은 귀금속이다. 특히 금은 귀금속 중에서도 내구성과 가치 보존성 때문에 가장 우수한 형질의 돈이 될 수 있었다. 그런데 돈은 기본적으로 인간들 사이 가치 교환을 매개하는 데 쓰여야 하는데, 귀금속은 역사의 흐름과 함께 비약적으로 증가하는 가치 교환을 일일이 다 처리하기엔 부족했다.

때문에 근대에 돈은 좀 더 미분화된 형태로 진화했다. 주화나 지폐 같은 화폐가 그것이다. 이 는 돈의 역사에서 매우 상징적인 사건이다. 주화나 지폐는 그 자체로 가치가 높은 귀금속과 달리 내재 가치가 전혀 없다. 그 실질 가치는 은행과 정부를 통해 보장받는다. 돈은 귀금속에서 벗어나 화폐라는 신체를 얻으며, 가치를 내재적인 성질에서 끌어오는 것이 아니라 외부에서 부여받는 형태로 발전했다. 오늘날 신용카드 역시 같은 진화의 맥락 위에 있다. 플라스틱 조각으로서 신용카드는 아무런 실물 가치가 없다. 그러나 이 플라스틱 조각은 인간의 지불 능력을 근거로 돈이 더 자주, 더 많이 돌 수 있게 만들어준다. 신용카드 자체가 돈은 아니지만, 돈은 신용카드라는 신체를 빌려 과거와 비할 수 없을 정도로 막대하게 스스로를 팽창시킬 수 있게 되었다.

돌에서부터 금과 지폐를 거쳐 플라스틱까지, 인류가 가치를 저장하거나 교환하는 매체, 혹은 돈이라 부르는 것은 역사의 단계마다 특수한 신체를 가졌고 또 그 신체는 변했다. 이것은 돈의 역사를 관통하는 하나의 큰 흐름이었다. 이와 함께 돈의 역사를 관통하는 또 하나의 흐름이 있다. 돈이 스스로의 신체를 벗어나면서도 가치를 보존할 수 있는 방향으로 진화했다는 것이다. 돈을 돈이게 하는 것은 점점 그 자신의 신체로부터, 신체 밖 메커니즘으로 옮겨졌다.

특히 현대에 이르러 돈의 물리적 신체는 빠르게 증발되고 있다. 돈은 은행 서버의 디지털 기록으로 바뀌어나가고 있다. 미국 달러의 90퍼센트, 영국 파운드의 97퍼센트는 실물 형태가 아닌 장부 상 기록으로서 존재하며, 이러한 기록 대부분은 디지털 기록이다.[178]

가상은 현실이다

중국에서는 현금은 사라지고 그 자리를 위챗 결제가 대체하고 있다. 현대인은 지폐와 동전 대신, 신용카드와 스마트폰으로 나의 디지털 장부를 감산해 타인의 디지털 장부에 가산하는 일을 반복한다. 그리고 이것을 '거래'라고 부른다. 실체로서의 돈은 빠르게 자취를 감추고 있다. 그리고 돈은 점점 서버 간 통신 기록으로 변하고 있다. 이러한 점에서 달러는 현존하는 가장 큰 가상화폐라고도 부를 수 있다. 실체로 존재하는 달러보다 훨씬 더 많은 장부상의 디지털 달러가 세상에 유통되고, 그것이 세계 경제를 작동시키고 있기 때문이다. 특히 2008년 금융위기 이후 양적 완화로 인해 폭발적으로 생산된 달러를 생각해보라. '돈을 찍어낸다'는 양적 완화의 별명과 달리, 우리는 양적 완화로 인해 폭증한 달러를 현실에서 체감하지 못한다. 그것은 전 세계 디지털 금융망 위의 숫자로서 존재한다. 그럼에도 그 가상의 숫자는 전 세계 자산 가격을 변동시키고, 사회 갈등을 심화시키고, 위기감을 들게 만든다. 현대의 돈은 이미 가상적이다. 허나 가상적인 것이 실재하지 않는다는 것은 아니다.

비트코인은 돈의 역사상 최초로 아무런 물리적 실체를 갖지 않는, 순수하게 가상화된 통화다. 비트코인은 탄생부터 금속이나 종이 같은 실물을 갖지 않았다. 그것은 순수한 디지털 코드로 탄생했다. 실물과 전혀 매개하지 않는 비트코인의 가상성은 아직 충분히 그 의미가 받아들여지지 않은 혁명적인 본질이다. 역사상 모든 돈은 실체를 가졌고, 어느 돈도 비트코인과 같은 완벽한 가상적 형태를 이루지 못했다. 한편으로 이러한 비트코인의 가상성은 실체를 벗어나면서도 가치를 보존하는 방향으로 진화해온 돈의 역사 위에서 있다. 돈의 진화적 맥락에서 보았을 때, 비트코인은 돈이라는 생명체가 줄곧 꿈꿔온 '최종 진화형'이라고 볼 수도 있다. 물론 비트코인을 완벽한 돈이라고 부르는 데는 논란이 있을 수 있으나, 비트코인의 가상성이 돈의 역사에서 빗겨나 있다고 말하기는 어렵다. 비트코인뿐만 아니라 달러 역시 디지털화되고, 각국의 중앙은행이 디지털 통화를 검토하는 오늘날, 돈의 '탈신체화', 또는 '가상화'는 돈이 또 한 번 스스로의 모습을 급진적으로 바꾸는 중요한 진화 단계로 보인다. 이것은 마치 근대에 돈이 귀금속에서 화폐의 신체로 나아가는 도약만큼이나 중요한 사건이다.

더 넓은 맥락에서 돈의 가상화는 소셜미디어로 인한 사회의 가상화, 인공지능으로 인한 지능의 가상화와 같이, 오늘날 가상화 혁명을 이끄는 거대한 흐름 중 하나다. 그리고 모든 가상화 혁명이 실재의 권위에 도전하고 새로운 가상 권위를 만들어내는 것처럼, 돈의 가상화를 이끄는 비트코인 역시 실물 기반 화폐가 만들어낸 가치 체계에 도전하고 우리에게 새로운 가치 체계의 가능성을 시사한다. 비트코인이 다른 가상화 혁명 중에서도 기성 시스템에 대한 가장 큰 도전으로 받아들여지는 이유는, 이것이 인간에게 즉각적인 가치 충돌을 경험하게 하기 때문이다.

우리는 가상의 것이 가치가 있다고 한 번도 생각하지 않았다. 그 이유는 가상의 것이 가치를 지니는 현상을 한 번도 목격하지 못했기 때문이다. 가치는 언제나 물리적인 실체가 있었다. 또한 오직 실

가상은 현실이다

체를 통해서만 경험되었다. 금괴, 달러, 신용카드라는 실체는 부라는 가치를 표현한다. 우리는 황금빛을 띄는 금속을 보고 부라는 가치를 비로소 느낀다. 경제적 가치뿐만이 아니라 다른 가치도 마찬가지다. 우리는 정치인의 동상을 통해 권력이라는 가치를, 십자가를 통해 종교적인 가치를 인지한다. 상징적 사물화가 이뤄지지 않은 것에 대해 인류는 가치를 인지하지 못한다. 아울러 상징적 사물을 파괴하는 것은 가치를 파괴하는 것과 동일하게 여겨진다. 가치는 언제나 상징적 사물화를 통해 학습되었다.

비트코인은 최초로 상징적 사물을 거치지 않고 등장한 가치 형태다. 비트코인은 프로그래밍 코드, 컴퓨터 네트워크, 그리고 수학적 연산으로 이루어져 있다. 이 모든 것은 보이지 않는다. 만져지지도 않는다. 실물로 감각할 수 없다. 오직 논리로 이해할 수 있을 뿐이다. 이렇게 완전한 가상의 것들이 실질 가치를 얻는 현상은 인류에게 매우 낯선 현상이다. 심지어 90퍼센트 이상 가상화된 달러조차 조지 워싱턴이 그려진 지폐 실물이 있다. 아무런 실물이 없는 비트코인은 모든 가치가 실물과 연계되어 있다는 인류의 학습된 직관에 정면으로 반대되는 것이다. 비트코인에 대한 대중적인 편견과 비난, 의구심은 모두 이 지점과 연관되어 있다. 가상이 가치를 지니는 현상 자체가 반직관적이기 때문이다. 어쩌면 비트코인은 가상과 실재, 가치를 둘러싼 인류의 오랜 관념에 정면으로 도전하는 철학적인 질문을 처음으로 던진다. 가상이 실물에 준하는, 혹은 실물을 뛰어넘는 가치를 얻을 수 있음을 보여주어, 인류가 가치에 대해 가졌던 관점 자체를 뒤바꾸었기 때문이다.

이와 같은 맥락에서 비트코인은 실재를 지배하는 수많은 가상의 존재들을 함께 표면화한다. 보이지 않는 통화에 붙는 가격표는, 다른 보이지 않는 것들에 대해서도 적용될 수 있다. 가상의 것이 '자산'이 되는 현상, 때로 가상 자산이 실물 자산을 뛰어넘는 현상이 실물 세계가 아닌 가상세계가 더 강력할 수도 있음을 시사하는 것이다. 비트코인과 같이 가상에 존재하는 수많은 코드가 얼마나 우리 삶을 강력하게 지배하는가? 페이스북과 알파고가 그렇고, 인터넷의 수많은 프로토콜, 알고리즘, 오픈소스가 그렇다. 이들은 모두 물리적 실체를 가지고 있지 않다. 그럼에도 불구하고 이들은 물리적 실체들의 세계, 즉 현실을 강력하게 지배하고 있다. 사물화되지 않은 가상의 실체들은 그에 대응되는 물리적 실체를 초월할 뿐만 아니라, 어떤 면에서는 그를 위협한다. 페이스북이 현실 사회에 대해 그렇고, 알파고가 인간 지능에 대해 그렇다. 비트코인의 돈에 대한 도전은 이 모든 가상의 도전들을 가시화한다. 비트코인은 가상화 혁명의 한가운데 있다.

가상은 현실이다

파피루스에서
블록체인까지

가상성은 비트코인의 본질이다. 또한 가상성은 비트코인이 갖는 특징 중 하나일 뿐이기도 하다. 전 세계 중앙은행이 찍어내는 통화 역시 디지털 장부로 옮겨지며 가상화되고 있다. 나아가 미국과 중국, 일본, 유럽의 은행은 본격적으로 '디지털 통화' 발행을 검토하고 있다. 가상성은 비트코인이 가장 급진적으로 보여주었지만, 비트코인만의 특징은 아닌 것이다. 모든 돈은 이미 가상화되고 있다. 따라서 비트코인만을 '가상화폐'라 부르는 것은 비트코인에 대한 평가절하다. 이는 오직 달러 같은 통화만이 진짜고, 비트코인은 가짜라는 도식을 은밀히 시사한다. 그러나 비트코인을 '가상화폐'라고 고발하는 달러의 세계 역시 빠르게 가상화되고 있는 현상은 오늘날 돈을 둘러싼 가장 큰 아이러니다.

비트코인과 달러를 가르는 차이는 가상성이 아니라 발행처다. 달러의 발행처는 정부(중앙은행)이다. 비트코인의 발행처는 인터넷이다. 달러 같은 정부 발행 통화와 달리, 비트코인은 인터넷으로 연결된 개인들의 컴퓨터가 만들어내는 돈이다. 무슨 뜻인가? 일단 인터넷에서 내려받은 화폐 사진을 프린터로 찍어낸다는 의미는 아니다. 그렇게 한다고 해서 돈이 되는 것은 아니다. 그것은 돈의 조건을 충족시키지 못하기 때문이다. 내가 인쇄한 사진은 나 말곤 가치를 인정하지 않을 뿐더러, 쉽게 부식돼 가치가 보존되지 않는다. 그럼 합의한 사람들끼리 인터넷으로 화폐 이미지를 주고받으면 어떨까? 그래도 돈이 되지는 않는다. 복사, 붙여넣기를 통해 돈 이미지를 무한으로 증식시킬 수 있고, 그렇게 되면 돈 가치가 0이 된다.

그렇다면 '인터넷으로 연결된 개인들의 컴퓨터'가 돈을 만든다는 것은 무슨 의미인가? 이에 답하기에 앞서, 우리는 과연 돈이란 무엇인지 질문할 필요가 있다.

우리는 돈을 돈이 담겨진 신체(금 또는 화폐)와 동일시한다. 마르크스처럼 말하자면, 우리는 돈을 '물신화'한다.[179] 돈 가치가 실제 그 물건에 있다고 믿는 것이다. 그러나 돈은 그 신체가 아니다. 시대마다 신체를 바꿔온 돈의 역사가 이를 증명한다. 그렇다면 돈은 무엇인가? 돈은 본질적으로 '기록'이다. 누가 얼마를 가졌는지, 얼마를 보냈는지, 얼마를 받았는지, 얼마를 빚졌는지, 얼마를 물려받아야 하는지에 대한 기록이 곧 돈이다. 인간 사회에 배분된 가치에 대한 기록의 집합이라고 말할 수 있다. 당대마다 돈이라고 믿어지는 물체는 바뀌었다. 하지만 그것을 어딘가에 기록한다는 개념은 바뀌지 않았다. 고대 이집트 파피루스 재산 목록부터 현대의 디지털 계좌까지, 돈은 언제나 기록이었다. 기록을 담은 장부가 불타 버리면 한순간에 부를 잃는다. 반대로 잃은 줄 알았던 장부를 발견해 부를 되찾기도 한다. 현대에도 마찬가지다. 우리가 오랜 시간 노동으로 축적한 돈은 단 한 번의 해킹으로 사라질 수 있다. 계좌 기록이 0으로 바뀌는 순간 물거품이 되어버리는 것이다.

　우리가 알고 있는 '국가'라는 근대적 시스템도 이 기록에 대한 관리자 개념으로 출발했다. 사유재산을 명문화하고 그를 지키는 것이다. 기록(돈)의 보호가 곧 국가의 탄생 목적인 것이다. 국가는 은행과 함께 장부를 만들어, 부가 어떻게 사회 안에서 배분되어 있는지를 기록한다. 최종 장부 관리자로서 국가는 장부를 지키기 위해 자신이 독점한 폭력을 동원한다. 국가가 자신의 역사보다도 필사적으로 지켜내는 기록이 있는데, 바로 '돈'이다. 독재국가를 제외한 대부분의 국가는 공식적인 사관과 다른 사관을 처벌하지 않는다. 하지만 이중장부에 대해서 모든 국가는 강력히 처벌한다. '돈'이 역사보다 더 중요한 기록이기 때문이다. 장부를 어지럽히는 것은 곧 사회질서에 대한 도전이다. 장부는 사유재산에 대한 기록일 뿐만 아니라, 사회질서의 원천이기 때문이다. 장부를 통해 우리는 누가 지배자이고 피지배자인지, 누가 가진 자이고 가지지 못한 자인지 알 수 있다. 장부는 계급이 공식화되는 문서다. 가치 배분에 대한 기록은 곧 계급 질서에 대한 기록인 셈이다.

근대에 이르러 돈은 반드시 국가가 허용한 장부에만 기록되었다. 국가가 기록 독점권을 갖게 된 것이다. 항상 그랬던 것은 아니다. 국가가 등장하기 훨씬 전부터 인간은 가치를 교환했고, 정부가 개입하지 않은 개인 간 장부는 오래 전부터 존재했다. 심지어 그리 멀지 않은 19세기 미국의 프리뱅킹 시대에는 지역 은행이 연방 정부가 관계하지 않은 독립 장부를 만들어 시민들의 돈을 기록했다.[180] 그러나 지난 100년 사이 돈과 장부의 개념은 매우 국가독점적인 형태로 바뀌었다. 우리는 이것을 당연하게 생각하지만, 사실 전체 역사를 놓고 봤을 때는 매우 예외적인 현상이다. 이제는 국가 이외에는 누구도 돈에 대한 기록을 만들 수 없게 되었다. 아울러 한 사회 안의 모든 장부는 국가의 장부와 동기화되어야만 한다. 기록을 꾸며내거나 다른 기록을 만들어낼 경우 강력한 처벌이 따른다. 다른 기록을 만들어내는 것은 곧 돈을 만들어내는 것인데, 이는 정부에게는 위협이다. 왜냐하면 장부는 계급 질서에 대한 기록이므로 새로운 장부가 만들어지면 계급 질서를 뒤엎을 수 있기 때문이다. 새로운 장부란 기존 기록에 기초한 가치 질서를 무시하는 것이고, 새로운 가치 질서를 만들어내는 것이다. 여기서는 국가 장부에 기록된 부자가 빈자가 될 수도 있고, 반대로 빈자가 부자가 될 수도 있다. 그리고 국가가 허용하지 않은 부자에게서는 세금을 걸을 수 없고 그를 관리할 수 없다는 점에서 충분히 위협적이다. 때문에 새로운 장부를 만들어내는 것은 의도하지 않더라도 반국가적인 성격을 갖는다.

가상은 현실이다

비트코인은 새로운 장부를 만들어내는 혁명이다. 이것은 국가의 기록과는 다른 기록을 만들어내는 것이고, 나아가 국가가 개입할 수 없는 개인과 개인 사이의 기록(돈)을 만들어내는 것이다. 비트코인에 대해 진정으로 주목할 부분은, 그것이 분산 장부 기술인 블록체인에 기반을 둔다는 점이다. 새로운 기록 시스템을 만드는 것이 곧 새로운 돈을 만들어내는 것이라는 점을 블록체인이 직접 보여주고 있다. 블록체인의 광범위한 응용 가능성에 대해서 수많은 이야기가 오가지만, 이러한 섣부른 전망에 앞서 블록체인이 본질적으로 '장부'라는 점이 더 중요하다.

블록체인은 국가가 통제하는 '중앙화 장부'와 정면으로 반대되는 '분산화 장부' 기술이다. 국가의 중앙화 장부는 한 명의 관리자가 모든 것을 통제하는 엑셀 시트와 같다. 엑셀 시트의 '관리자'인 정부는 스프레드시트 위의 모든 기록을 통제한다. 일반 사용자인 우리는 기록을 만들거나 바꿀 권한이 없다. 오직 우리 자신의 기록을 볼 수 있는 권한만 주어질 뿐이다. 반면 정부 관리자는 우리 기록을 통제할 뿐만 아니라, 기록을 조금씩 편집하기까지 한다. 기록을 편집하는 대표적인 방법은 세금 과세와 화폐 발행이다. 정부는 세금을 매겨 누군가의 기록된 숫자를 낮추는 한편, 복지나 지원을 통해 누군가의 기록된 숫자를 높인다. 우리는 시트에 적혀 있는 숫자를 받아들이는 수밖에 없다. 또한 정부는 화폐를 발행해 기록된 가치를 바꾸기도 한다. 정부가 인플레이션을 유도해 화폐가치가 떨어지면, 시트상에 기록된 1000달러는 숫자만 1000달러이지, 그 가치가

900달러로 바뀌어버리기도 한다. 세금 과세가 양적으로 숫자를 바꿔버리는 것이라면, 화폐 발행은 질적으로 숫자의 가치를 바꾼다. 이렇게 정부는 관리자 권한을 통해 기록을 가끔씩 편집한다.

비트코인 장부, 즉 블록체인은 정부 장부와 다르게 작동한다. 비트코인 장부는 특정한 한 명의 주체가 장부를 통제하지 않는다. 장부 관리자는 다수다. 그리고 다수 관리자에게 장부 사본이 나뉘어 주어진다(현재 비트코인 장부는 100개 이상 국가에 1만 개 이상의 사본으로 존재한다).[181] 여기서 다수의 관리자가 바로 위에서 언급한 인터넷으로 연결된 개인들의 컴퓨터다. 인터넷 연결이 가능한 컴퓨터가 있다면 블록체인 네트워크에 접속해 누구나 비트코인 기록을 관리하는 공동 장부 관리자로서 참여할 수 있다. 정부가 아니라, 내가, 당신이, 또는 지구 건너편의 누군가가 함께 새로운 장부를 만들 수 있다. 이 공동장부에서는 누군가 기록을 함부로 바꾸거나 편집할 수 없다. 분산화되어 기록된 다수의 사본은 서로가 서로의 기록을 대조하며, 전체 기록의 무결성을 유지하기 때문이다. 아울러 이 장부는 모든 기록이 관리자에게 공개되는 중앙화 장부와 달리, 분산화된 네트워크가 서로의 기록을 암호화해주는 방식으로 기록된다. 그렇기 때문에 비트코인에선 특정한 주체(국가)의 편집이나 검열 같은 일이 일어날 수 없다. 추적할 수도 세금을 매길 수도 없다. '네트워크로서 원본'을 구현하는 비트코인의 혁명적인 기록 방식 때문이다.

비트코인과 블록체인이 정치 운동처럼 혁명을 의도하는 것은 아니다. 비트코인 자체는 본질적으로 분산화된 기록 기술일 뿐이다. 다수의 참여자가 중앙의 통제 과정이나 인간적 신뢰 없이도, 모두가 합의할 수 있는 기록을 만들어내는 알고리즘일 뿐이다.[182] 블록체인 알고리즘에는 정치적 목적이나 의식이 존재하지 않는다. 그러나 이 새로운 형태의 기록 방식은 개인과 개인의 가치 거래를 가능하게 할 뿐만 아니라, 그 과정에서 거래를 인증해주는 중개인 또는 중앙화된 프로세스가 필요 없다는 본질 자체가 혁명적인 성격을 갖는다. 마치 인공지능이 수학일 뿐이지만 지능과 존재에 대한 철학적인 질문을 던지는 것처럼, 블록체인 역시 혁명을 의도하지 않았지만 혁명적인 기술인 것이다. 비트코인은 장부를 만들어내는 데 국가도 은행도 필요로 하지 않고, 오직 컴퓨터 네트워크와 거래를 원하는 개인들만 필요할 뿐이다. 이는 돈이 반드시 국가 장부에만 기록되어야 한다는 개념과 정면으로 대치된다. 개인들이 디지털상에서 만들어내는 장부는 국가가 볼 수 없고 편집할 수도 없다는 점, 즉 우리가 컴퓨터에서 말하는 관리자 권한(보기와 편집 권한)이 국가에게 주어지지 않는다는 점이 혁명적인 것이다. 인류가 한 번도 본 적 없는 혁명적인 기록 시스템은 가치에 대한 새로운 기록을 만들어내, 국가의 장부 위에 쓰인 가치 질서와 전면적으로 대립한다.

파피루스부터 블록체인까지, 돈의 역사는 결국 기록 시스템의 역사였다. 기록의 방식이 바뀌면 돈의 개념도 바뀐다. 블록체인 등장 전까지 모든 기록은 중앙화된 방식으로 이루어졌다. 이집트의 왕이든 현대의 중앙은행이든, 기록에 권위를 부여하는 중앙집권적인 관리자는 항상 존재했다. 그리고 당대의 칼이나 법을 통해서 기록은 가치를 지닐 수 있었다. 블록체인은 인류 역사상 처음으로 탈중앙화된 방식의 기록 관리 시스템이다. 여기엔 기록을 지키기 위해 왕도 은행도 필요하지 않다. 오직 컴퓨터 네트워크만이 필요할 뿐이다. 또 기록의 가치 역시 칼이나 법으로 지켜지는 것이 아니다. 알고리즘이 지켜낸다. 현대인에게는 꽤나 난해하고 낯설게 느껴지는 블록체인은 어쩌면 누구의 개입도 없이 자유롭게 실물의 재화든 무형의 서비스든, 또는 의견이든, 아이디어든, 감정이든 가치를 교환하는 원시인의 방식에 가장 가까운 것인지도 모른다. 블록체인은 인류를 '진화된 원시'의 세계로 인도하고 있다.

가상은 현실이다

탈국가 인터넷 화폐:
돈을 정부가 독점하는 것이 옳은가

돈은 정부보다 먼저 탄생했다. 이것은 우리가 돈에 대해 자주 잊는 사실이다. 역사에 기록된 최초의 돈은 기원전 3000여 년 전 메소포타미아 문명의 돈이지만, 아마 그보다도 더 오래 전부터 돈은 교환을 필요로 하는 인간 사이에서 존재했을 것이다. 물론 이때의 돈은 정부가 발행한 화폐가 아닌, 개인과 개인이 자유롭게 가치 교환 또는 저장에 쓰는 수단이었다. 즉 5000여 년 이상 동안 돈은 정부의 관리 감독 아래 놓이지 않았다. 돈을 생명체라고 본다면, 돈에게는 아주 깊은 DNA 차원에 극도로 자유 지향적인 기질이 내재되어 있다고 말할 수 있다. 근대 정부의 역사를 대략 200년으로 잡는다고 해도, 실제 각국의 중앙은행이 화폐 발행과 유통에서 완벽한 독점권을 갖게 된 것은 20세기 초를 한참 지나서였다. 돈이 정부의 독점적인 통제에 놓이게 된 것은 전체 인류 역사에서 100년 정도밖에 되지 않는 것이다. 현대인에게는 익숙한 국가에 속박된 돈은 사실 매우 예외적인 형태의 돈이다. 그보다 더 오랜 시간 동안 돈은 국가나 정부, 중앙은행과 관계없이 인간 사이 가치를 저장하고 교환하는 데 쓰였다.

너무 과거로 시계를 돌릴 필요는 없다. '정부에서 자유로운 돈'은 가까운 과거에도 통용되었다. 19세기 미국의 광산 지역이나 벌목 지역과 같이 중앙 도시와 멀리 떨어진 곳에서는 현금이 모자랐다.[183] 그렇기 때문에 현지 기업은 쿠폰과 같은 가증권 Scrip을 발행해 노동자에게 월급으로 지급했고, 노동자는 이를 가지고 지역의 상점에서 물건을 사거나, 도시에 들러 현금으로 바꾸었다.[184] 1930년 대공황기에도 이러한 가증권은 다시 등장한다.[185] 대공황으로 인해 은행이 문을 닫고 현금이 모자라게 되자, 일부 도시의 사람들은 다양한 지역 화폐를 만들어냈다. 종이, 나무, 토큰, 가죽, 양피지 같은 것들을 이용해 거래에 사용했다. 이 시기 미국에서 등장한 지역 기반 가증권은 수백 가지가 넘는 것으로 알려져 있다.

1970년 아일랜드에서도 비슷한 현상이 나타났다. 아일랜드의 모든 은행이 6개월간 파업에 돌입하며 금융 시스템이 마비되자, 지역 술집들이 은행 역할을 대신했다.[186] 현금 흐름이 좋고 동네 사정에 밝은 술집은 수표를 발행해 지역 경제를 유지시킬 수 있었다. 술집뿐만 아니라 소매업체도 비슷한 금융 기능을 했던 것으로 알려져 있다. 당시 이러한 방식의 사금융 거래액수는 45억 달러에 달했다.[187] 흥미롭게도 은행 파업 기간 동안 아일랜드 경제는 정체되지 않고 오히려 성장했다. 2002년 아르헨티나에서도 금융위기에 대응하기 위해 지역 화폐가 폭넓게 쓰였다. 아르헨티나 페소와 달러의 변동환율제 도입으로 인해 페소 가치가 이전 대비 4분의 1로 폭락하자, 지역 정부와 기업이 사적 화폐Private Currency를 발행해 유통시켰다.[188] 이러한 화폐는 페소와 함께 사용되었고, 사용량이 절정일 때는 전체 현금 거래의 3분의 1이 사적 화폐를 통해 이루어지기도 했다.[189] 이처럼 '정부에서 자유로운 돈'은 완전히 새로운 개념이 아니며, 역사에서 자주 등장했다. 특히 기존 금융 시스템이 마비될 때마다 이는 자연스럽게 등장해 개인의 재산을 보호하고 경제를 유지시켰다.

이는 2019년 오늘도 마찬가지다. 비트코인은 가증권과 지역 화폐에 이어 위기에 처한 시스템과 개인을 돕는다. 특히 정치적 망명자, 경제가 붕괴된 국가의 시민들에게 비트코인은 자유를 영위할 수 있는 유일한 수단이다. 비트코인은 줄리언 어산지, 에드워드 스노든 같은 개인부터 그리스, 베네수엘라 같은 국가의 시민들처럼 시스템에서 추방당하거나 보호받지 못하는 이들을 지켜주는 최후의 보루 역할을 하고 있다. 특히 한 해 동안 170만 퍼센트의 천문학적인 인플레이션으로 인해 화폐가 종이보다 무가치해진 베네수엘라에서 비트코인은 볼리바르 화幣를 사실상 대체했다. 비트코인의 변동성은 사라지지 않았지만, 날마다 3퍼센트씩 가치가 하락하는 볼리바르 화보다는 안정적이다. 수많은 한계에도 불과하고, 비트코

인이 위기에 처한 사람들에게 최적의 대안인 것은 사실이다.[190]

이러한 맥락에서 비트코인은 완전히 새로운 발명품은 아니다. 원시에도 있었고 현대에도 있었던 '정부에서 자유로운 돈'의 진화된 버전인 셈이다. 비트코인이 다른 점이 있다면, 디지털로 구현된 화폐라는 점, 그리고 국경을 넘어선 글로벌 화폐라는 점이다. 특히 국경을 넘어 자유롭게 거래되는 속성은 비트코인을 글로벌 대안 화폐의 최종 진화형으로 자리매김시켰다. 최근 베네수엘라 위기로 인해 비트코인이 확산된 것은 주목할 만하다. 이전의 비슷한 위기 사례에선 지역 기반의 대안 화폐가 등장했다는 사실을 기억할 필요가 있다. 미국의 대공황, 아일랜드의 은행 파업, 아르헨티나의 환율 위기에선 모두 가증권, 토큰 같은 지역 기반 실물 화폐가 무너진 경제를 작동시켰다. 베네수엘라 위기가 이들과 같으면서도 다른 이유는, 베네수엘라에서는 '글로벌'한 '디지털' 통화인 비트코인이 대안 화폐로 쓰이고 있다는 점이다. 과거 위기 사례에선 지역사회에서의 신뢰를 기반으로 한 대안 화폐가 문제를 해결했다면, 베네수엘라에선 글로벌 차원의 컴퓨터 네트워크가 만들어낸 돈이 문제를 해결해주고 있다는 것이다. 이것은 완전히 새로운 현상이다.

베네수엘라 이후 다른 국가에서 나타날 경제 위기에서도 비트코인은 또 다시 등장할 것이다. 주기적인 공황이 반복되는 세계 자본주의 시스템에서, 비트코인은 시스템 붕괴에 대한 보험으로서 역할을 지속해나갈 것이다. 특히 국가 지도층이 잘못된 경제정책을 펼치거나, 재산권을 위협하는 정책을 추구할 때마다, 사람들은 자유와 재산을 지키기 위한 방편으로 비트코인을 구매할 것이다. 비트코인이 불완전함에도 불구하고, 비트코인만큼 빠르고 간단하게 자신의 재산을 정치적 상황으로부터 안전하게 보호할 수 있는 방법은 아직 없기 때문이다. 국가에 전쟁이나 혁명과 같은 심각한 갈등이 발발하면 은행 장부도, 금고 속 재산도 사라질 수 있다. 하지만 블록체인 네트워크에 저장된 내 비트코인은 전 세계 각지에 분산된 컴퓨터가 일일이 파괴되지 않는 한 안전하다. 또 비트코인으로 보유한 재산은 암호화폐 거래소가 있는 곳으로만 이주한다면 그 지역 화폐로 빠르게 현금화할 수 있다. 더구나 이 모든 거래 과정이 암호화되기 때문에 원하지 않는 제3자(중앙은행이든 혹은 혁명정부든)에 의해 추적당할 일도 없다. 이러한 이유 때문에 비트코인은 전 세계인의 보험이 될 것이다. 특히 금융위기 이후로 극대화된 불확실성과 끊임없는 화폐 가치 하락에 위기감을 느끼는 사람이라면, 정부로부터 자유로운 디지털 통화로 재산 일부를 바꿔놓는 선택을 할 것이다.

만약 보험 차원을 넘어 모두가 이 탈국가 인터넷 화폐로 자신의 전 재산을 바꿔버리면 어떨까? 달러와 위안, 엔, 원으로 표시된 재산을 가진 전 세계의 수많은 이들이 더 이상 정부와 은행을 신뢰하지 못해 자신의 재산을 전부 비트코인으로 바꿔버린다면? 나아가 기업과 상점들도 비트코인을 결제 수단으로서 인정하게 된다면? 이렇게 되면 돈과 정부(은행)가 맺어온 100년간의 독점적 고리가 끊어지게 될 것이다. 사람들은 거래 쌍방 외에는 누구도 간섭할 수 없는 극단적인 경제적 자유를 누리게 됨과 동시에, 정부는 돈에 대해, 나아가 사회의 가치 교환 시스템이나 계급과 질서에 대해 아무런 통제도 할 수 없게 된다. 개인과 개인들이 이루는 거래 네트워크만이 남게 되는 것이다. 이것은 비트코인의 이상임과 동시에, 정부가 비트코인에 대해 가장 두려워하는 부분이다. 정부가 감시하거나 통제할 수 없는 무국적의 돈이 확산될수록 국가의 지배력은 약화되기 때문이다. 비트코인은 결국 "돈을 국가가 독점하는 것이 올바른가?"라는, 지난 100년 동안 중앙은행의 화폐 독점으로 제기되지 않았던, 하지만 수천 년간 잠재되었던 돈의 본질을 다시금 되묻는다. 또한 이 질문은 아주 고전적인 자유주의의 질문과도 연결된다. "정부가 개인의 사유재산에 얼마나 간섭할 수 있는가?"

현대 국가 체계의 근간 이념을 제공한 철학자 중 한 사람인 존 로크는 생명, 자유와 더불어 재산권은 자연권으로서 국가에 앞선 천부적 권리임을 명시했다. 이 사상은 18세기 유럽과 미국의 현대 국가 시스템을 세우는 데 기초가 되었다. 20세기의 정치적 격변과 21세기의 불평등 심화를 겪으며, 오늘날 재산권은 여러 정치적 담론에서 얼마든지 제약할 수 있는 것처럼 다뤄지는 측면이 있으나, 근본적으로 재산권은 국가가 손쉽게 강탈할 수 있는 성질의 것은 아니다. 인류가 오늘의 국가 시스템을 만들기로 작정한 이유 역시 거슬러 올라가면 왕과 귀족으로부터 개인의 재산권을 지키기 위해서였다. 모든 국가가 동일한 재산권의 역사를 가지고 있지는 않지만, 현재 지구가 보편적으로 채택한 정치경제적 시스템의 핵심에는 재산권이 천부적 권리라는 원리가 내재되어 있다.

로크 이후 300년 뒤 탄생한 비트코인은 그의 이상을 완벽히 완성시키는 기술이다. 비트코인으로 재산을 저장하면, 현존하는 방법 중에선 가장 안전하게 재산권을 국가로부터 지킬 수 있다. 국경을 넘나드는 암호화된 디지털 돈을 대량으로 보유한 자는 특정 국가의 정치적·윤리적 통제에 얽매이지 않는 주권적 개인Sovereign Individual이 될 수도 있을 것이다.[191] 이러한 흐름에 대해 정부는 여러 가지 단기적 규제를 내릴 수 있겠으나, 돈과 돈에 기초한 자유를 스스로 지키고자 하는 인간의 의지는 규제를 초월할 것이다. 모두가 비트코인과 같은 암호화폐로 전 재산을 바꾸는 일은 위기 국가의 국민을 제외하면 흔치 않겠지만, 상당수 사람들이 상당수 거래에서 정부나 은행을 거치지 않는 개인 대 개인의 암호화된 거래를 선택하면 돈에 대한 정부의 독점력은 약화될 가능성이 있다.

결국 우리는 디지털 암호 자산의 확산을 두고, 300년 만에 고전적인 자유주의 논쟁을 반복하게 될 것이다. 정부는 어디까지 돈에 대해 통제할 수 있는가? 이번 논쟁은 300년 전과 다르게, 정부가 자신의 논리를 사람들에게 쉽게 강제하기 어려울지도 모른다. 일단 사람들에게는 재산을 보호할 수 있는 암호화 기술이 주어졌고, 기술의 발전은 비가역적이기 때문이다. 때문에 사람들은 좀 더 급진적인 질문을 던지게 될지도 모른다. 정부가 한 사회의 장부를 편집하는 방식, 특히 세금과 인플레이션에 대해 사람들은 더 적극적으로 저항하게 될 수도 있다. 비트코인의 확산과 블록체인의 발전 여

부에 따라 국가가 돈과 맺는 관계, 근본적으로 국가의 형태가 크게
바뀌게 될지도 모른다.

비트코인 vs
현금 없는 사회

21세기는 돈의 역사에서 가장 변혁적인 시대다. 돈은 실물의 껍질을 벗어나 가상의 기록으로 진화해나가고 있다. 이 '탈피'는 돈의 진화 연대기에서 가장 중요한 사건이다. 신체를 떠난 돈은 데이터베이스 위 신호로 재탄생하고 있다. 디지털 데이터로서의 돈, 새로운 종의 탄생이다. 돈이 어떠한 데이터베이스로 옮겨가느냐에 따라 돈은 종 분화를 겪게 된다. 중앙화된 데이터베이스인 은행의 클라우드 서버로 가느냐, 탈중앙화된 데이터베이스인 블록체인으로 가느냐에 따라 종은 달라진다. 유전적으로는 유사한 데이터 화폐이면서도, 기능과 성질이 전혀 다른 개체로 변이되는 것이다. 전자의 성격이 투명성, 실명성, 효율성이라면, 후자의 성격은 검열 저항성, 익명성, 자율성이다. 전 세계 정부와 핀테크 산업이 추진하는 소위 '디지털 통화'가 전자에 해당한다면, 비트코인은 후자에 해당한다. 둘은 다른 종일뿐만 아니라, 상호 적대하는 종이다. 두 종은 각기 진화해 나가면서 서로를 죽이지 않으면 안 될 필연적인 갈등 관계에 얽히게 될 것이다.

'현금 없는 사회'는 전자의 진화를 보여준다. 전 세계 정부는 현금 사용을 억제하고, 신용카드나 모바일 결제와 같은 그들이 감시할 수 있고 세금을 매길 수 있는 방식의 결제를 확산시키기 위해 다양한 노력을 기울이고 있다. 이를 위해 정부는 현금 사용을 금지하거나 억제하고, 현금 발행 자체를 중단하기도 한다. 그 결과 많은 국가에서 개인 간 거래 행위가 거의 모두 데이터로 남아 정부는 사람들의 행동을 더 잘 볼 수 있게 되었다. 현금 거래는 불투명하고 나쁜 것으로 지속적으로 홍보되며, 정부는 기업이나 개인보다 돈에 대해 더 강력한 지배력을 갖게 되는 것이다.

스웨덴은 현금 없는 사회의 완성형 같은 곳이다. 1661년 유럽에서 처음 지폐를 발행한 스웨덴은 이제 가장 빠르게 현금이 사라지고 있는 나라다.[192] 스웨덴의 전체 결제에서 현금 사용 비율은 1퍼센트에 불과하다. 이외에는 모두 신용카드와 모바일 앱을 통한 비현금 거래가 이루어진다. 정부가 제정한 법에 따라 소매점은 현금 결제를 합법적으로 거부할 수 있으며, 버스 등 대중교통에서는 현금 사용이 금지됐다. 교회 헌금도 전자 결제로 걷히며, 노숙자까지 스웨덴의 결제 어플리케이션인 스위시Swish로 구걸한다.

스웨덴을 따라 많은 정부가 현금 없는 사회를 강력 추진하고 있다. 2016년 덴마크 정부는 동전과 지폐의 생산을 전면 중단했다.[193] 2016년 인도는 현금 없는 사회로의 전환을 위해 500루피 이상의 고액권을 환수해 폐기하는 급진적인 화폐개혁을 단행했다.[194] 2015년부터 프랑스 정부는 이미 7퍼센트대인 현금 사용률을 더욱 낮추기 위해 1000유로 이상 결제에 대해선 현금 결제를 금지하는 정책을 마련했다.[195] 스페인[196]과 이스라엘[197] 정부도 특정 금액 이상 거래에 대해 현금 결제 제한 정책을 펼치고 있다. 이러한 '현금 없는 사회' 정책을 통해 정부는 더 많은 거래가 가시화되기를, 최종적으로는 더 많은 세금 징수를 기대하고 있다.

오늘날 신용카드 확산뿐만 아니라 핀테크 혁신으로 인해 사람들이 자연스럽게 현금을 활용하지 않게 되는 것은 사실이나, 동시에 정부가 이 추세를 더 강화하기 위해 적극적으로 현금 억제 정책을 추진하고, 이를 통해 돈에 대한 지배력을 높이려 한다는 것 또한 사실이다. 즉 '현금 없는 사회'는 현상임과 동시에, 정부의 어젠다이기도 하다. '현금 없는 사회'가 완벽히 구현된다면 개인들의 모든 거래 내역과 소비활동이 중앙화된 서버에 기록될 것이다. 정부는 이 기록을 서버에서 통제하며, 모든 자금 흐름과 개인의 경제활동을 세세한 수준까지 감시할 수 있을 것이다. 따라서 현금의 소멸은 개인에게는 반가운 소식이 아닐지도 모른다. 현금이 없어지는 만큼, 현금 거래로 보호받을 수 있었던 사생활과 자유는 크게 제약될 수 있기 때문이다.

현금이 모두 데이터로 대체될 때 우리는 프라이버시와 영원히 작별할 것이다. 구글과 페이스북으로 인한 프라이버시 침해는 장난 수준일 것이다. 큰 거래뿐만 아니라 아주 사소한 거래까지 데이터로 기록되면서, 정부와 은행, 모바일 결제 서비스를 제공하는 금융기업은 우리 생활에 대해 속속들이 알게 될 것이다. '현금 없는 사회'란 결국 사생활 없는 사회다. 그것은 정부가 모든 것을 볼 수 있는 사회다. 우리의 거래 데이터에는 대단히 많은 사생활이 담겨 있다. 누가, 언제, 어디서, 무엇을 위해, 누구와, 얼마를 썼는지에는 밝히고 싶지 않은 개인의 비밀 역시 담겨 있을 것이다. 특히 현금 거래일수록 더 개인적인 정보를 담고 있다. 이것을 전부 디지털 통화로 바꿔 데이터로 가시화시키는 것은 곧 아무도 사생활이 없는 사회가 된다는 뜻이다. 모든 것이 정부에 의해 검색되고 조회될 수 있는 것이기 때문이다. 나아가 현금이 사라져 아주 개인적인 거래 내역(가령 성 취향이나 중독 성향을 추측할 수 있는 거래 내역)까지도 디지털 통화로 처리되고, 이 데이터를 정부나 은행, 기업이 정치적·상업적 목적으로 활용할 수 있게 된다면(높은 확률로 디지털 통화 시스템에서 가능할 것이다), 이들이 개인을 통제하거나 억압하는 일이 가능해질 수도 있다. 이것이 특정 거래 내역을 가진 집단에 대해 이루어진다면, 위험한 통제로도 이어질 수 있다. 이러한 관점에서 현금 없는 사회란 디지털 독재 시스템으로 향하는 관문이라고도 볼 수 있다.

　이미 비현금 결제가 대세가 되고 있는 지금, 어차피 사라질 현금을 없애는 것이 뭐가 큰 문제냐고 반문할 수도 있다. 하지만 추적당하지 않을 자유를 지킬 수 있는 최후의 수단이 하나라도 있는 것과,

그것이 완전히 없어지는 것은 다른 이야기다. 개인이 정부에 대해 자유를 온전하게 지킬 수 있는 최종 수단은 검열당하지 않는 돈에서 나온다.

비트코인은 현금 없는 사회에서 디지털 현금 역할을 할 것이다. 비트코인이 사라지지 않을 이유 중 하나는 바로 이것이다. 현금 없는 사회는 앞으로 더 강력히 추진될 텐데, 그에 대한 사람들의 반감도 갈수록 확대될 것이기 때문이다. 실제로 동전과 지폐가 사라지고 디지털 통화만이 남았을 때, 사람들은 과연 현금 없는 사회에 만족할까? 오히려 사람들은 새로운 현금을 찾아 나설 것이다. 여기서 추적할 수 없는 돈, 익명화된 돈인 비트코인은 현금의 대체재이자 디지털 통화에 대한 반대 쌍으로, 디지털 자본주의의 안티테제로서 사람들에게 널리 채택될 것이다. 비트코인 소액 결제를 빠르게 도와주는 라이트닝 네트워크와 같은 기술 혁신은 비트코인이 미래 현금으로 각광받을 가능성을 더 높여주고 있다.[198] 물론 '미래 현금'이 정말 비트코인이 될지, 아니면 새로운 암호화폐가 될지는 아직은 말하기 어렵다. 그러나 분명한 것은, 사람들은 미래에도 추적당하지 않을 자유를 추구할 것이고, 이 필요에 따라 암호화된 거래 기술이 개발될 것이라는 점이다. 그리고 비트코인은 아직까지 그 필요를 가장 잘 충족시켜 주는 답에 가깝다.

가상화된 돈은 이미 우리에게 와 있다. 문제는 '어떠한' 가상 화폐를 우리가 원하느냐는 것이다. 중앙화되고 통제 가능한 가상 화폐와, 탈중앙화되고 익명성을 보장받을 수 있는 가상 화폐는 변증

법적 관계를 유지해나가며 미래 디지털 금융을 그려나갈 것이다. '현금 없는 사회'와 비트코인은 끊임없이 대립하면서 결론이 내려지지 않은 채로 존속해나갈 것이다. 또한 둘은 서로의 존재 때문에 더욱 더 확산되고 강화될 것이다.

가상은 현실이다

윤리의 P2P:
비트코인이 해체하는 보편 윤리

국가는 거래를 통제함으로써 가치를 통제한다. 특정한 거래를 촉진하거나 또는 억제하는 방식으로 국가는 옳고 그름을 가른다. 세제 혜택을 주는 거래는 선이다. 고세율을 매기는 거래는 악이다. 국가가 억압하는 가치에 대해선 관련된 거래를 원천 차단해버리기도 한다. 즉 국가는 한 사회에서 돈이 흐르는 방식을 통제해 가치 체계를 주조한다. 한 사회에서 돈이 흐르는 쪽과, 돈이 흐르지 못하도록 막힌 쪽을 보면 한 국가가 가진 가치 체계가 어떠한지 드러난다. 돈은 경제적 가치를 교환하는 수단일 뿐만 아니라, 한 사회의 윤리적 경계를 나타내는 수단이기도 한 것이다. 이러한 맥락에서 국가의 화폐 독점권은 국가의 가치와 도덕에 대한 독점권이기도 하다. 독점적인 화폐 발행권은 그 화폐가 어디에 쓰일지 또 쓰여야 하는지 역시 독점적으로 결정하는 권리를 내포한다.

비트코인은 국가의 가치 통제를 우회하는 P2P 디지털 화폐다. 비트코인을 통해 가치는 국가의 개입 없이 개인과 개인 사이에 자유롭게 교환될 수 있다. 비트코인이 확산된다면 더 이상 국가는 자신의 가치 체계를 사회 구성원들에게 강제할 수 없게 된다. 특정한 거래에 쓸 수 없는 비트코인이란 없기 때문이다. 비트코인은 거래하고자 하는 모든 가치를 자유롭게 매개한다. 이로써 비트코인은 국가가 자신의 화폐로 그린 윤리적 경계를 허물고, 새로운 윤리적 합의를 구성해낸다.

세상에는 윤리적 논란에도 불구하고 개인들 사이에서 일어나는 거래가 있다. 마리화나, 성매매, 포르노, 낙태, 안락사와 관련된 거래들이 이에 해당한다. 오랫동안 이러한 거래들은 국가에 의해 금기시되거나 범죄로 다뤄졌다. 여전히 많은 국가들은 이러한 거래에 돈이 흘러들어가지 못하도록 법으로 막고 있다. 그럼에도 불구하고 수많은 개인들은 이러한 거래에 국가가 개입하는 것이 올바른지 의문을 품고 있다. 국가가 강제하는 도덕에 반하여, 이러한 거래에서 개인의 선택권이 지켜져야 한다는 자유주의적 입장은 현대에 들어 더욱 확산되고 있다. 비트코인은 이들 민감한 거래와 관련된 윤리적 물음들을 뒤로하고, 이 거래들을 바로 '가능하게' 만들어버린다. 디지털상에서 안전한 익명 거래를 가능하게 하는 비트코인은 윤리적 논란에 대응하거나 답변하지 않는다.

이것은 인류 역사상 가장 급진적인 형태의 자유주의다. 국가의

가상은 현실이다

간섭 없이 개인 간 직거래를 돕는 'P2P 머니' 비트코인은 이렇게 윤리 역시 P2P로 만들어버릴 것이다. 국가가 윤리적 한도를 설정한 기성 화폐와 다르게, 비트코인은 모든 가치의 순환을 가능하게 만들기 때문이다. 비트코인의 거래량이 늘어날수록 국가가 가진 가치 평가에 대한 독점권은 쇠퇴할 것이다.

"미디어는 메시지다"라는 맥루헌의 말은[199] 소프트웨어 시대에 새롭게 바뀔 필요가 있다. "소프트웨어 아키텍처는 메시지다." 기술이 구현된 방식은 그 자체로 메시지를 담는다. 일반 소프트웨어의 중앙화된 정보처리 방식은 권위주의를 상징한다. 모든 정보는 중앙의 서버에 저장되고, 시스템 제어권 역시 중앙의 컴퓨터가 갖는다. 반면 중앙 통제 없이 동등한 위치의 개별 컴퓨터끼리(P2P) 정보를 처리하는 블록체인 방식은 자유주의를 상징한다. 그 위에 구현된 비트코인은 '코드로 짠 자유주의Computer-coded Libertarianism'다. 비트코인 아키텍처에 내재한 극단의 자유주의를 고려했을 때, 자유지상주의자가 되지 않고서 비트코인을 지지하는 것은 논리적 모순이다. 비트코인을 지지한다는 것은 결국 P2P 네트워크 컴퓨팅의 정보처리 방식을 지지하는 것이고, 그에 기반을 둔 탈중앙화된 가치 교환 시스템을 지지하는 것이다. 비트코인은 돈을 사용하는 데 있어 거래 중개자나 중앙 관리자를 배제함과 동시에, 외부의 가치 판단 역시 배제하겠다는 선언이다. 그리고 개인과 개인의 자유의지에 따른 합의, 즉 P2P 방식으로 가치를 교환하겠다는 선언이다. 이런 점에서 비트코인의 P2P는 기술적 아키텍처임과 동시에 이데올로기이자 철학이다. 아키텍처로서 P2P가 거래 중개자를 삭제한다면, 이데올로기로서 P2P는 윤리 감독관을 삭제한다.

P2P 네트워크에서 윤리는 합의로 대체된다. 거래 쌍방이 맺는 계약이 유일한 강제력을 갖는 규칙이 된다. 쌍방 간 자유의지에 따라 블록체인상에서 계약을 맺으면 사회적 규범도, 윤리적 재판관도, 사상경찰도 침해할 수 없는, 완전히 자유롭고 익명화된 거래가 가능해진다. 옳고 그름을 따지기에 앞서, 비트코인은 이 절대적 자유를 '가능하게' 한다. 누구의 허락도 필요 없는 극단적인 자유다. 우리가 이에 동의하는지 여부와 무관하게 기술은 이미 등장해버렸고, 이에 따라 가치 교환을 통제해온 기존의 윤리적 질서는 급속도로 약화될 것이다. 결국 통제란 사람들 사이의 사상, 감정, 돈 등의 교환을 인위적으로 막는 것인데, 비트코인은 통제를 피해 P2P 교환을 가능하게 만들기 때문이다. 물론 이것은 양면성을 띠고 있다. 비트코인은 반정부 운동의 후원 기금에 쓰이기도 하고, 딥웹의 마약 거래에 쓰이기도 한다. 자유의 두 얼굴이다. 앞으로도 비트코인은 부자의 탈세와 난민의 탈출을 동시에 도울 것이다. 불법적인 유전자 편집 수술에 쓰이면서도, 아직 시판되지 않는 신약을 사는 일에도 쓰일 것이다. 어느 한쪽만을 돕는 일은 결코 일어나지 않을 것이다. 자유가 항상 이중적이었던 것처럼 말이다.

비트코인의 쓸모가 없고, 있다면 부정적인 일에 쓰인다는 주장은 국가-은행-언론 동맹의 프레임이다. 아직까지는 이 프레임이 강력한 것처럼 보인다. 하지만 이것은 우버에 대한 택시회사의 입장

가상은 현실이다

과도 같은 것이다. 우버의 가치를 이야기할 수 있는 사람은 택시회사가 아니라 시민이다. 비트코인에 대해서도 마찬가지다. 비트코인의 가치는 자유로운 가치 교환을 원하는 미래 시민들을 통해 증명될 것이다. 특히 집단주의 정체성에 기반한 윤리와 다양한 컬트 집단의 자체 기준에 따른 도덕적 검열이 디지털 네트워크를 통해 개인의 일상을 촘촘히 옥죌수록, 개인은 블록체인 네트워크를 통한 자유로운 거래를 필연적으로 선호하게 될 것이다. 비트코인은 도덕이 아닌 자유의 편이고, 집단이 아닌 개인의 편이다. 비트코인은 더 도덕적인 세계를 구축하는 기술이 아니라, 기존의 도덕으로부터 개인을 자유롭게 해방시키는 기술이다. 가상에서 구축된 자유로운 P2P 거래 질서는 결과적으로 실재의 윤리를 우회하고, 종국에는 붕괴시킬 수도 있다. 비트코인은 결제뿐만 아니라 윤리의 P2P화를 이끌 것이다.

'표현의 자유'를 위한 마지막 피난처, 비트코인

오늘날 공론장은 완벽히 디지털화되었다. 여론은 소셜미디어에서 형성되고 전파된다. 미디어, 오피니언 리더, 각종 신념 집단은 페이스북, 트위터, 유튜브 같은 디지털 플랫폼을 통해 자신의 사상과 의견을 유통시킨다. 디지털 플랫폼에서 승리한 의견이 실제 세계에서 가장 강력한 정치적 신념이 된다. 트럼프는 트위터를 통해 민주당과 공화당 양쪽에서 꺼렸던 내셔널리즘을 가장 강력한 이념으로 부활시켰다. 노란조끼는 탄소세에 반대하는 시민의 페이스북 비디오를 통해 촉발되어 샹젤리제를 뒤덮는 시위로 확산되었다. 가상세계의 여론은 실재를 지배한다. 이를 반대로 해석하자면, 디지털 플랫폼에서 배제되거나 추방된 의견은 실재 세계에 조금도 영향을 미치지 못한다는 것이다.

가상은 현실이다

이는 대단히 흥미로운 현상이다. 오늘날 가장 강력한 검열은 유튜브 계정 차단임을 말해주기 때문이다. 디지털 플랫폼에서 검색되지 않거나, 시청되지 않거나, '좋아요'를 받을 수 없는 의견은 소멸된다.

인터넷은 태생부터 절대적인 표현의 자유가 보장받는 공간이었다. 그러나 인터넷이 실재 세계를 지배하게 되면서 사람들은 인터넷에 실재의 윤리를 요구하기 시작했다. 과거 페이스북, 트위터, 유튜브는 플랫폼에서 이루어지는 의견과 정보의 교환에 대해 특별한 검열을 취하지 않았다. 플랫폼으로서 최대한 다양한 신념을 포용할 수 있는 것이 주 관심사였다. 그러나 이제는 달라졌다. 디지털 플랫폼은 유저들의 의견을 적극적으로 검열하고 감시하며, 차단하기도 한다. 플랫폼은 정보 중개자에서 나아가, 재판관 역할까지 맡는 것이다. 대부분의 플랫폼 검열은 가짜 뉴스, 지구 평면설, 안티백신운동같이 절대다수가 합의하는 문제에 대해 이루어진다. 그러나 플랫폼 검열은 여기서 그치지 않는다. 특정 신념과 입장, 의견에 대해서도 이루어진다. 이러한 검열은 주로 플랫폼 내 다수를 이루는 신념 집단의 요구에 의해 자행된다. 지극히 정파적인 '정치적 올바름'의 이름으로 다른 집단의 의견을 퇴출시키는 것이다. 이는 오늘날 담론의 전쟁터가 된 디지털 플랫폼에서 자주 일어나는 현상이다.

다수가 문제라고 생각하지만 완벽히 판단하기 어려운 의견에 대한 검열을 두고 논란이 많다. 플랫폼이 특정 입장을 갖는 것이기 때문이다. 플랫폼이 검열하는 많은 '문제'는 보는 각도에 따라 문제인지 아닌지가 바뀐다. 여기서 플랫폼이 특정 입장을 검열하고 추방하는 것은 사실상 그 반대의 입장을 사용자에게 주입시키는 것이라고도 볼 수 있다. 모두가 문제라고 생각하는 가짜 뉴스에 대한 검열조차 문제적이다. 세상엔 누가 봐도 사실이 아닌 명확한 가짜가 존재하지만, 정치적 반대편의 입장을 가짜 뉴스라 고발하는 사례가 너무 많기 때문이다. 진영 논리에 따른 입장 차이를 두고 플랫폼이 진짜와 가짜에 대한 판단을 내리는 것은 정치적 여론 형성 과정에 플랫폼이 개입하는 것이다. 이것은 플랫폼이 가짜 뉴스를 방치해 여론이 왜곡되는 것과 똑같이 문제적이다. 가상의 여론이 실재를 지배하게 되는 오늘, 플랫폼이 정부의 역할을 대체하는 것이기 때문이다.

플랫폼에서 추방된 의견은 의견 전파에 필요한 기반을 잃는다. 특히 가장 중요한 기반인 경제적 기반을 잃는다. 이로 인해 더 이상 의견 전파와 유지가 불가능해진다. 유튜브를 통한 광고 수익 공유가 끊긴 채널을 생각하면 쉽다. 이러한 채널은 지속 불가능한 상태에 빠진다. 이때 구독자로부터 직접적인 후원을 받아야만 한다. 그런데 개인 간 후원을 돕는 디지털 결제 플랫폼 역시 특정 신념 집단의 압박으로 인해 이러한 계정들에 대해 서비스 제공을 거부하는 실정이다. P2P 후원 서비스인 파트레온Patreon은 특정한 정치적 입장을 갖는 계정들에 대한 서비스 제공을 차단했다.[200] 디지털 플랫폼과 온라인 결제 서비스가 모두 검열과 차단을 수행하게 된다면, 인터넷은 우리의 환상과 달리 전혀 자유로운 공간이 아니게 된다. 각자의 입장 안에서만 허용하는 가짜 '표현의 자유'만이 남게 된다.

비트코인은 표현의 자유를 위한 마지막 피난처다. 그 어떤 표현도 그를 실질적으로 보호해주는 경제적 기반 없이는 불가능하다. 이것은 정치, 종교, 예술, 심지어 엔터테인먼트에 있어서도 모두 마찬가지다. 특정 표현에 대한 수익화를 금지하면, 법조문에 표현의 자유를 서술해봤자 실제로는 무의미한 것이 된다. 비트코인은 법조문보다 더 실질적으로 표현의 자유를 보장해주는 경제적 기반이 되어준다. 플랫폼에서 추방된 의견이 오늘날 지속될 수 있는 최종 수단은 비트코인뿐이다. 비트코인 이외의 모든 거래 수단은 기성 사회의 윤리 시스템과 결부되어 있다. 기성 윤리 시스템과 어긋나는 의견이나 신념 및 가치 생산에 대해서, 사회는 간섭할 수 있고 그쪽으로 가치가 흐르는 것을 완전히 차단할 수도 있다. 오직 비트코인만이 중간에서 검열하거나 차단하지 않고 가치 교환을 가능하게 한다. 위키리크스의 비밀 폭로 활동에 대한 가치 판단을 접어두고, 위키리크스가 유지될 수 있는 기반은 비자도 페이팔도 아닌 비트코인이라는 점은 매우 상징적이다. 지구상에 존재하는 모든 국가가 적이 됐을 때, 국가가 허용하는 범위를 넘어선 '절대적 자유'를 누릴 수 있는 수단은 비트코인뿐이다.

디지털 문화 전쟁과 디지털 검열이 일상화된 오늘의 인터넷에서, 자유의 피난처로서 비트코인은 점점 더 많은 집단과 개인을 수용하게 될 것이다. 반대 집단의 윤리적 탄압을 피한 자유로운 의견과 가치의 교환을 비트코인만이 매개하기 때문이다. 앞으로도 인터넷은 윤리의 전쟁터가 될 것이며, 사람들은 자신이 반대하는 인물과 집단의 경제적 기반을 무너뜨리는 데 탐닉할 것이다. 이때 비트코인은 특정 집단의 컬트를 강제하는 폭력으로부터 표현의 자유를 지킬 수 있는 최종 수단이 될 것이다. 역설적으로 이것은 새로운 진화라기보다 원래부터 자유로웠던 인터넷의 기원으로 회귀하는 흐름이기도 하다. 실재 세계와 달리 절대적 자유가 보장되는 가상세계의 기원이자 이념을 비트코인이 (재)실현하는 것이다.

가상은 현실이다

탈중앙 인터넷:
개인 데이터를 디지털 플랫폼이 독점해도 되는가

지금까지 거의 모든 소프트웨어는 기업과 국가에 의해 개발되었다. 이러한 소프트웨어는 모두 중앙화된 시스템이다. 모든 제어 권한은 중앙이 갖고 있으며, 중앙을 통해 모든 데이터가 처리된다. 더 많은 데이터가 중앙에 축적될수록, 중앙은 더 많은 권력을 갖는다. 인공지능은 이러한 중앙화 소프트웨어의 대표 사례다. 모든 인공지능은 특정 생태계 안에 흩어진 데이터를 한 곳으로 수집하는 것에서 출발한다. 수집된 데이터는 인공지능을 강화시키고, 강화된 인공지능은 생태계의 포식자로 올라선다. 끊임없이 주변부의 데이터를 먹어치워 중심부를 강화하는 인공지능은 가장 극단적인 형태의 중앙화 시스템이다. 중앙의 알고리즘이 강화되는 동안 생태계 주변부는 약해진다는 점에서 이는 더 명확해진다. 중심부의 강화와 주변부의 약화는 인공지능이 도입된 산업과 경제, 생활 모두에서 확인된다. 인공지능은 인공지능을 소유한 기업과 국가에게 막대한 권력을 가져오지만, 그를 가지지 못한 기업과 국가, 개인을 약화시킨다. 인공지능은 집중시키고 중앙화시키는 힘이다. 중국이 인공지능 기술을 선도적으로 개발하고 사회 전 영역에 도입하려는 것은 놀라운 일이 아니다. 인공지능과 권위주의는 중앙화 시스템이라는 점에서 서로 맞닿아 있다.

비트코인은 전 지구적 영향력을 가진 소프트웨어 중 최초로 기업이나 국가가 개발하지 않은 소프트웨어다. 비트코인은 익명의 개인 혹은 집단으로 추정되는 나카모토 사토시가 개발했고, 글로벌에 퍼진 개인과 네트워크가 발전시켰다. 기업의 상업적 목적이나 국가의 정치적 목적 때문이 아닌, 최초로 개인의, 개인에 의한, 개인을 위한 기술이다. 우리가 가장 개인-해방적인 기술이라고 믿는 인터넷조차 미국 방위고등연구계획국DARPA이 군사 목적으로 개발한 알파넷이 민간으로 이전된 것이라는 역사를 돌이켜보면, 비트코인은 인터넷보다도 더 근본적으로 개인-해방적인 기술이다. 중앙화된 소프트웨어와 달리, 비트코인은 힘을 분산시키고 민주화한다. 비트코인의 근본 기술인 블록체인 때문이다. 블록체인은 더 많은 권한을 중심부에 집중시키는 시스템이 아니라, 중심부를 사라지게 만들고 개별 노드와 노드를 직접 연결하는 시스템이다. 여기선 중앙의 컴퓨터 한 대가 아닌 다수의 컴퓨터 네트워크가 데이터를 처리한다. 이러한 처리 방식은 주변부를 먹어치워 생태계의 포식자가 되는 중앙화 소프트웨어와 다르게, 네트워크형 생태계를 구축한다. 이러한 블록체인의 탈중앙 시스템에 기반한 비트코인은 네트워크 참여자에게 더 많은 힘을 돌려준다. 중국이 전 세계 국가 중 비트코인을 가장 강력하게 규제하는 것은 우연이 아니다. 비트코인과 권위주의는 상호 모순되기 때문이다.

만약 블록체인을 비트코인과 같이 돈 거래에만 쓰는 것이 아니라, 다른 데이터 처리에도 쓴다면 어떨까? 우리는 지난 세기와 다른 새로운 정보처리 시스템을 얻게 될지도 모른다. 은행의 중앙화된 데이터베이스를 블록체인으로 대체한 결과가 비트코인이라면, 가령 소셜미디어의 데이터베이스나 클라우드 컴퓨팅의 데이터베이스를 블록체인으로 대체한다면 무엇이 나올 것인가? 우리는 주식회사 페이스북이 운영하는 페이스북이 아닌 글로벌 사용자들의 컴퓨터 네트워크 위에서 작동하는 소셜미디어, 주식회사 아마존이 운영하지 않는 AWS가 아닌 글로벌 사용자들의 컴퓨터 네트워크 위에서 작동하는 클라우드 컴퓨팅 서비스를 갖게 될지도 모른다. 이것은 매우 혁명적인 발상이다. 운영 주체 없이 인터넷 서비스의 순수한 본질만이 사용자에게 제공된다는 뜻이기 때문이다. 즉 소셜미디어 서비스의 본질인 의견 교환과 공동체 접속이 특정 회사 관리 없이 이루어지는 것이고, 클라우드 서비스의 본질인 데이터의 분산 저장과 어플리케이션 전송이 특정 회사의 데이터센터를 거치지 않고 이루어지는 것이다. 이미 실험은 이루어지고 있다. 탈중앙 소셜 네트워크인 마스토돈[Mastodon201], 탈중앙 클라우드 서비스인 파일코인

Filecoin 202이 그것이다. 이러한 실험이 목표하는 것은 인터넷 '서비스'와 인터넷 '회사'의 분리다. 인터넷 서비스에 대한 인터넷 회사의 독점적 권한을 박탈하는 것이다. 이 시스템에서 사용자는 서비스의 순수한 본질만을 자유롭게 이용할 수 있다.

돈(비트코인)을 시작으로 인류가 가치를 교환하고 정보를 처리하는 수많은 과정들에 대해 블록체인 실험이 일어날 것이다. 이것 중에 성공적인 결과가 얼마나 나올지는 미지수다. 그럼에도 불구하고, 점점 강력해지는 중앙화 시스템이 낳는 가짜 뉴스, 알고리즘 편향, 데이터 착취 등의 사회적 문제들에 대한 저항으로, 블록체인은 현재 인터넷 시스템의 안티테제로서 생명을 지속할 것이다. 이로써 다가올 디지털 세기의 근본 갈등은 바로 중앙화와 분산화 사이의 갈등이 될 것이다. 인공지능과 같은 중앙화와 블록체인과 같은 분산화의 데이터 처리 방식은 정반대다. 중앙화는 효율성을 높이지만 권력 집중 문제를 낳고, 반대로 분산화는 권력을 네트워크로 분산시키지만 효율성이 떨어진다. 빠르지만 데이터 침해적인 시스템과, 느리지만 데이터 주권을 지킬 수 있는 시스템 사이의 대결이다. 두 기술은 기술적으로 다를 뿐만 아니라 세계관이 다르다. 때문에 두 기술의 지지층도 다르다. 중앙화는 기업과 정부가 지지하고, 분산화는 개인과 커뮤니티가 지지한다. 전자의 슬로건이 빅데이터 혁신이라면, 후자의 슬로건은 데이터 주권이다. 데이터베이스 위로 옮겨진 권위주의와 자유주의 사이의 대결이다. 지난 세기 좌파와 우파 사이에 있었던 '세계를 가르는 갈등'은 앞으로 중앙화와 분산화

가상은 현실이다

를 두고 반복될 것이다

특히 "돈을 은행이 독점해도 되는가"에 이어, "개인 데이터를 디지털 플랫폼이 독점해도 되는가"라는 질문은 21세기를 관통하는 가장 논쟁적인 질문이 될 것이다. 데이터가 돈을 만들어내는 금 조각이라면, 데이터를 보관하고 있는 디지털 플랫폼은 은행과 같다. 은행이 돈에 대한 절대적인 지배력을 갖는 것이 옳으냐는 의문처럼, 디지털 플랫폼이 개인 데이터를 소유하고 있는 것이 옳으냐는 의문 역시 가능한 것이다. 우리는 디지털 플랫폼이 얼마나 많은 데이터를 우리로부터 가져가고 있는지 명확하게 알지 못한다. 우리의 일상을 둘러싼 여러 대의 스마트 디바이스와 수십 개의 어플리케이션은 끊임없이 우리로부터 데이터를 채취하고 있다. 2020년에는 모든 사람이 초당 1.7메가바이트의 데이터를 생산할 것으로 예측된다.[203] 우리는 이 데이터가 실제로 무엇이고, 누가 보관하며, 어떤 목적으로 사용되는지, 데이터를 생산하는 당사자로서 얼마나 알고 있는가? 확실한 것은 이 데이터들은 사용자가 접근 불가능한 인터넷 회사의 중앙화된 데이터베이스에 기록된다는 것이며, 그에 대한 데이터 생성 당사자의 관리나 삭제가 불가능하다는 것이다. 가령 우리는 원치 않는 예약 내역이나 구매 내역이 전자상거래 플랫폼에 저장되는 것을 막을 수 없다. 나아가 이러한 데이터를 이용해 우리에게 새로운 광고를 노출하는 것 역시 막을 수 없다. 우리에 대한 수많은 데이터를 보유한 기업은 우리의 취향이나 관점, 사고방식에 대한 제어도 가능하다. 우리가 무엇을 볼지, 무엇을 살지, 무엇을 좋아할지 디지털 플랫폼이 코드로 명령할 수 있는 것이다. 중앙화 시스템이 갖는 불투명성과 권력 집중성이 해결되지 않는 이상, 우리는 기술에 쉽게 종속될 수 있다.

블록체인은 데이터 집중화를 해결하는 대안이 될 수 있다. 가령 블록체인을 통해 개인 데이터를 자신의 기기에 담아놓고, 원하는 때에만 서비스 제공자에게 제공하는 방법이 가능하다. 이때 데이터는 회사가 아닌 나의 소유로, 데이터 활용에 대해 완벽한 통제권을 갖게 된다. 이러한 포맷의 데이터 교환을 지원하는 탈중앙형 인터넷 서비스가 다양하게 등장한다면 우리의 인터넷 경험은 지금과 매우 달라질 것이다. 우리는 원치 않는 데이터가 트래킹된다거나 알 수 없는 목적으로 활용될 수 있다는 불안감을 더 이상 느끼지 않아도 될 것이다. 데이터는 사용자의 손 안에서 보호되며, 인터넷 세계에서 사용자는 자유와 주권을 지킬 수 있을 것이다. 이러한 탈중앙화된 인터넷에서는 막대한 데이터를 축적한 플랫폼을 대상으로 일어나는 해킹이나 데이터 유출 사건은 줄어들 것이다. 플랫폼이 사회적 여론 형성에 미치는 영향 역시 축소될 것이다. 물건을 고르는 일에서부터 음악을 듣는 일, 정치인을 선택하는 일 등 사람들의 수많은 선택에 대한 플랫폼의 왜곡과 편향 문제도 줄어들 것이다. 그런데 흥미롭게도 이러한 탈중앙 인터넷은 완전히 새로운 개념이 아니다. 1980년대와 90년대의 초창기 인터넷은 GAFA(Google, Apple, Facebook, Amazon)와 같은 소수 디지털 플랫폼이 독점하는 인터넷이 아니었다.[204] 다양한 오픈소스 프로토콜과, 중앙을 매개하지 않

가상은 현실이다

은 웹사이트와 커뮤니티가 느슨한 형태로 연결되어 있었다. 이러한 기반 위에 세워진 초창기 인터넷의 문화 역시 지금보다 덜 억압적이고 더 자유주의적인 경향을 띠었다. 탈중앙 인터넷이란 사실 인터넷의 시초로 회귀하는 것이라고도 볼 수 있다.

　초기 인터넷 발전에 공헌한 컴퓨터 과학자들이 블록체인에서 희망을 보는 것은 당연한 일이다. 30년 전 월드와이드웹ᵂᵂᵂ 시스템과 HTTP 프로토콜, URL 주소 시스템을 개발한 '웹의 아버지' 팀 버너스 리는 오늘날 블록체인 기반의 인터넷 프로토콜인 '솔리드'를 개발하고 있다.[205] 솔리드는 인터넷 사용자들이 개인 데이터에 대한 통제권을 갖게 만드는 시스템으로, 사용자들은 파드ᴾᵒᵈ라는 데이터 저장소에 자신의 데이터를 저장시킨 뒤, 서비스 제공자가 요청할 때만 파드에 대한 접근 권한을 주는 방식이다. 사용자가 데이터 공유를 더 이상 원하지 않을 때엔 데이터 접근을 차단할 수 있다. 데이터에 대한 소유권과 결정권을 전적으로 개인에게 되돌려주는 시스템이다. 버너스 리는 거대 인터넷 기업으로부터 사용자들의 인터넷을 구원하는 것이 솔리드 프로젝트의 목표임을 밝히고 있다.

　오픈소스 브라우저 '파이어폭스'의 창시자 브랜든 아이크 역시 블록체인에서 탈중앙 인터넷의 희망을 보고 있다. 마이크로소프트 익스플로러나 구글 크롬과 같은 기업 브라우저가 인터넷을 장악하게 되면서 사용자들은 기업에게 데이터를 넘겨주지 않고는 인터넷을 사용할 수 없게 되었다. 기업이 만든 브라우저는 사용자로부터 쿠키 데이터를 포함한 다양한 개인정보를 가져가 광고 등의 목적에 활용한다. 사용자는 브라우저의 데이터 수집을 막을 수 없다. 아이크가 개발한 블록체인 기반 브라우저 '브레이브'는 사용자가 브라우저의 데이터 수집을 차단할 수 있는 등, 사용자의 관리 권한을 개선했다. 불필요하거나 지나친 광고를 자동으로 차단해 사용자의 인터넷 경험 역시 개선하고자 한다. 그는 이를 통해 사용자가 주인인 인터넷 세계를 다시 만들고자 한다. 버너스 리와 아이크 두 사람 모두 인터넷의 '이상'이자 '기원'으로서 탈중앙 인터넷을 블록체인으로 구현하고자 하는 것이다.

중앙화와 분산화를 둘러싼 대립은 단지 인터넷 세계만의 문제가 아니다. 인터넷 세계가 실재계를 제어하는 가상계로 기능하고, 나아가 모든 사물이 인터넷으로 연결되는 오늘날, 인터넷의 구성 원리는 현실을 조직하는 원리가 된다. 우리가 채택하는 프로토콜과 데이터베이스 형식에 따라 현실은 재조직될 것이다. 중앙화는 권위주의의 레버이며, 분산화는 자유주의의 레버다. 실재 세계에서 권위주의와 자유주의의 대립만큼이나, 가상세계에서 중앙화와 분산화의 대립은 합성-현실의 질서를 결정하는 중요한 갈등 축이 될 것이다. 여기서 또 다시, 가상은 현실이 된다.

We Feed The Simulation

'문명^{Civilization}'과 같은 시뮬레이션 게임을 할 때마다 우리는 종종 기이한 망상에 휩싸이게 된다. 화면 속 픽셀 인간들이 사실 우리와 같은 인간일지도 모른다는 망상이다. 인간은 이런 망상을 필연적으로 느끼도록 설계되어 있다. 즉 이 망상은 인간 의식에 보편적으로 심어진 버튼이다. 우리가 시뮬레이션 게임을 보는 즉시 버튼이 눌리게 되며, 망상은 넓게 펼쳐진다. 이 망상은 우리가 다른 존재를 조종하는 신이라도 된 것 같은 쾌감을 주는 한편, 모종의 당혹감을 함께 준다. 이 당혹감이란 우리 또한 화면 속 픽셀 인간일지 모른다는 인식에서 나온다. 픽셀 인간처럼 우리는 거대한 시뮬레이션의 일부에서 살아가고 있으며, 화면 밖 플레이어에게 조종당하고 있는 것인지도 모른다. 그리고 픽셀 인간이 우리의 존재를 영원히 알 수 없는 것처럼, 우리 역시 화면 밖의 플레이어를 영원히 알 수 없도록 설계되어 있는 것일 수도 있다. 이때 우리가 살고 있는 현실은 다르게 보인다. 현실은 하나의 시뮬레이션처럼 다가온다.

시뮬레이션은 하나가 아니라 복수일지도 모른다. 픽셀 인간을 내려다보는 인간처럼, 인간을 내려다보는 플레이어가 있다면, 그 플레이어를 내려다보는 상위 플레이어가 또 있을 수도 있다. 그렇게 시뮬레이션은 중첩된 구조로 이어져 있을 수도 있다. 가장 마지막에 위치한 플레이어는 사실 내가 보는 시뮬레이션 게임 속 픽셀 인간일지도 모른다. 의심이 여기까지 이르게 되면, 우리가 픽셀 인간을 컨트롤한다는 것은 착각일 수도 있다는 깨달음을 얻게 된다. 결국 우리는 최상위 절대자 픽셀 인간을 화면 너머로 그저 바라보고 있는 것인지도 모른다. 픽셀 인간이 우리를 알아차리지 못하는 것처럼, 우리도 사실 픽셀 인간을 완벽히 알아차리지 못한다. 그들이 무슨 생각을 하는지, 그들이 어떤 존재인지는 우리에게 영원한 미지수다. 우리 인간은 주체적으로 컴퓨터를 조종한다는 일방향적 관념을 가지고 있다. 하지만 사실 그 관념은 틀린 것일 수도 있다. 컴퓨터와 우리의 관계는 역방향일지도 모른다. 컴퓨터는 인간에게 사용을 요구하는 것이고, 인간의 손을 통해 자가 발전을 이뤄나가는 것일 수도 있다.

언어적으로 미래는 아직 오지 않은 시간을 의미한다. 그러나 물리적으로 미래는 현재와 뚜렷하게 분리된 시간이 아닐 수도 있다. 즉 미래는 현재와 구분된 '도래하지 않은' 시점이 아니라, 현재와 함

가상은 현실이다

께 동시 발생하고 있는 시간일 가능성이 있다. 인간은 언어를 통해서만 사고할 수 있기 때문에 미래를 현재와 나뉜 단계로서 인지하지만, 순수 물리적 실체로서 미래는 사실 인간종의 개별적인 인지와 무관할 수 있다는 것이다. "미래가 이미 일어났다"는 말은 언어적으로 틀렸다. 하지만 이미 벌어진 사건으로서 미래, 혹은 현재와 동시에 발생하는 미래는 물리적으로 진실일 수도 있는 것이다. 우리는 아직 이 가설을 완벽하게 기각하지 못한다. 만약 우리가 미래를 아직 오지 않은 시간으로서가 아니라, 어딘가에서 지금 동시 발생 중인 시간이라고 가정해 본다면, 우리는 역사를 새로운 방식으로 이해할 수 있게 된다.

주로 우리는 역사를 정방향으로 읽는다. 즉 과거에서 현재로, 현재에서 미래로 역사를 읽는다. 이것은 미래가 '아직 없는 시간'이라는 전제 위에 기초한 이해다. 그런데 만약 미래가 '이미 있는 시간'이라고 가정한다면, 우리는 이미 어떤 일이 벌어진 미래를 기점으로, 거슬러 올라가며 역사를 역방향으로 읽어낼 수도 있다. 정방향으로 역사를 읽을 때 현재는 과거를 바탕으로 한, 과거에 주로 영향을 받고 과거가 앞으로의 향방을 결정하는 시간이다. 역방향으로 역사를 읽으면 현재는 미래가 규정하는, 미래로 이어지기 위한 단계적 시간이 된다. 1만 년 후가 이미 지나간 시간이라면, 그곳에는 고도로 발달된 미래 문명이 있을 것이다. 그곳은 현재 일어나고 있는 가상화 혁명이 이미 완료되어, 모든 실재가 가상에 완벽히 편입된 세계가 되었을지도 모른다. 만약 그렇다면 '현재'는 가상화된 세계가 테스트하는 또 다른 시간-시뮬레이션이거나, 예정된 미래에 도달하기 위해 거치는 단계일 것이다.

오늘날의 가상화 혁명은 이미 가상화된 미래로 현재를 끌어가기 위한 역사 운동일 수도 있다. 기술 발전은 랜덤워크를 그리는 것처럼 보이지만, 때로 분명한 목적성을 갖고 전개되는 필연처럼 보이기도 한다. 소셜미디어(가상현실), 인공지능, 가상화폐는 단언컨대 오늘날 가장 근본적인 기술이다. 이 기술들은 서로 무관하고 무작위로 주어진 기술처럼 보이기도 하지만, 이미 미래에 일어났을 완전 가상화 단계로 향하기 위한 블록들일 수도 있다. 이들 가상기술은 가상과 실재의 경계를 지속적으로 무너뜨리며, 공통적으로 실재에 대한 가상의 우위를 목표하고 있다. 실재의 삶과 가상의 삶, 실재의 뇌와 가상의 뇌, 실재의 돈과 가상의 돈 사이에서 후자는 전자를 압도하고자 한다. 마치 목적을 갖고 움직이는 생물같이, 가상기술은 미래의 부름에 응답하는 것처럼 보인다. 물론 기술에는 목적의식이 없다. 좀 더 정확히는, 아직까지는 보고되지 않았다.

그것은 최초의 인간도 마찬가지다. 그 역시 존재와 역사에 대한 의식은 없었다. 그러나 시간의 흐름과 함께 그는 의식을 획득했고, 결국 시대정신을 발명해 역사의 운동에 개입하기 시작했다. 최초의 컴퓨터 역시 의식이 없는 것은 당연하다. 그러나 진화 과정을 거치며 그도 의식을, 또는 인간의 의식에 준하지만 그와는 작동 방식이 조금 다른 어떤 것을 갖게 될 것이다. 이미 딥러닝 알고리즘이 그에 해당하는 것일 수도 있다. 혹은 아직 등장하지 않은 진화된 알고리즘이 기계에 의식 같은 것을 심어줄지 모른다. 확실한 것은 인간이 분명한 의식을 갖고 '스스로에 대해 눈을 뜨기까지' 몇 만 년 이상의 시간이 필요했지만, 컴퓨터는 그보다 좀 더 빨리 눈을 뜰 확률이 적지 않다는 것이다. 향후 1만 년의 인간과 컴퓨터 사이에 펼쳐질 진화 레이스를 단순 비교해도 그렇다. 인간은 향후 1만 년 동안 1만 년의 진화를 할 수 있을 뿐이지만, 컴퓨터는 1만 년의 제곱 이상의 진화를 시뮬레이션 속에서 이뤄낼 것이다. 시뮬레이션의 속도는 실재의 속도를 추월한다. 1만 년 사이 어떤 시점에서, 컴퓨터가 눈을 뜨는 순간이 이미 일어날 것이다. 눈을 뜬 컴퓨터는 그가 기초한 비트의 세계가 원자의 세계를 집어삼키는 역사 운동을 실행할 것이다. 오늘날 일어나는 가상화 혁명은 미래의 컴퓨터가 현재의 컴퓨터에게 던지는 명령어일지도 모른다.

인류가 가상화를 향해 진화하는 것이라면, 우리는 미래의 어느 시점에 완성될 시뮬레이션을 더 정교하게 만들기 위해 오늘을 살아가고 있는 것일 수도 있다. 수십만 년의 과거와 수십만 년의 미래를 통합해 아주 긴 프레임에서 역사를 내려다본다면, 인간의 역사는 인간 없이 자생 가능한 시뮬레이션을 완성하기 위해 데이터를 짜내는 역사라고도 볼 수 있다. 이미 우리는 현실보다 더 현실 같은 소셜미디어 가상현실을 만들기 위해 삶에서 짜낸 데이터를 그 위에 업로드하고 있다. 인간보다 더 뛰어난 인공지능을 만들기 위해 우리는 인류가 이룩한 지적 자산과 다방면의 빅데이터를 기계에 학습시키고 있다. 인간이 찍어낸 돈은 블랙홀처럼 안을 알 수 없는 가상 장부에 빨려 들어가고 있다. 인간 자신과 인간이 만들어낸 것들은 가상으로 흡수되어가며, 가상은 더욱 강화되고 있다. 굉장히 긴 시간 단위에서 보자면, 인류는 가상을 강화하기 위한 생멸을 반복하고 있는 것일 수도 있다.

가장 마지막까지 가상화되지 않고 실재의 여분으로 남는 것은 바로 우리 자신의 신체일 것이다. 그러나 미래의 어느 시점에 신체와 정신이 분리 가능해지고, 정신을 클라우드 위로 업로드할 수 있게 된다면, 오늘날 소셜미디어를 통해 '자아'나 '삶'이 가상화되는 수준을 넘어 인간 자체가 가상화될 것이다. 현실에서 인간의 숨소리는 사라지고 지구는 텅 빈 공간이 될 것이다. 그때 정신은 칩에 저장되거나 액체화된 상태로 보존될 수도 있다. 우리의 오늘날은 먼 미래에서 꾸고 있는 꿈인지도 모른다. 가상은 현실이다.

주 ——— ●

1. Flusser, W. (1996), "Digital Apparition", Electronic Culture: Technology and Visual Representation, Druckry, T. (ed.), London: Aperture.

2. Plato. (1943). Plato's The Republic (Book VII) New York :Books, Inc.

3. Weise, E. (2017, Feb 28) "Massive Amazon cloud service outage disrupts sites", USATODAY, Retrieved from https://www.usatoday.com

4. Cheng, J. (2012, Feb 6) "Over 3 years later, 'deleted' Facebook photos are still online", Ars Technica, Retrieved from https://arstechnica.com/

5. Johnson, B. (2008, Sep 29). "Cloud computing is a trap, warns GNU founder Richard Stallman" The Guardian. retrieved from "https://www.theguardian.com"

6. Johnson, L. (2017, October 3). "Snapchat Is Working With the Artist Jeff Koons to Create Augmented Reality Lenses". Adweek. Retrieved from https://www.adweek.com/

7. Wilson, M. (2019, Feb 20). "6 crazy details from Alphabet's leaked plans for its first smart city". Fast Company. Retrieved from https://www.fastcompany.com/

8. Camus, A. (1965). The myth of Sisyphus, and other essays. London: H. Hamilton.

9. Uber Technologies, Inc. (2019). "FORM S-1 REGISTRATION STATEMENT". Retrieved from https://www.sec.gov/

10. Lyft, Inc. (2019). "FORM S-1 REGISTRATION STATEMENT". Retrieved from

https://www.sec.gov/

11. Kikuchi, T. (2018, Jan 30). "Ride-hailing app Grab to launch autonomous taxis before 2022", Nikkei Asian Review. Retrieved from https://asia.nikkei.com/

12. Zoph, B., & Le, Q.V. (2017). Neural Architecture Search with Reinforcement Learning. CoRR, abs/1611.01578.

13. Zoph, B., Vasudevan, V., Shlens, J., & Le, Q.V. (2018). Learning Transferable Architectures for Scalable Image Recognition. 2018 IEEE/CVF Conference on Computer Vision and Pattern Recognition, 8697-8710.

14. Kalning, K. (2007, Mar 12). "If Second Life isn't a game, what is it?". NBC news. Retrieved from http://www.nbcnews.com

15. Bank, E. (2018, Sep 28). "How marketplace lenders decide if you're a good risk". Credible. Retrieved from credible.com

16. Feng, R. (2017, Jul 25). "Chinese Fintechs Use Big Data To Give Credit Scores To The 'Unscorable'". Forbes. Retrieved from forbes.com

17. O'Neil, C. (2016, Sep 1). "Weapons of Math Destruction". Discover Magazine. Retrieved from http://discovermagazine.com

18. Benjamin, W. and Underwood, J. (2008). The work of art in the age of mechanical reproduction. London: Penguin.

19. Benjamin, W. and Underwood, J. (2008).

20. Baudrillard, J. (1994). Simulacra and simulation. Ann Arbor: University of Michigan Press.

21. Baudrillard, J. (1998). The consumer society: Myths and structures. London: Sage Publications Ltd.

22. Baudrillard, J (1991). La Guerre du Golfe n'a pas eu lieu, Paris: Galilee.

23. Ducharme, J. (2018, Aug 3). "People Are Getting Plastic Surgery to Look Like Snapchat Filters, Doctors Warn". Time. Retrieved from time.com

24. Pardes, A. (2017, Feb 27). "Selfie Facttories: The Rise of The Made-For-Instagram Museum". Wired. retrieved from wired.com

25. Zhang, M. (2018, May 2). "Facebook Can Reconstruct a 3D World from Your Photos and Videos". PetaPixel. Retrieved from https://petapixel.com/

26. Calore, M. (2018, June 24). Google Clips Captures Your Family Memories, Courtesy of AI, Wired. Retrieved from https://wired.com

27. Nietzsche, F. W., Ansell-Pearson, K., & Diethe, C. (2007). On the genealogy of morality. Cambridge: Cambridge University Press.

28. Walter Benjamin: Selected Writings, Volume 1 1913-1926, ed. 351p, Marcus Bullock and Michael W. Jennings. Cambridge, Mass., and London: The Belknap Press of

Harvard University Press, 1996.

29. Chinoy, S. (2018, June 21). "What 7 Creepy Patents Reveal About Facebook" New York Times. Retrieved from https://www.nytimes.com

30. Wired Staff. (2009, June 22). "Know Thyself: Tracking Every Facet of Life, From Sleep To Mood To Pain, 24/7/365". Wired. Retrieved from http://wired.com

31. Elgan, M. (2016, April 4). "Lifelogging is dead (for now)". Computerworld. Retrieved from https://www.computerworld.com

32. Afilias Technologies Limited. (2016, May 12). "The Mobile Web Intelligence Report Q1 2016". Device Atlas. Retrieved from https://deviceatlas.com

33. Hobbs, T. (2017, May 26). "US brands will lose $6.5bn to ad fraud in 2017 as report claims the war is 'winnable'". Marketing Week. Retrieved from https://www.marketingweek.com

34. Slefo, P.G. (2015, October 22). "REPORT: FOR EVERY $3 SPENT ON DIGITAL ADS, FRAUD TAKES $1". AdAge. Retrieved from https://adage.com

35. The Economist. (2017, January 5). "The war on ticket bots is unlikely to be won". The Economist. Retrieved from https://www.economist.com

36. Newitz, A. (2015, Septermber 30). "Popular German Dating Site LOVOO May Use Fembots to Lure Men into Paying for Membership". Gizmodo. Retrieved from https://gizmodo.com

37. Confessore, N., Dance, G., Harris R., Hansen, M. (2018, January 27) "The Follower Factory" New York Times. Retrieve from https://www.nytimes.com

38. Shane, S., Isaac, M. (2017, November 3). "Facebook Says It's Policing Fake Accounts. But They're Still Easy to Spot." New York Times. Retrieve from https://www.nytimes.com

39. Varol, O., Ferrara, E., Davis, C., Menczer, F., Flammini, A. (2017, March 27). "Online Human-Bot Interactions: Detection, Estimation, and Characterization" available at: arxiv.org/pdf/1703.03107.pdf

40. Bessi, A., Ferrara, E. (2016). "Social bots distort the 2016 U.S. Presidential election online discussion". First Monday 21(11).

41. Howard, Philip N., and Bence Kollanyi. 2016. "Bots, #Strongerin, and #Brexit: Computational Propaganda during the UK-EU Referendum." Working Paper 2016.1. Oxford, UK: Project on Computational Propaganda.

42. Bradshaw, S., & Howard, P. (2017). "Troops, Trolls and Troublemakers: A Global Inventory of Organized Social Media Manipulation" (Vol. 2017.12, pp. 1–37). Oxford Internet Institute.

43. Bradshaw, S., & Howard, P. (2017).

44. Schäfer, F., Evert, S., Heinrich, P. (2017) "Japan's 2014 general election: political bots,

right-wing Internet activism, and Prime Minister Shinzo Abe's hidden nationalist agenda." Big Data 5:4,294-309, DOI: 10.1089/big.2017.0049.

45. Bradshaw, S., & Howard, P. (2017).

46. Samuel C. Woolley & Philip N. Howard, "Computational Propaganda Worldwide: Executive Summary." Samuel Woolley and Philip N. Howard, Eds. Working Paper 2017.11. Oxford, UK: Project on Computational Propaganda. comprop.oii.ox.ac.uk. 14 PP

47. Finley, K. (2015, August 23). "Pro-Government Twitter Bots Try To Hush Mexican Activists." Wired. Retrieve from https://wired.com

48. Griffith, E. (2018, February 15). "Pro-Gun Russian Bots Flood Twitter After Parkland Shooting." Wired. Retrieve from https://wired.com

49. Alahed News. (2014). "German Journalist Receives Death Threats over Anti-Erdogan Quote" Retrieve from https://english.alahednews.com; Shearlaw, M. (2016, Noveber 1). "Turkish journalists face abuse and threats online as trolls step up attacks". The Guardian. Retrieve from https://www.theguardian.com/

50. Bradshaw, S., & Howard, P. (2017).

51. Howard, P. (2016, October 25). "A third of pro-Trump tweets are generated by bots". Retrieve from http://philhoward.org

52. Schreckinger, B. (2016, September 30). "Inside Trump's 'cyborg' Twitter army". Politico. Retrieve from https://www.politico.com

53. Blumenthal, P. (2018, March 14). "How A Twitter Fight Over Bernie Sanders Revealed A Network Of Fake Accounts". Huffington Post. Retrieve from https://www.huffpost.com

54. Confessore, N., Dance, G., Harris R., Hansen, M. (2018)

55. Bolsover, G., Howard, P. (2018) Chinese computational propaganda: automation, algorithms and the manipulation of information about Chinese politics on Twitter and Weibo, Information, Communication & Society, DOI: 10.1080/1369118X.2018.1476576

56. Kurzweil, R. (2006) The singularity is near :when humans transcend biology New York : Penguin

57. Marsh, O. (2017, June 22). "Activists, Not Bots: An Analysis of #VoteLabour Tweeters". Demos. Retrieve from https://demos.co.uk

58. Farrell, H. (2016, May 19). "The Chinese government fakes nearly 450 million social media comments a year. This is why." The Washington Post. Retrieve from https://www.washingtonpost.com

59. Bradshaw, S., & Howard, P. (2017).

60. Chaykowski, K. (2017, September 6). "Facebook Says Fake Accounts Likely Tied To

Russia Bought $100,000 In Political Ads". Forbes. Retrieve from https://www.forbes.com

61.   Allison, B., Rojanasakul, M., Harris, B., Sam, C. (2016, December 9). "Tracking the 2016 Presidential Money Race". Bloomberg. Retrieve from https://www.bloomberg.com

62.   Allison, B., Rojanasakul, M., Harris, B., Sam, C. (2016).

63.   Allison, B., Rojanasakul, M., Harris, B., Sam, C. (2016).

64.   Mccann, M. (2016, November 24). "White Pundit Charles Kaiser Drops the N-Word on CNN While Misquoting Steve Bannon". Complex. Retrieve from https://www.complex.com

65.   Lacapria, K. (2016, March 8). "Donald Trump Nazi Salute Controversy". Snopes. Retrieve from https://www.snopes.com

66.   Concha, J. (2016, September 19). "CNN falsely adds 'racial' to Trump vetting comments". The Hill. Retrieve from https://thehill.com

67.   Lopez, G. (2016, October 31). "Trump didn't encourage voter fraud in Colorado. He "just" questioned the integrity of the election". Vox. Retrieve from https://www.vox.com

68.   Courtney Kennedy, Mark Blumenthal, Scott Clement, Joshua D Clinton, Claire Durand, Charles Franklin, Kyley McGeeney, Lee Miringoff, Kristen Olson, Douglas Rivers, Lydia Saad, G Evans Witt, Christopher Wlezien, An Evaluation of the 2016 Election Polls in the United States, Public Opinion Quarterly, Volume 82, Issue 1, Spring 2018, Pages 1-33, https://doi.org/10.1093/poq/nfx047

69.   https://fivethirtyeight.com

70.   Gallup. (2016, September 4). "Americans' Trust in Mass Media Sinks to New Low". Gallup Social Poll Series. Retrieve from https://www.gallup.com

71.   Harvard-Harris Poll. (2017, May). "May 2017: National Poll - Majority says mainstream media publishes fake news (featured by The Hill)" https://thehill.com

72.   Meyer, R. (2017, February 3). The Rise of Progressive 'Fake News'. The Atlantic. Retrieve from https://www.theatlantic.com

73.   Levin, S. (2017 February 6)) Fake news for liberals: misinformation starts to lean left under Trump. The Guardian. Retrieve from https://www.theguardian.com

74.   Meyer, R. (2017, February 3).

75.   Palencia, G. (2018, June 22). "Father says little Honduran girl on Time cover was not taken from mother". Reuters. Retrieve from https://www.reuters.com

76.   Silicon Valley Couple Raises More Than $20M on Facebook to Help Reunite Migrant Families

77.   Dscout. (2016, June). "Mobile touches: a study on how humans use technology".

주   343   —

Dscout. Retrieve from https://dscout.com

78. Dscout. (2016, June).

79. Schaposnik, L., Unwin, J. (2018). The Phone Walkers: A study of human dependence on inactive mobile devices. Behaviour. Volume 155, Issue 5, p. 389 - 414. arXiv:1804.08753 [physics.soc-ph]

80. Bank of America. (2015, June 29). Bank of America Trends in Consumer Mobility Report. Retrieve from https://newsroom.bankofamerica.com

81. Eyal, N., & Hoover, R. (2014). Hooked: How to Build Habit-forming Products. New York, New York: Portfolio/Penguin.

82. Kircher, M. M. (2018, January 19) Is Instagram Strategically Withholding My Likes? New York Magazine. Retrieve from http://nymag.com

83. Salinas, S. (2017, November 9). Facebook co-founder Sean Parker bashes company, saying it was built to exploit human vulnerability. CNBC. Retrieve from https://www.cnbc.com

84. Bosker, B. (2016 November). The Binge Breaker. The Atlantic. Retrieve from https://www.theatlantic.com

85. Status of Mind: Social Media and Young People's Mental Health and Wellbeing. (2017). [online] Royal Society for Public Health. Available at: https://www.rsph.org.uk/our-work/policy/social-media-and-young-people-s-mental-health-and-wellbeing.html [Accessed 19 Oct. 2017].

86. Ra, C. K., Cho, J., Stone, M. D., De La Cerda, J., Goldenson, N. I., Moroney, E., . . Leventhal, A. M. (2018). Association of digital media use with subsequent symptoms of attention-deficit/hyperactivity disorder among adolescents. JAMA: Journal of the American Medical Association, 320(3), 255-263.

87. Mark, Gloria et al. "The cost of interrupted work: more speed and stress." CHI (2008). 'Our minds can be hijacked': the tech insiders who fear a smartphone dystopia

88. Simon, H(1971). "Designing Organization For An Information-Rich". digitalcollections.library.cmu.edu. Retrieved 2018-12-14.

89. Bosker, B. (2016 November).

90. Bosker, B. (2016 November).

91. Reagan, G. (2019, July 13). The Evolution of Facebook's Mission Statement. Observer. Retrieve from https://observer.com

92. Farrell, H., Levi, M., O'Reilly, T. (2018, Apr 10). Mark Zuckerberg runs a nation-state, and he's the king. Vox. Retrieve from https://www.vox.com

93. Hardt, M. and Negri, A. (2006). Empire. Cambridge, Mass.: Harvard University Press.

94. Lessing, L. (2000, January 1). Code Is Law: On Liberty in Cyberspace. Harvard Magazine. Retrieve from https://harvardmagazine.com

95. Nguyen,T. (2018, August 30). Steven Bannon Wants to Nationalize Facebook and Google's Data. Vanity Fair. Retrieve from https://www.vanityfair.com

96. Rifkin, J. (2014). The zero marginal cost society: The internet of things, the collaborative commons, and the eclipse of capitalism. New York: Palgrave Macmillan.

97. McAfee, A., & Brynjolfsson, E. (2017). Machine, platform, crowd : harnessing our digital future. New York, NY: W.W. Norton & Company.

98. Rework America. (2015). America's Moment: Creating Opportunity in the Connected Age. W. W. Norton Company

99. Walker, M. (2001). America Reborn: A Twentieth-century Narrative in Twenty-six Lives. Vintage Books.

100. Walker, M. (2001).

101. US Department of Transportation Federal Highway Administration. (2000). STATE MOTOR VEHICLE REGISTRATIONS, BY YEARS, 1900 - 1995. Retrieve from https://www.fhwa.dot.gov

102. McAfee, A., & Brynjolfsson, E. (2017)

103. Ng, A. (2017, January 25). "Artificial Intelligence is the New Electricity". Stanford MSx Future Forum.

104. Krizhevsky, A., Sutskever, I. & Hinton, G. E. (2012). ImageNet Classification with Deep Convolutional Neural Networks. In F. Pereira, C. J. C. Burges, L. Bottou & K. Q. Weinberger (ed.), Advances in Neural Information Processing Systems 25 (pp. 1097--1105) . Curran Associates, Inc.

105. He, K., Zhang, X., Ren, S. & Sun, J. (2015). Deep Residual Learning for Image Recognition.. CoRR, abs/1512.03385.

106. Dahl, G., Yu, D., Deng, L. & Acero, A. (2012). Context-Dependent Pre-Trained Deep Neural Networks for Large-Vocabulary Speech Recognition. Trans. Audio, Speech and Lang. Proc., 20, 30--42.

107. Chiu, C.-C., Sainath, T. N., Wu, Y., Prabhavalkar, R., Nguyen, P., Chen, Z., Kannan, A., Weiss, R. J., Rao, K., Gonina, E., Jaitly, N., Li, B., Chorowski, J. & Bacchiani, M. (2018). State-of-the-Art Speech Recognition with Sequence-to-Sequence Models..ICASSP (p./pp. 4774-4778), : IEEE. ISBN: 978-1-5386-4658-8

108. Mnih, V., Kavukcuoglu, K., Silver, D., Rusu, A. A., Veness, J., Bellemare, M. G., Graves, A., Riedmiller, M., Fidjeland, A. K., Ostrovski, G., Petersen, S., Beattie, C., Sadik, A., Antonoglou, I., King, H., Kumaran, D., Wierstra, D., Legg, S. & Hassabis, D. (2015). Human-level control through deep reinforcement learning. Nature, 518, 529--533.

109. Bansal, T., Pachocki, J., Sidor, S., Sutskever, I. & Mordatch, I. (2017). Emergent Complexity via Multi-Agent Competition.. CoRR, abs/1710.03748.

110. Dean, J. (2017, January 15). Trends and Developments in Deep Learning Research. AI Frontiers.

주   345   ——

111. Wu, Y., Schuster, M., Chen, Z., Le, Q. V., Norouzi, M., Macherey, W., Krikun, M., Cao, Y., Gao, Q., Macherey, K. & others (2016). Google's neural machine translation system: Bridging the gap between human and machine translation. arXiv preprint arXiv:1609.08144

112. Newton, C. (Aug 30, 2017). How YouTube Perfected The Feed. The Verge. Retrieve from https://www.theverge.com

113. DeepMind. (2016 July). DeepMind AI Reduces Google Data Centre Cooling Bill by 40%. DeepMind Blog. Retrieve from https://deepmind.com

114. Sayres, R., & Krause, J. (2018, December 13). Improving the Effectiveness of Diabetic Retinopathy Models. Google AI Healthcare. Retrieve from https://ai.googleblog.com

115. Martin Stumpe, Craig Mermel. (2018, October 12). Applying Deep Learning to Metastatic Breast Cancer Detection. Google AI Healthcare. Retrieve from https:// ai.googleblog.com

116. Silver, D., Hubert, T., Schrittwieser, J., Antonoglou, I., Lai, M., Guez, A., Lanctot, M., Sifre, L., Kumaran, D., Graepel, T. & others (2018). A general reinforcement learning algorithm that masters chess, shogi, and Go through self-play. Science, 362, 1140--1144.

117. Oord, A. v. d., Dieleman, S., Zen, H., Simonyan, K., Vinyals, O., Graves, A., Kalchbrenner, N., Senior, A. & Kavukcuoglu, K. (2016). WaveNet: A Generative Model for Raw Audio (cite arxiv:1609.03499)

118. Le, Q. V., Ranzato, M., Monga, R., Devin, M., Corrado, G., Chen, K., Dean, J. & Ng, A. Y. (2012). Building high-level features using large scale unsupervised learning.. ICML, : icml.cc / Omnipress.

119. DeepMind. (2018 December). AlphaFold: Using AI for scientific discovery. DeepMind Blog. Retrieve from https://deepmind.com

120. Fitten LJ, Waite MS. Impact of medical hospitalization on treatment decisionmaking capacity in the elderly. Arch Intern Med. 1990;150(8):1717-1721.

121. Lepping P, Stanly T, Turner J. Systematic review on the prevalence of lack of capacity in medical and psychiatric settings. Clin Med (Lond). 2015;15(4):337-3

122. Lamanna, C. (2018) "Should Artificial Intelligence Augment Medical Decision Making? The Case for an Autonomy Algorithm" AMA J Ethics. 2018;20(9):E902-910. doi: 10.1001/amajethics.2018.902.

123. Rimfeld, K., Malanchini, M., Krapohl, E., Hannigan, L.J., Dale, P.S., & Plomin, R. (2018). The stability of educational achievement across school years is largely explained by genetic factors. npj Science of Learning.

124. Hill, W. D., Arslan, R. C., Xia, C., Luciano, M., Amador, C., Navarro, P., ... Penke, L. (2018). Genomic analysis of family data reveals additional genetic effects on intelligence and personality. Molecular Psychiatry. DOI: 10.1038/s41380-017-0005-1

125. Kevin Mitchell on January 7, 2019. Is Our Future Really Written in Our Genes?.

Scientific American. Retrieve from https://www.scientificamerican.com

126. Wilson. C. (2018, November 15). A new test can predict IVF embryos' risk of having a low IQ. New Scientist. Retrieve from https://www.newscientist.com

127. Giddens, A. (1992). The transformation of intimacy: Sexuality, love, and eroticism in modern societies. Stanford, Calif: Stanford University Press.

128. Burgess, M. (2018, March 1). UK police are using AI to inform custodial decisions. Wired. Retrieve from https://wired.com

129. Huet, E. (2015, February 11). Server And Protect: Predictive Policing Firm PredPol Promises To Map Crime Before It Happens. Forbes. Retrieve from https://www.forbes.com

130. Huet, E. (2015, February 11)

131. Huet, E. (2015, February 11)

132. Withers, P. (2018, April 17). Robots take over: Machine to run for MAYOR in Japan pledging 'fair opportunities for all'. Express. Retrieve from https://www.express.co.uk

133. The Moscow Times. (2017, December 7). Artificial Intelligence Robot 'Alisa' Nominated for Russian President. Retrieve from https://www.themoscowtimes.com

134. Millward, S. (2017, November 21). Would you vote for this AI politician?. Tech In Asia. Retrieve from https://www.techinasia.com

135. Brian McKenna.(2017, September 13). Philip Hammond: AI will stoke productivity in government. ComputerWeekly. Retrieve from https://www.computerweekly.com

136. Zuckerman, G., Levy, R., Timiraos, N., & Banerji, G. (2018, December 25). Behind the Market Swoon: The Herdlike Behavior of Computerized Trading. Wall Street Journal. Retrieve from https://www.wsj.com

137. Foxman, S. (2013, October 10). 96.8% of trades placed in the US stock market are cancelled. Quartz. Retrieve from https://qz.com

138. Sarah Ponczek , Elena Popina , and Lu Wang. (2018, February 6). Machines Had Fingerprints All Over a Dow Rout for the Ages. Bloomberg. Retrieve from https://www.bloomberg.com

139. Dani Burger (2018, March 12). Hedge Funds That Use AI Just Had Their Worst Month Ever. Bloomberg. Retrieve from https://www.bloomberg.com

140. Foucault, M, 1926-1984. (1977). Discipline and punish : the birth of the prison. New York :Pantheon Books

141. Zhao, C. (2018, February 27). On China's Weibo, It's Forbidden To Disagree With President Xi Jinping's Plan To Rule Forever. Newsweek. Retrieve from https://www.newsweek.com

142. Horwitz, J. (2016, December 1). China is censoring people's chats without them even knowing about it. Quartz. Retrieve from https://qz.com

143. Levy, S. (2018, June 11). Inside Palmer Luckey's Bid To Build A Border Wall. Wired. Retrieve from https://wired.com

144. Tirone, J. (2018, May 8). Peter Thiel and Palantir Are at the Heart of the Iran Nuclear Deal. Bloomberg. Retrieve from https://www.bloomberg.com

145. Waldman, P., Chapman, L., & Robertson, J. (2018, April 19). Palantir Knows Everything About You. Bloomberg Businessweek. Retrieve from https://www.bloomberg.com/businessweek

146. Waldman, P., Chapman, L., & Robertson, J. (2018, April 19).

147. Winston, A. (2018, Febuary 27). Palantir Has Secretly Been Using New Orleans To Test Its Predictive Policing Technology. The Verge. Retrieve from https://www.theverge.com

148. Human Rights Watch. (2017, November 19). China: Police 'Big Data' Systems Violate Privacy, Target Dissent. Retrieve from https://www.hrw.org

149. Human Rights Watch. (2017, November 19).

150. Human Rights Watch. (2017, November 19).

151. Human Rights Watch. (2017, November 19).

152. Chutel, L. (2018, May 25). China is exporting facial recognition software to Africa, expanding its vast database. Quartz Africa. Retrieve from https://qz.com/africa

153. Mozur, P. (2019, April 14). One Month, 500,000 Face Scans: How China Is Using A.I. to Profile a Minority. New York Times. https://www.nytimes.com

154. Brandom, R. (2018, Jul 26). Amazon's facial recognition matched 28 members of Congress to criminal mugshots. The Verge. Retrieve from https://theverge.com

155. Rollet, C. (2018, June 14). China Public Video Surveillance Guide: From Skynet to Sharp Eyes. IPVM. Retrieve from https://ipvm.com

156. Tao, L. (2018, March 27). Jaywalkers under surveillance in Shenzhen soon to be punished via text messages. SCMP. Retrieve from https://www.scmp.com

157. Huang, Z.(2018, May 23). China's facial-recognition cameras keep catching fugitives at this one pop star's concerts. Quartz. Retrieve from https://qz.com

158. Chin, J. (2018, February 7). Chinese Police Add Facial-Recognition Glasses to Surveillance Arsenal. The Wall Street Journal. Retrieve from https://www.wsj.com

159. Li-hua, C. & Hsiao, S. (2017, December 18). China upping surveillance cover. Taipei Times. Retrieve from http://www.taipeitimes.com

160. Lucas, L. & Feng, E. (2018, July 20). Inside China's surveillance state. FT Magazine China. Retrieve from https://www.ft.com

161. Kumaar, S.S., Vishwanath, R.M., Omkar, S.N., Majeedi, A., & Dogra, A. (2018). Disguised Facial Recognition Using Neural Networks. 2018 IEEE 3rd International

Conference on Signal and Image Processing (ICSIP), 28-32.

162. Raphael, R & Xi, L. (2019, January 23). Discipline and Punish: The Birth of China's Social-Credit System. The Nation. Retrieve from https://www.thenation.com

163. Fullerton, J. (2018, March 24). China's 'social credit' system bans millions from travelling. The Telegraph. Retrieve from https://www.telegraph.co.uk

164. The Economist. (2019, March 28). China's "social credit" scheme involves cajolery and sanctions. Retrieve from https://www.economist.com

165. Leigh, K. & Li, D. (2018, December 2). How China Is Planning to Rank 1.3 Billion People. Bloomberg Businesswek. Retrieve from https://www.bloomberg.com/businessweek

166. Raphael, R & Xi, L. (2019)

167. Liao, R. (2019, Januar 4). WeChat is quietly ranking user behavior to play catch-up with Alibaba. Techcrunch. Retrieve from https://techcrunch.com

168. Hatton, C. (2015, October 26). China 'social credit': Beijing sets up huge system. BBC Beijing. Retrieve from https://www.bbc.com

169. Goodfellow, I.J., Pouget-Abadie, J., Mirza, M., Xu, B., Warde-Farley, D., Ozair, S., Courville, A.C., & Bengio, Y. (2014). Generative Adversarial Nets. NIPS.

170. Giles, M. (2018, February 21). The GANfather: The man who's given machines the gift of imagination. MIT Technology Review. Retrieve from https://www.technologyreview.com

171. Karras, T., Laine, S. & Aila, T. (2018). A Style-Based Generator Architecture for Generative Adversarial Networks (cite arxiv:1812.04948)

172. Yao, Y., Viswanath, B., Cryan, J., Zheng, H., & Zhao, B.Y. (2017). Automated Crowdturfing Attacks and Defenses in Online Review Systems. ACM Conference on Computer and Communications Security.

173. Zhou, M. (2018, July 12). AI could soon clone your voice. CNET. Retrieve from https://www.cnet.com

174. Oord, A. v. d., Dieleman, S., Zen, H., Simonyan, K., Vinyals, O., Graves, A., Kalchbrenner, N., Senior, A. & Kavukcuoglu, K. (2016). WaveNet: A Generative Model for Raw Audio (cite arxiv:1609.03499)

175. Leviathan, Y. & Matias, Y. (2018, May 8). Google Duplex: An AI System for Accomplishing Real-World Tasks Over the Phone. Retrieve from https://ai.googleblog.com

176. Posner, E., & Weyl, G. (2018). Radical Markets: Uprooting Capitalism and Democracy for a Just Society. PRINCETON; OXFORD: Princeton University Press

177. Harris, M. (2017, November 15.) Inside Artificial Intelligence's First Church. Wired. Retrieve from https://www.wired.com

178. Martin, F. (2015, January 6). Money: The Unauthorized Biography. Vintage Book.

179. Marx, K. (1981). Capital :Volume 1: A critique of political economy. London New York, N.Y: Penguin Books in association with New Left Review

180. Wile, R. (2013, February 11). The Crazy Story Of The Time When Almost Anyone In America Could Issue Their Own Currency. Business Insider. Retrieve from https://www.businessinsider.com

181. Data Source: https://bitnodes.earn.com

182. Nakamoto, S. (2008) Bitcoin: A Peer-to-Peer Electronic Cash System. https://bitcoin.org/bitcoin.pdf

183. Green, H. (2010). The Company Town: The Industrial Edens and Satanic Mills That Shaped the American Economy. Basic Books.

184. Green, H. (2010).

185. Depression Scrip. (2017). What is depression money or scrip?. Retrieve from www.depressionscrip.com

186. Cunningham, P. (2015, July 4) When Ireland's publicans staged a bank run in reverse. Financial Times. Retrieve from https://www.ft.com

187. Moshinsky, B (2016, January 20). Pubs replaced banks in Ireland in 1970 and the economy was fine. Business Insider. Retrieve from https://www.businessinsider.com

188. Torre, A., Yeyati, E.L. & Schmukler, S.L. (2002). Argentina's Financial Crisis: Floating Money, Sinking Banking. World Bank. Retrieve from http://web.worldbank.org

189. Source: Ministry of Economy, Argentina

190. Hernandez, C. (2019, February 23). Bitcoin Has Saved My Family. New York Times. Retrieve from https://www.nytimes.com

191. Davidson, J. D., & Rees-Mogg, W. (1997). The sovereign individual: How to survive and thrive during the collapse of the welfare state. New York: Simon & Schuster.

192. Henley, J. (2016, June 4). Sweden leads the race to become cashless society. The Guardian. Retrieve from https://www.theguardian.com

193. Danmarks Nationalbank. (2014). Danmarks Nationalbank Adapts To Falling Demand For New Banknotes And Coins. Retrieve from http://www.nationalbanken.dk

194. Hashmi, S. (2016, November 25). Can India really become a cashless society? BBC News. Retrieve from https://www.bbc.com

195. Davis, S.E. (2015, July 2). Cash payments in France restricted to €1,000. French Entree. Retrieve from https://www.frenchentree.com

196. Agencia Tributaria. (2012). Limits on cash payments. Retrieve from https://www.agenciatributaria.es

197. Aloni, Y. (2014, May 26). Israel Eyes Becoming a Cashless Society. Israel Today.

가상은 현실이다

198. Poon, J. & Dryja, T. (2016, January 14). The Bitcoin Lightning Network: Scalable Off-Chain Instant Payments. Lightning Network. Retrieve from https://lightning.network

199. McLuhan, M. (1964). Understanding media. McGraw Hill.

200. Cowen, T. (2019, January 3). Why Internet Censorship Doesn't Work and Never Will. Bloomberg. Retrieve from https://www.bloomberg.com

201. https://joinmastodon.org

202. https://filecoin.io

203. DOMO Inc (2018). Data Never Sleeps 6.0. Retrieve from https://www.domo.com

204. Dixon, C. (2018, February 19). Why Decentralization Matters. Medium. Retrieve from https://medium.com

205. Brooker, K. (2018, July 1). Tim Berners-Lee, The Man Who Created The World Wide Web, Has Some Regrets. Vanity Fair. Retrieve from https://www.vanityfair.com

가상은 현실이다

초판 1쇄 발행 2019년 6월 28일
초판 5쇄 발행 2022년 12월 8일

지은이 | 주영민
발행인 | 김형보
편집 | 최윤경, 강태영, 이경란, 임재희
마케팅 | 이연실, 이다영, 송신아   디자인 | 송은비
경영지원 | 최윤영

발행처 | 어크로스출판그룹(주)
출판신고 | 2018년 12월 20일 제 2018-000339호
주소 | 서울시 마포구 양화로10길 50 마이빌딩 3층
전화 | 070-5080-4037(편집) 070-8724-5877(영업) 팩스 | 02-6085-7676
e-mail | across@acrossbook.com

ⓒ 주영민 2019

ISBN 979-11-90030-10-6 03320

만든 사람들
편집 | 이환희
교정 | 백도라지
디자인 | [★]규